Das Buch

Im April 2015 besuchte Desmond Tutu den Dalai Lama, um mit ihm dessen achtzigsten Geburtstag zu feiern – und um eine der wichtigsten Fragen überhaupt zu ergründen: Wie können wir innere Freude finden trotz des Leides in der Welt? Fünf Tage lang tauschten die beiden Freunde ihre außergewöhnlichen Lebenserfahrungen aus. Sie lachten und weinten miteinander. Sie blickten gemeinsam in den Abgrund der Angst und scheinbaren Hoffnungslosigkeit, vor dem sich viele Menschen heutzutage sehen. Und sie zeigten, wie wir – unabhängig von allen Herausforderungen und Krisen, mit denen wir täglich konfrontiert werden – eine positive innere Kraft entfalten können, die unserem Leben Sinn und Erfüllung schenkt.

Das Buch der Freude lässt uns diese wegweisende Begegnung zweier der bedeutendsten Persönlichkeiten unserer Zeit hautnah miterleben.

Die Autoren

Tenzin Gyatso, Seine Heiligkeit der 14. Dalai Lama, ist das geistliche Oberhaupt der Tibeter und des tibetischen Buddhismus. Geboren 1935, floh er nach der Besetzung Tibets 1959 nach Indien, wo er seitdem im Exil lebt. Seine spirituelle Arbeit, seine Bemühungen um die politische, religiöse und kulturelle Identität Tibets sowie sein Einsatz für den Weltfrieden finden Anerkennung in der ganzen Welt. 1989 wurde er mit dem Friedensnobelpreis geehrt.

Desmond Mpilo Tutu, geboren 1931, ist emeritierter Erzbischof der Anglikanischen Kirche in Südafrika. Als wichtigste Symbolfigur neben Nelson Mandela im Kampf gegen die Apartheid erhielt er 1984 den Friedensnobelpreis. Seine Politik der Vergebung und Aussöhnung wurde zum leuchtenden Beispiel für gewaltfreie Konfliktlösung.

Douglas Abrams ist Lektor, Autor, Literaturagent und seit mehr als zehn Jahren Koautor von Desmond Tutu. Er engagiert sich besonders für Projekte, die das Ziel verfolgen, mehr Weisheit, Gesundheit und Gerechtigkeit in die Welt zu bringen.

DALAI LAMA
DESMOND TUTU

&

Douglas Abrams

DAS BUCH DER FREUDE

Aus dem amerikanischen Englisch übertragen
von Helmut Dierlamm und Friedrich Pflüger

WILHELM HEYNE VERLAG
MÜNCHEN

Die amerikanische Originalausgabe erschien 2016 unter dem Titel
The Book of Joy. Lasting Happiness in a Changing World im Verlag Avery,
einem Imprint von Penguin Random House LLC, New York, USA.

Abbildungsnachweis:
S. 186, 326, 376: © by Miranda Penn Turin
S. 8, 12, 22, 40, 78, 94, 206, 292, 308: © by Tenzin Choejor

MIX
Papier aus verantwor-
tungsvollen Quellen
FSC
www.fsc.org   FSC® C014496

Verlagsgruppe Random House FSC® N001967

2. Auflage
Taschenbucherstausgabe 05/2019
Copyright © 2016 by The Dalai Lama Trust,
Desmond Tutu und Douglas Abrams
Copyright © der deutschsprachigen Ausgabe 2016 by Lotos Verlag,
München, in der Verlagsgruppe Random House GmbH,
Neumarkter Straße 28, 81673 München
Alle Rechte sind vorbehalten. Printed in Germany.
Redaktion: Ralf Lay
Covergestaltung: Guter Punkt, München,
unter Verwendung eines Fotos von © Miranda Penn Turin
Satz: Satzwerk Huber, Germering
Druck und Bindung: GGP Media GmbH, Pößneck
ISBN 978-3-453-70368-1

www.heyne.de

INHALT

TAG 1
DAS WESEN DER WAHREN FREUDE

TAG 2 UND 3
HINDERNISSE AUF DEM WEG ZUR FREUDE

TAG 4 UND 5
DIE ACHT SÄULEN DER FREUDE

EINLADUNG ZUR FREUDE

Aus Anlass eines besonderen Geburtstags haben wir in Dharamsala eine Woche lang gemeinsam unsere Freundschaft genossen und dabei, wie wir hoffen, auch ein Geburtstagsgeschenk für andere geschaffen. Wahrscheinlich gibt es nichts Schöneres als die Geburt, und doch verbringen wir so viel Zeit unseres Lebens in Trauer, Leid und Anspannung. Wir beide hoffen, mit diesem bescheidenen Buch zu mehr Freude und Lebensglück einzuladen.

Nicht düsteres Schicksal bestimmt unsere Zukunft – wir bestimmen sie selbst. Tag für Tag, in jedem Augenblick können wir nicht nur unser eigenes Leben, sondern auch die Lebensqualität anderer Menschen auf unserem Planeten formen und erneuern. Wir verfügen über diese Macht. Freude und Glück lassen sich nicht erlangen, indem man eigenen Zielen und Erfolgen nachläuft. Auch in Reichtum und Ruhm sind sie nicht zu finden, sondern nur im Geist und im Herzen des Menschen, und wir hoffen, dass jeder dort Freude und Glück findet.

Douglas Abrams hat sich freundlicherweise dazu bereit erklärt, uns bei diesem Vorhaben zu unterstützen, und er führte im Verlauf einer Woche zahlreiche Gespräche mit uns beiden. Wir hatten ihn darum gebeten, unsere Stimmen zusammenzuweben und seine eigene als Erzähler hinzuzufügen. Auf diese Weise können wir nicht nur unsere Ansichten und Erfahrungen teilen, sondern auch das, was beispielsweise Wissenschaftler über den Ursprung der Freude herausgefunden haben.

Natürlich müssen Sie uns nicht alles glauben. Nichts von dem, was wir sagen, ist als Glaubensgrundsatz gedacht. Wir möchten nur weitergeben, was wir beide als Freunde, die aus sehr verschiedenen Welten kommen, in unserem langen Leben erfahren und gelernt haben. Wir hoffen, die Leser werden am Beispiel ihres eigenen Lebens zu dem Schluss kommen, dass sich unsere Erkenntnisse als wahr erweisen.

Jeder Tag ist eine Gelegenheit, wieder neu zu beginnen. Jeder Tag ist unser Geburtstag.

Möge dieses Buch allen empfindsamen Geschöpfen und allen Kindern Gottes ein Segen sein – Sie als Leser mit eingeschlossen.

Tenzin Gyatso, Seine Heiligkeit der Dalai Lama
Desmond Tutu, emeritierter Erzbischof, Südafrika

EINLEITUNG

VON DOUGLAS ABRAMS

Als wir auf dem kleinen Flugplatz vor der imposanten Kulisse der schneebedeckten Ausläufer des Himalajas unter dem Heulen der Triebwerke die Maschine verlassen hatten, fielen sich zwei alte Freunde in die Arme. Der Erzbischof berührte zärtlich die Lippen des Dalai Lama, und dieser spitzte den Mund, als würde er dem Erzbischof einen Kuss zuwerfen. Es war ein Augenblick voller Zuneigung und Freundschaft. Während der etwa ein Jahr dauernden Vorbereitungen war uns die Bedeutung dieses Treffens für die Welt durchaus bewusst gewesen, aber wir hatten nicht damit gerechnet, was die gemeinsame Woche für die beiden bedeuten würde.

Mit dem Privileg, den bemerkenswerten Austausch während dieser Woche als Gäste im Exil des Dalai Lama im indischen Dharamsala zu vermitteln, ging eine mindestens ebenso große Verantwortung einher. Ich hoffe, in diesem Buch dem vertraulichen Dialog der beiden mit dem scheinbar endlosen Lachen und den vielen rührenden, liebevollen und bisweilen auch traurigen Augenblicken gerecht zu werden.

Im Verlauf von etwa einem Dutzend vorangegangener Begegnungen hatten Erzbischof Tutu und der Dalai Lama eine enge

Verbindung geknüpft, die weit über diese kurzen Treffen hinausging, und jeder betrachtete den anderen als seinen »schelmischen Bruder im Geiste«. Die Gelegenheit, ihre Freundschaft so intensiv zu genießen, würde sich künftig wohl kein weiteres Mal bieten, das war beiden klar.

In allen unseren Gesprächen klangen die pochenden Schritte der menschlichen Vergänglichkeit mit. Zweimal mussten die Reisepläne geändert werden, damit der Erzbischof bei Begräbnissen von Freunden zugegen sein konnte. Die aktuelle Weltpolitik und die Gesundheit haben Begegnungen der beiden zu oft verhindert, als dass man auf ein weiteres derartiges Treffen hoffen dürfte.

So saßen wir eine Woche lang zusammen und wurden dabei von fünf Videokameras gefilmt – in sorgsam gedämpftem Licht, um die empfindlichen Augen des Dalai Lama zu schonen. Die Suche nach dem Ursprung der Freude führte uns zu den tiefgreifendsten Fragen des Lebens. Es ging dabei um die wahre, nicht von den Wechselfällen der äußeren Umstände abhängende Freude, und wir mussten uns dabei auch den Hindernissen widmen, die den Weg zur Freude erschweren. Während des Dialogs erörterten die beiden acht tragende Säulen der Freude – vier Säulen des Geistes und vier Säulen des Herzens. Trotz aufschlussreicher Meinungsverschiedenheiten waren sich die zwei großen Vordenker bei den Grundprinzipien einig und erarbeiteten Möglichkeiten, wie jeder Einzelne von uns in dieser sich ständig wandelnden und häufig schmerzlich erlebten Welt dauerhaft Glück finden kann.

Täglich genossen wir köstlichen Darjeeling und teilten das Brot – typisches tibetisches Fladenbrot. Bei diesen Pausen zur Mittags- und zur Teezeit war immer das ganze Filmteam mit eingeladen. An einem Morgen ließ der Dalai Lama den Erzbischof in seinen Privatgemächern an seinen morgendlichen Meditationsübungen teilhaben, und Tutu erteilte seinem Freund die

Kommunion – ein Sakrament, das sonst Christen vorbehalten bleibt.

Am Ende der Woche feierten wir dann den Geburtstag des Dalai Lama im tibetischen Kinderdorf, einem der ehemals in Tibet beheimateten Internate, wo die chinesische Regierung eine Erziehung auf Grundlage der tibetischen Kultur nicht mehr zulässt. Noch heute werden Kinder von dort mit Führern über die Gebirgspässe zu den Schulen des Dalai Lama geschickt – häufig schon im Alter von fünf Jahren. Das Leid dieser Eltern und Kinder, die sich, wenn überhaupt, dann vielleicht erst ein Dutzend Jahre später wiedersehen, ist kaum vorstellbar.

Gerade vor diesem traumatischen Hintergrund lässt sich vielleicht die Begeisterung der Schüler und ihrer Lehrer ermessen, als ihr spirituelles Oberhaupt – dem als buddhistischem Mönch das Tanzen eigentlich versagt ist – angespornt durch Desmond Tutus unwiderstehlichen Boogie ebenfalls schüchtern zu wippen begann.

Der Dalai Lama und der Erzbischof zählen nicht nur zu den großen spirituellen, sondern auch zu den moralischen Orientierungspersönlichkeiten unserer Zeit. Sie gehen beide weit über ihre eigenen Traditionen hinaus und bewahren den Blick auf die Menschheit als Ganzes. Mit ihrem Mut, ihrer zähen Widerstandskraft und ihrer unerschütterlichen Hoffnung sind sie für Millionen ein leuchtendes Vorbild, denn sie stellen sich der überall wachsenden Verzweiflung und dem grassierenden Zynismus entschlossen entgegen. Ihre Freude und ihre Zuversicht sind ganz klar nichts Einfältiges oder Oberflächliches, sondern geschmiedet mit dem Feuer des Widerstands, der Unterdrückung und des Kampfs. Der Dalai Lama und Erzbischof Tutu erinnern uns daran, dass Lebensfreude unser Geburtsrecht und sogar noch fundamentaler ist als Glück.

»Freude«, erklärte der Erzbischof im Verlauf der Woche, »ist sehr viel umfassender als Glück, das doch häufig von äußeren Umständen abhängt, im Gegensatz zur Freude.«

Dies ist intellektuell wie gefühlsmäßig sehr nah an der Überzeugung des Dalai Lama wie des Erzbischofs darüber, was unser Leben beseelt und ihm letztlich Bedeutung und Erfüllung gibt. In den Dialogen ging es um das, was der Dalai Lama den eigentlichen »Sinn des Lebens« genannt hat – das Ziel, Leiden zu vermeiden und dauerhaftes Glück zu finden. Beide teilten einander und uns ihre Erfahrungen mit, wie es sich angesichts der unvermeidlichen Bekümmernisse des Lebens in Freude leben lässt. Gemeinsam erkundeten sie, wie wir die Freude von einem vorübergehenden *Zustand* in ein beständiges *Merkmal* unseres Daseins umwandeln können, von einem flüchtigen Gefühl zu einer dauerhaften Daseinsform.

Dieses Buch war gleich von Anfang an als eine Art dreischichtige Geburtstagstorte gedacht.

Die erste Schicht bilden die *Lehren* des Dalai Lama und des Erzbischofs über die Freude: Ist es wirklich möglich, Freude zu empfinden trotz der Schwierigkeiten des Alltags – vom Ärger über den morgendlichen Berufsverkehr bis zu existenziellen Ängsten über die Versorgung unserer Familie, von der Wut über erlittenes Unrecht bis zur Trauer über den Verlust naher Angehöriger, von den Prüfungen durch Krankheit bis zum Abgrund des Todes? Wie können wir die Realität unseres Daseins akzeptieren, ohne sie zu leugnen, und Schmerz und Leid überwinden, denen wir nicht entgehen können? Und selbst wenn wir ein gutes Leben haben – wie können wir Freude empfinden, wenn so viele andere leiden; wenn ihnen bittere Armut jede Zukunft raubt, wenn in den Straßen Gewalt und Terror herrschen und wenn die Verwüstung der Umwelt die Lebensgrundlagen auf diesem Planeten zerstört? Dieses Buch ist der Versuch, solche und viele andere Fragen zu beantworten.

Die zweite Schicht bilden die neuesten *wissenschaftlichen Erkenntnisse* über die Freude und alle anderen Umstände, die beide für dauerhaftes Glück als unerlässlich erachten. Neue Erkenntnisse der Gehirnforschung und der experimentellen Psychologie geben uns tiefe Einblicke in die Art und Weise, wie menschliches Leben gedeihen kann.

Zwei Monate vor der Reise traf ich mich zum Mittagessen mit dem Neurowissenschaftler Richard Davidson, einem der Pioniere auf dem Gebiet der Erforschung des Glücks. Wir saßen im Außenbereich eines vietnamesischen Restaurants in San Francisco, und der allgegenwärtige Wind fuhr in die grauschwarzen Locken seines jugendlichen Haarschnitts. Wir waren gerade bei den Frühlingsrollen, als Professor Davidson mir erzählte, was der Dalai Lama ihm verraten habe: Ihn inspiriere die wissenschaftliche Bestätigung, dass Meditation dem Gehirn guttut, sehr – vor allem dabei, aus dem Bett zu kommen und sich hinzusetzen. Wenn schon dem Dalai Lama die Wissenschaft dabei hilft, sich für seine geistigen Übungen zu motivieren, dann hilft sie uns wahrscheinlich noch viel mehr.

Nur allzu oft sehen wir Spiritualität und Wissenschaft als antagonistische Kräfte, die einander an die Kehle wollen. Doch Erzbischof Tutu ist überzeugt von der Bedeutung einer von ihm so genannten »sich selbst bestätigenden Wahrheit«: Auf vielen Wissensgebieten gibt es Erkenntnisse, die zu denselben Schlüssen führen. Und auch der Dalai Lama wollte unmissverständlich klarstellen, dass dies kein buddhistisches oder christliches, vielmehr ein universelles Buch ist, das nicht nur auf persönlichen Ansichten und Traditionen beruht, sondern ebenso auf wissenschaftlichen Erkenntnissen. (Offen gesagt: Ich bin jüdischen Glaubens, sehe mich aber auch als säkular – das Projekt mag also ein wenig nach einem Witz der Art »Treffen sich ein Buddhist, ein Christ und ein Jude …« klingen.)

Die dritte Schicht der Geburtstagstorte bilden die *Schilderungen* der mit dem Dalai Lama und Erzbischof Tutu in Dharamsala verbrachten Woche. In diesen sehr persönlichen Kapiteln laden wir den Leser zu unserer Reise mit ein, und zwar von der ersten Umarmung bis zum Abschied.

Am Ende des Buchs haben wir eine Auswahl von Übungen zur Freude angeführt. Beide Lehrer ließen uns an den täglichen Übungen teilhaben, die ihrem emotionalen und spirituellen Leben Halt geben. Sie sind nicht so sehr als etwas wie ein »Rezept für ein Leben in Freude« gedacht, sollen aber einige Methoden und Überlieferungen vorstellen, die dem Dalai Lama, dem Erzbischof und vielen anderen seit Jahrtausenden nützlich sind. Wir hoffen, diese Übungen werden den Lesern dabei helfen, die Lehren, die wissenschaftlichen Erkenntnisse und die Schilderungen in ihr eigenes Leben zu tragen.

Es ist mir eine besondere Ehre, mit bedeutenden geistigen Führungspersönlichkeiten sowie wissenschaftlichen Pionieren zusammengearbeitet zu haben und ihre Erkenntnisse hier wiedergeben zu können. Viele dieser Wissenschaftler haben mit ihrer Forschung großzügig zu diesem Buch beigetragen.

Mein eigenes Interesse für das Thema »Freude« – nun gut: meine Besessenheit – hat ihren Ursprung wahrscheinlich darin, dass ich in einer zwar intakten, aber von Depressionen überschatteten Familie aufgewachsen bin. Menschliches Leid, das aus unserem eigenen Kopf und Herzen erwächst, ist mir daher aus frühester Kindheit vertraut; und die Woche in Dharamsala war für mich in dieser Hinsicht Höhepunkt und Herausforderung zugleich. So war ich fünf Tage lang sozusagen als Abgesandter der Menschheit bei diesen Gesprächen zugegen und durfte dabei den beiden mitfühlendsten Menschen dieser Welt in die Augen blicken. Ich bin sehr skeptisch gegenüber Berichten von magischen Empfindungen in Gegenwart spiritueller Führer, muss jedoch zugeben, dass es vom ersten Tag an in meinem Kopf kribbelte. Es war verblüffend, aber vielleicht nur ein Beispiel dafür, wie meine Spiegelneuronen das verarbeiteten, was mir die Augen dieser beiden außergewöhnlich liebevollen Menschen sagten.

Glücklicherweise lastete die Verantwortung, die Weisheit der beiden in Worte zu fassen, nicht allein auf meinen Schultern. Thupten Jinpa, ein buddhistischer Gelehrter, der seit mehr als dreißig Jahren für den Dalai Lama als Übersetzer tätig ist, stand mir von Anfang bis Ende zur Seite. Er hat viele Jahre als buddhistischer Mönch gelebt, dann aber das Gewand abgelegt, geheiratet und in Kanada eine Familie gegründet, was ihn zum perfekten Vermittler zwischen den Welten wie auch den Sprachen macht. Wir waren beide bei den Gesprächen zugegen, doch Jinpa half mir auch, die Fragen zu formulieren und die Antworten zu übertragen. Bei der gemeinsamen Arbeit sind wir enge Freunde geworden.

Es war aber nicht nur an uns, Fragen zum Thema »Freude« zu stellen. Wir hatten die ganze Welt zur Beteiligung aufgerufen. Und obwohl uns nur drei Tage blieben, diese zu sammeln, erhielten wir mehr als tausend Einsendungen. Zu unserem großen Erstaunen war die häufigste Frage nicht, wie wir die Freude für uns selbst entdecken können, sondern wie man in Freude leben soll in einer Welt voller Leid.

Im Verlauf dieser Woche wedelten Erzbischof Tutu und der Dalai Lama nur allzu häufig in scherzhaftem Widerspruch mit dem Zeigefinger, doch ebenso oft fassten sie sich voller Freundschaft an den Händen. Beim ersten Mittagessen erzählte Tutu von einem Vortrag, den die beiden zusammen gehalten hatten. Sie sollten gerade gemeinsam die Bühne betreten, als der Dalai Lama – der Inbegriff für Mitgefühl und Frieden – so tat, als wolle er seinen älteren Bruder im Geiste erwürgen. Tutu wandte sich daraufhin zum Dalai Lama um und sagte:»He, die Kameras laufen, du musst dich jetzt wie ein heiliger Mann benehmen.«

Die beiden Männer erinnern uns daran, dass es die Wahl unseres Verhaltens ist, die zählt. Heilige Männer müssen sich wie heilige Männer benehmen: ernst und streng, fromm und zurückhaltend – so erwarten wir das. Und doch begegnen diese zwei der Welt und einander völlig anders.

Erzbischof Tutu hat nie so etwas wie Heiligkeit für sich reklamiert, und der Dalai Lama sieht sich selbst als einfachen Mönch. Beide bieten uns die Reflexion eines wirklichen, von Schmerz und Aufruhr erfüllten Lebens, in dem sie für sich ein Maß an Frieden, Mut und Freude gefunden haben, das auch wir anstreben können. Sie wollen uns mit diesem Buch nicht nur ihre Weisheit, sondern auch ihre Menschlichkeit vermitteln. Das Leid lässt sich nicht vermeiden, erklärten sie während der gemeinsamen Woche, aber wie wir dem Leid begegnen, das ist unsere eigene freie Entscheidung. Keine Besatzung oder andere Unterdrückung kann uns dieser Freiheit berauben.

Fast bis zur letzten Minute vor der gemeinsamen Woche war nicht sicher, ob die Ärzte Desmond Tutu die Reise überhaupt gestatten würden. Der Prostatakrebs war wieder aufgetreten, und diesmal sprach er nur langsam auf die Behandlung an. Derzeit kommt bei ihm eine neuartige Behandlungsmethode zum Einsatz, und es bleibt zu hoffen, dass die Krankheit eingedämmt werden kann.

Bei der Landung in Dharamsala erstaunte mich vielleicht am meisten die Erregung und Freude, vermischt vielleicht mit einem Hauch von Sorge, die aus dem breiten Lächeln und den funkelnden blaugrauen Augen des Erzbischofs zu lesen waren.

ANKUNFT

Wir sind zerbrechliche Geschöpfe

»Wir sind zerbrechliche Geschöpfe, und wir können zur wahren Freude finden – nicht trotz, sondern wegen dieser Schwäche«, sagte Erzbischof Tutu, als ich ihm seinen feinen schwarzen Gehstock mit dem silbernen Knauf in Form eines Windhunds reichte.»Das Leben ist voller Herausforderungen und Widrigkeiten«, fuhr er fort.»Die Furcht lässt sich ebenso wenig vermeiden wie der Schmerz und der Tod. Und was die Rückkehr des Prostatakrebses angeht – nun, es sorgt jedenfalls dafür, sich auf das Wesentliche zu konzentrieren.«

Müdigkeit war eine der Nebenwirkungen seiner Medikamente, und er hatte fast während des gesamten Flugs nach Indien geschlafen, die beigefarbene Decke über den Kopf gezogen. Eigentlich hatten wir uns unterhalten wollen, aber der Schlaf war wichtiger gewesen, und nun teilte er mir seine Gedanken mit, während wir auf Dharamsala zuflogen.

Wir hatten in Amritsar einen Zwischenhalt eingelegt und dort zu seiner Schonung die Nacht verbracht. Außerdem war der Flughafen in Dharamsala nur wenige Stunden täglich geöffnet. Noch an diesem Morgen hatten wir den berühmten Goldenen Tempel besucht, den heiligsten Ort der Sikh-Religion. Die

23

Obergeschosse des Harmandir Sahib sind mit Blattgold belegt, woher sein volkstümlicher Name rührt. In den Gurdwara – die Gebets- und Schulstätte der Sikhs – führen vier Tore zum Zeichen der Offenheit gegenüber allen Menschen und Religionen – einem passenderen Ort hätten wir im Vorfeld des bevorstehenden tiefen Dialogs zwischen zwei Weltreligionen, dem Christentum und dem Buddhismus, kaum unseren Respekt zollen können.

Der Anruf erreichte uns inmitten des Zuges der schier endlosen Menge von Menschen, die den Tempel täglich besuchen. Wir erfuhren, dass der Dalai Lama beschlossen hatte, Bischof Tutu schon am Flughafen zu treffen – eine besondere Ehre, die er nur wenigen aus dem endlosen Strom der Würdenträger zuteilwerden lässt. Es hieß, er sei schon unterwegs. Wir mussten also zurück zum Flughafen und schoben Bischof Tutu in seinem Rollstuhl in aller Eile aus dem Tempel. Mit dem für die Besucher dieser Stätte obligatorischen orangefarbenen Tuch auf dem Kopf wirkte er fast wie ein Pirat im Neon-Dress.

Mühsam schob sich unser Kleinbus in einem Konzert von Autohupen durch die Straßen Amritsars, die durch Massen von Autos, Fußgängern, Fahrrädern, Motorrollern und Tieren verstopft waren. Überall an den Straßen ragte als Zeichen beständiger Expansion Bewehrungsstahl aus den unvollendeten Betonbauten. Schließlich erreichten wir doch noch den Flughafen und bekamen die Maschine. Nun machten wir uns Sorgen, ob der Dalai Lama in Dharamsala wohl schon auf dem Flugfeld warten würde, und wünschten, wir hätten den zwanzigminütigen Flug bereits hinter uns.

»Es tut mir leid, das zu sagen«, meinte Erzbischof Tutu, als wir gerade in den Sinkflug übergingen, »aber wenn wir mehr Freude finden, bewahrt uns das nicht vor Not und Kummer. Möglicherweise müssen wir sogar eher weinen, aber dafür fällt uns auch das Lachen leichter. Vielleicht sind wir einfach nur lebendiger. Dafür können wir, wenn wir mehr Freude finden, dem Leid in einer Weise begegnen, die uns erhebt, anstatt uns zu verbittern. Wir erleben Not, ohne dass sie uns verhärtet. Wir erleben Kummer, ohne daran zu zerbrechen.«

Ich hatte die Tränen wie auch das Lachen des Erzbischofs nur allzu oft erlebt – mehr Lachen als Tränen, genau genommen, aber sie fließen doch häufig um dessentwillen, was noch nicht erlöst ist, nicht geeint ist. Ihm ist alles wichtig, und alles berührt ihn tief. Seine Gebete, die auch mich eingeschlossen haben, gehen hinaus in die Welt zu allen in Not und Leid. Nachdem der Enkel eines seiner Verleger erkrankt war, kam auch das Kind auf die lange Liste der Fürbitten des Erzbischofs. Als der Verleger mehrere Jahre später erneut um geistliche Fürsprache für seinen Enkel bat, weil die Krankheit wieder aufgeflammt war, erklärte Erzbischof Tutu, er habe nie aufgehört, für den Jungen zu beten.

Vor dem Fenster zogen nun die schneebedeckten Berge vorüber, die aus der Heimat des Dalai Lama im Exil eine Postkartenidylle machen. Als der Dalai Lama und die anderen Flüchtlinge aus Tibet nach dem Einmarsch der Chinesen nach Indien kamen, wurden viele Tibeter zunächst im indischen Tiefland angesiedelt, wo die ungewohnte Hitze und die Moskitos ihrer Gesundheit sehr zusetzten. So bestimmte die indische Regierung das höher gelegene und kühlere Dharamsala zum Wohnsitz des Dalai Lama, wofür dieser sehr dankbar war. Im Laufe der Zeit ließen sich viele Tibeter hier nieder, und die vertraute Bergkulisse half ihnen ein wenig über das Heimweh hinweg. Am wichtigsten aber war, dass sie ihrem geistigen und politischen Führer hier nahe sein konnten.

Dharamsala liegt im nordindischen Bundesstaat Himachal Pradesh, und schon während der Kolonialzeit hatten die Engländer hier vor der gnadenlosen Hitze des indischen Sommers

Zuflucht gesucht. Bereits beim Anflug auf die ehemalige britische Sommerfrische war der leuchtend grüne Flickenteppich aus Feldern und Kiefernwäldern zu sehen. Nur allzu oft hüllt sich der kleine Flughafen in Nebel oder Gewitterwolken – so auch bei meinem vorigen Besuch. Heute aber strahlte der Himmel blau, und die Bergketten hielten feine, ferne Federwolken im Zaum. Dann ging es steil zur Landung hinab.

»Eine große Frage bestimmt unser Dasein«, hatte der Dalai Lama vor unserer Reise erklärt. »Was ist der Sinn des Lebens? Nach vielen Überlegungen bin ich davon überzeugt, der Sinn des Lebens ist, Glück zu finden. Dabei spielt es keine Rolle, ob man wie ich Buddhist ist oder ein Christ wie der Erzbischof – oder einer anderen Religion angehört oder überhaupt keiner. Vom Augenblick der Geburt an möchte jedes menschliche Wesen Glück finden und Leid vermeiden. Weder kulturelle Unterschiede noch unsere Erziehung haben einen Einfluss darauf. Aus dem Innersten unserer Existenz heraus erstreben wir nichts als Freude und Zufriedenheit. Aber nur zu oft sind diese Gefühle flüchtig und schwer zu erreichen, wie ein Schmetterling, der sich kurz auf uns niederlässt und dann wieder davonflattert.

Die Quelle des Glücks liegt in uns selbst. Nicht in Geld, Macht oder Status. Manche meiner Freunde sind Milliardäre, und doch sind sie sehr unglückliche Menschen. Macht und Geld bringen keinen inneren Frieden. Äußerliche Erfolge bringen keine wahre innere Freude. Wir müssen nach innen schauen.

Leider erschaffen wir viele Dinge selbst, die unser Glück und unsere Freude untergraben. Häufig hat dies seinen Grund in negativen Neigungen unseres Verstandes, in emotionalen Reaktionen oder der Unfähigkeit, unsere eigenen Ressourcen zu schätzen und zu unserem Nutzen einzusetzen. Das Leid, das eine Naturkatastrophe mit sich bringt, können wir nicht kontrollieren, wohl aber das Leid, das unsere täglichen ›Katastrophen‹ verursachen. Das meiste Leid bereiten wir uns nämlich selbst; also ist es eigentlich logisch, dass wir auch die Fähigkeit besitzen, mehr Freude zu schaffen. Dabei kommt es einfach auf die Haltung an, die Perspektive und unsere Reaktion auf die verschiedenen Situationen sowie auf unsere Beziehung zu anderen Menschen. Was das persönliche Glück anbelangt, kann jeder Einzelne von uns sehr viel tun.«

Als die Bremsen an den Rädern zupackten, wurden wir nach vorn gerissen. Die Maschine holperte, schüttelte sich und kam auf der kurzen Landebahn alsbald zum Stehen. Durchs Fenster konnten wir den Dalai Lama schon unter einem großen gelben Schirm auf dem Flugfeld stehen sehen. Er trug seine rotbraune Robe, einen roten Schal, und an seiner ärmellosen Weste war ein safrangelber Punkt zu sehen. Er war umgeben von einer Entourage von Mitarbeitern und Flughafenpersonal in Anzügen. Für die Sicherheit sorgten indische Soldaten in kakifarbenen Uniformen.

Medienvertreter hatte man vom Flughafen ferngehalten, denn bei diesem freundschaftlichen Wiedersehen sollte nur der persönliche Fotograf des Dalai Lama Bilder machen. Erzbischof Tutu in seinem blauen Blazer und der unverkennbaren Prinz-Heinrich-Mütze auf dem Kopf humpelte die steile Fluggasttreppe hinunter, und der Dalai Lama kam heran. Der Dalai Lama lächelte, und seine Augen funkelten hinter der großen, eckigen Brille. Er verbeugte sich tief, Erzbischof Tutu breitete die Arme weit aus, und dann umarmten sie sich. Sie lösten die Umarmung, hielten sich an den Schultern und sahen sich in die Augen, als müssten sie sich vergewissern, dass sie tatsächlich wieder vereint waren.

»Ich habe dich lange nicht gesehen«, sagte Tutu, legte dem Dalai Lama behutsam die Fingerspitzen an die Wange und drehte sein Gesicht herum, um es zu mustern. »Du siehst sehr gut aus.«

Der Dalai Lama hielt den Erzbischof immer noch an den schmalen Schultern und spitzte die Lippen, als wollte er ihm einen Kuss zuwerfen. Tutu hob die linke Hand mit dem glänzenden goldenen Ehering und fasste den Dalai Lama am Kinn, wie man es vielleicht bei einem geliebten Enkelkind tut. Dann beugte sich Tutu vor und küsste ihn auf die Wange. Der Dalai Lama, der sonst bei der Begrüßung wohl eher nicht geküsst wird, zuckte ein wenig zusammen, lachte aber beglückt auf und stimmte in das hohe Gekicher des Erzbischofs mit ein.

»Du magst keine Küsse«, sagte der Erzbischof und verpasste ihm noch einen auf die andere Wange. Ich fragte mich, wie viele Küsse der Dalai Lama in seinem Leben wohl bekommen hatte. Schon im Alter von zwei Jahren war er von seinen Eltern getrennt worden und in einem abgesonderten Umfeld fern von allen Küssen aufgewachsen.

Dann folgte die in Tibet zur Begrüßung und Ehrung übliche förmliche Übergabe der Khata, eines weißen Schals. Der Dalai Lama verbeugte sich mit vor dem Herzen aneinandergelegten Händen, eine Grußgeste, die unsere Verbundenheit ausdrückt. Tutu nahm die Mütze ab und verbeugte sich ebenfalls. Der Dalai Lama legte ihm den weißen Seidenschal um den Hals. Über den im Hintergrund immer noch dröhnenden Flugzeugmotoren flüsterten sie sich gegenseitig in die Ohren. Der Dalai Lama nahm Bischof Tutu an der Hand, und wie die beiden so lachten und miteinander scherzten, wirkten sie eher wie Acht- als wie Achtzigjährige. Sie begaben sich zum Terminal, mit dem gelben Schirm vor der Sonne geschützt.

Obwohl der weiße Schal dem Erzbischof großzügig um den Hals drapiert war, hing er doch fast bis zum Boden herunter. Die Größe einer Khata ist ein Zeichen für die Wertschätzung des

Empfängers, und die längsten sind den hohen Lamas vorbehalten. Diese Khata war die längste, die ich je gesehen habe. Als man Tutu im Verlauf der Woche eine Khata nach der anderen um den Hals legte, scherzte er immer wieder, er käme sich vor wie ein menschlicher Garderobenständer.

Man führte uns in den Aufenthaltsraum des kleinen Flughafens, wo mehrere ausladende braune Sofas bereitstanden für den Fall, dass der Dalai Lama wegen der hier oft verspäteten oder abgesagten Flüge wieder einmal warten musste. Draußen vor dem Gebäude drängten sich die versammelten Journalisten und Fotografen an den Glasscheiben und warteten auf eine Gelegenheit, zu fotografieren oder eine Frage zu stellen. Nach all den Ablenkungen durch die umfangreichen Vorbereitungen wurde mir jetzt wieder die historische Bedeutung dieser Reise bewusst: Das Zusammentreffen der beiden war ohne Zweifel ein Ereignis von Weltrang, was man bei all der Logistik und dem Drumherum schon mal vergessen konnte.

In der Flughafenlounge entspannte sich der Erzbischof auf einer Couch, während der Dalai Lama auf einem großen Stuhl neben ihm saß. Neben dem Erzbischof hatte sich seine Tochter Mpho niedergelassen. Sie trug ein Kleid in leuchtend grünem und rotem afrikanischem Stoffdruck mit passendem Kopftuch. Als jüngstes von vier Kindern war Mpho ihrem Vater ins Kirchenamt gefolgt und wirkte nun als Geschäftsführerin der Desmond and Leah Tutu Legacy Foundation. Im Verlauf dieser Reise ließ sich Mpho vor ihrer Partnerin Marceline van Furth auf die Knie und machte ihr einen Heiratsantrag, und nur wenige Monate nach der Reise sollte der Oberste Gerichtshof der Vereinigten Staaten seine aufsehenerregende Entscheidung zur Legalisierung der gleichgeschlechtlichen Ehe bekannt geben. Tutu hatte sich jedoch schon jahrzehntelang für die Rechte von Schwulen und Lesben eingesetzt. Er sagte, er würde sich weigern, in einen homophoben Himmel zu kommen. Viele – und besonders diejenigen, die sich durch seine moralische Kritik angegriffen fühlen – vergessen, dass er sich immer und überall gegen Unterdrückung und Diskriminierung jeder Art ausgesprochen hat. Kurz nach der Hochzeit wurde Mpho gezwungen, ihr Priesteramt niederzulegen, da die südafrikanische anglikanische Kirche die Ehe Gleichgeschlechtlicher nicht anerkennt.

»Ich hatte mich wirklich darauf gefreut, zu deinem Geburtstag zu kommen«, sagte der Dalai Lama, »aber eure Regierung sah da einige Schwierigkeiten. Du hattest dich damals mit sehr starken Worten geäußert«, sagte er und legte dem Erzbischof die Hand auf den Arm. »Und ich schätzte das sehr.« – »Starke Worte« war eine Untertreibung.

Der Plan, in Dharamsala gemeinsam den Geburtstag des Dalai Lama zu feiern, hatte seinen Ursprung vier Jahre zuvor bei der Feier zum achtzigsten Geburtstag von Erzbischof Tutu in Kapstadt. Der Dalai Lama war als Ehrengast eingeladen, aber die südafrikanische Regierung hatte ihm unter dem Druck der chinesischen Diplomatie das Einreisevisum verweigert. China ist ein bedeutender Abnehmer südafrikanischer Mineralien und Rohstoffe.

Tutu war im Vorfeld der Feierlichkeiten täglich in den Schlagzeilen der Zeitungen Südafrikas gewesen und hatte das perfide, doppelzüngige Spiel der Regierung seines Landes scharf angeklagt. Dabei verglich er den regierenden Afrikanischen Nationalkongress ANC – die Partei, für deren Belange und ihre inhaftierten und exilierten Vertreter er jahrzehntelang gekämpft hatte – mit dem verhassten Apartheid-Regime. Sie seien sogar schlimmer, denn die Niederträchtigkeit des Apartheid-Regimes sei wenigstens offensichtlich gewesen

»Ich versuche immer, Unannehmlichkeiten zu vermeiden«, meinte der Dalai Lama grinsend und deutete dann auf Tutu,

»aber ich war sehr froh, dass jemand anders wagte, unbequem zu sein. Ich war sehr glücklich darüber.«

»Ich weiß«, antwortete der Erzbischof. »Du benutzt mich. Das ist das Problem. Du benutzt mich, und ich lerne nichts daraus.«

Dann streckte Tutu die Hand aus und ergriff die des Dalai Lama.

»Dass dich die Südafrikaner nicht zu meinem achtzigsten Geburtstag kommen ließen, machte das ganze Ereignis noch bedeutsamer, weil unsere Unterhaltung über Google lief, was das Interesse der Presse enorm verstärkte. Aber es spielt keine Rolle, denn das Interesse ist immer gewaltig, ganz egal, wo du bist. Ich bin deswegen nicht neidisch.

Weißt du noch, damals in Seattle, als sie nach einem Ort suchten, der groß genug war für all die Leute, die dich sehen wollten, und am Ende brauchten sie ein Fußballstadion? Siebzigtausend wollten diesen Mann sehen und hören, und dabei spricht er nicht einmal anständig Englisch!«

Der Dalai Lama musste herzhaft lachen.

»Das gefällt mir nicht«, fuhr Tutu fort. »Du musst wirklich mal dafür beten, dass ich auch ein bisschen berühmter werde, so wie du.«

Jemanden zu necken ist ein Zeichen für Vertrautheit und Freundschaft, das auf dem Wissen um ein Reservoir aus Zuneigung gründet, aus dem wir uns als fröhliche und fehlerhafte Menschen alle nähren. Zielscheibe der Späße waren stets sie selbst statt der jeweils andere; nie wurde der andere dabei herabgewürdigt. Ganz im Gegenteil: Sie verstärkten damit nur das Band ihrer Freundschaft.

Dann dankte Tutu den Menschen, die diese Reise möglich gemacht hatten, und stellte sie nacheinander vor: seine Tochter Mpho, die Philanthropin und Friedensaktivistin Pam Omidyar und mich. Aber der Dalai Lama sagte, er kenne uns alle schon.

Dann stellte Tutu meine Ehefrau Rachel als seine amerikanische Ärztin vor, Pat Christian, eine Kollegin von Pam aus der Omidyar-Gruppe, und Marceline, die künftige Verlobte seiner Tochter, Kinderärztin und Professorin für Epidemiologie in Holland. Das letzte Mitglied unserer Gruppe, den ehrwürdigen Lama Tenzin Dhonden, brauchte er als Angehörigen des Klosters Namgyal des Dalai Lama nicht vorzustellen.

Der Dalai Lama strich Bischof Tutu liebevoll über die Hand, was er im Verlauf der Woche noch häufig tun sollte. Sie unterhielten sich über die Flugroute und unseren Aufenthalt in Amritsar. »Das ist sehr gut. Ausruhen ist nötig«, sagte der Dalai Lama. »Ich schlafe jede Nacht acht oder neun Stunden.«

»Aber du stehst doch sehr früh auf, nicht wahr?«, fragte Tutu.

»Das stimmt. Um drei Uhr.«

»Um drei?«

»Jeden Tag.«

»Und dann betest du fünf Stunden lang?« Tutu reckte fünf Finger in die Höhe.

»Ja.«

Der Erzbischof blickte auf und schüttelte den Kopf. »Nein, das ist zu viel.«

»Manchmal meditiere ich auch über die Natur des Seins nach der sogenannten ›siebenfachen Analyse‹«, sagte der Dalai Lama. Jinpa erklärte später, dass es sich dabei um eine buddhistische Übung der Kontemplation handelt, bei der man der wahren Natur des Seins nachspürt, indem man die Verbindung zwischen sich selbst und den physikalischen und geistigen Gesichtspunkten unseres Körpers und Geistes analysiert. »Zum Beispiel«, fuhr der Dalai Lama fort, »wenn ich dich jetzt ansehe und analysiere, dann sehe ich, dass dies mein lieber und verehrter Freund Bischof Tutu ist. Nein, es ist sein Körper, nicht er selbst. Es ist sein Geist, aber nicht er selbst.« Zur Betonung dieses paradoxen

Rätsels, das so alt ist wie der Buddhismus selbst, beugte sich der Dalai Lama vor. »Aber wo ist das Wesen von Bischof Tutu? Wir können es nicht finden.« Er tätschelte dem Erzbischof liebevoll den Arm.

Dieser blickte etwas verblüfft drein und meinte verwirrt: »Wirklich?«

»Und inzwischen«, fuhr der Dalai Lama fort, »kommen sie in der Quantenphysik zu einer ganz ähnlichen Sichtweise. Jeder beliebige Gegenstand existiert nicht wirklich. Letztlich lässt sich nichts finden. Dies ist der analytischen Meditation sehr ähnlich.«

Bischof Tutu schlug bestürzt die Hände vors Gesicht. »Ich könnte das nicht tun.«

Der Dalai Lama mochte behaupten, dass ein wirklicher Bischof Tutu nicht anwesend sei, aber gleichzeitig *war* da doch eine Person, ein Freund, der ihm, der allen freundlich gesinnt war, in seiner Einzigartigkeit besonders viel bedeutete. Jinpa und ich erörterten, was an dieser Beziehung so bedeutend sein mochte. Tutu und der Dalai Lama besitzen beide nur wenige wahre Freunde. Der Klub der moralischen Vordenker der Welt hat einfach zu wenige Mitglieder. Ihr Leben ist angefüllt mit Menschen, die sie als Symbole verehren. Da muss es einfach angenehm sein, jemanden zu haben, der nicht vor allem auf ein Erinnerungsfoto aus ist. Zweifellos achten sie beide dieselben Werte an der Stelle, wo sich alle Religionen treffen, und natürlich verfügen sie beide über einen außerordentlichen Sinn für Humor. Mehr und mehr wurde mir klar, wie wichtig Freundschaft und Beziehung im Allgemeinen für unser Erleben von Freude sind. Dieser Gesichtspunkt trat im Verlauf der gemeinsamen Woche immer wieder zutage.

»Ich sage den Leuten«, fuhr Bischof Tutu fort, »vielleicht das Beste an dir sei deine Gelassenheit. Und ich sage ›Weißt du, da verbringt er jeden Morgen diese fünf Stunden mit Meditation, und das merkt man daran, wie er diesen fürchterlichen Dingen begegnet, dem Leid in seinem Land und dem Leid in der Welt.‹ Wie ich schon sagte, versuche ich das auch, aber fünf Stunden sind einfach zu viel.« In seiner typischen Bescheidenheit tat Tutu seine eigenen Gebete – immerhin über drei oder vier Stunden täglich – als geringfügig ab. Es ist wahr, er schläft ... bis um vier! Was bringt diese geistigen Führer dazu, fragte ich mich, dass sie so früh aufstehen, um zu beten oder zu meditieren? Offensichtlich gehen sie auf diese Weise ihren Tag völlig anders an. Als ich zum ersten Mal hörte, dass der Dalai Lama morgens um drei aufsteht, ging ich von einem weiteren Fall von außerordentlicher menschlicher Hingabe aus und erwartete, dass er nachts nur zwei oder drei Stunden schläft. Daher vernahm ich mit Erleichterung, dass er dafür sehr früh zu Bett geht, meist gegen neunzehn Uhr. Für Menschen, die Kinder füttern und zu Bett bringen müssen, mag das nicht besonders praktisch sein, aber für die meisten ist es doch machbar, eine Stunde früher zu Bett zu gehen und dafür eine Stunde früher aufzustehen. Konnte man auf diese Weise geistig wachsen? Und mehr Freude empfinden?

Der Dalai Lama führte Tutus Hand an seine Wange. »Und jetzt gehen wir zu mir nach Hause.«

Beim Verlassen des Gebäudes drängte sich sofort die Menge um die beiden Männer und rief ihnen Fragen über die Reise des Erzbischofs zu. Tutu blieb stehen und nutzte die Aufmerksamkeit der Medien, um die Ungerechtigkeit anzuprangern. Unter dem Klicken der Kameras erklärte er: »Ich bin sehr froh, mit meinem lieben Freund zusammen zu sein. Immer wieder hindern uns Umstände oder Menschen daran zusammenzukommen, aber die Liebe füreinander und die Güte des göttlichen Universums machen es möglich, dass wir uns dennoch treffen. Als ihm bei seinem geplanten Besuch zu meinem achtzigsten Geburtstag die südafrikanische Regierung das Einreisevisum verweigerte, fragte ich ihn: ›Über wie viele Divisionen verfügt deine Armee? Warum hat China solche Angst vor dir?‹ Und genau das ist es, was mich überrascht – vielleicht ist das ja richtig, und man muss einen spirituellen Führer sehr ernst nehmen. Wir hoffen, dass diese Welt Gottes zu einem besseren Ort wird, an dem Güte, Mitgefühl, Großzügigkeit und menschliches Zusammenleben willkommen sind; dass uns Konflikte wie der zwischen Russland und der Ukraine erspart bleiben oder das, was mit ›IS‹ geschieht oder in Kenia oder Syrien. Gott weint darüber.« Tutu wandte sich ab, hielt jedoch noch einmal inne und beantwortete die Frage eines Journalisten nach dem Zweck der Reise. »Wir treffen uns hier nur, um unsere Freundschaft zu genießen und über die Freude zu reden.«

Dann wurden die beiden von der bereitstehenden Fahrzeugkolonne fortgebracht. Die Fahrt zum Wohnsitz des Dalai Lama dauerte etwa eine Dreiviertelstunde. Die Straßen waren schon für die Fahrt des Dalai Lama zum Flughafen gesperrt worden, und nun standen zahlreiche Tibeter, Inder und auch einige Touristen am Straßenrand und hofften, einen Blick auf ihn und seinen besonderen Gast zu erhaschen. Jetzt begriff ich auch, warum der Dalai Lama nur selten zum Flughafen fährt – es ist eine sehr aufwendige Unternehmung, bei der eine Hauptverkehrsader gesperrt werden muss, was sich auf die ganze Stadt auswirkt.

Wir waren hergekommen, um über Freude im Angesicht der Herausforderungen des Lebens zu sprechen, und gleichzeitig wurden wir in Dharamsala auf Schritt und Tritt daran erinnert, wie sehr diese Gemeinschaft durch Unterdrückung und das Exil traumatisiert war. Die Stadt scheint sich förmlich an die gewundenen Bergstraßen zu klammern, und überall ragen kleine Handwerksstätten über fast senkrechte Abgründe. Wie im übrigen Indien und den anderen Entwicklungsländern wird die Bautätigkeit weniger durch Bauordnung und Sicherheitsvorschriften bestimmt als vielmehr durch den Druck einer explodierenden Bevölkerung. Wie würden diese Gebäude wohl ein Erdbeben überstehen? Mir kam es vor, als drohte die ganze Stadt in einem solchen Fall von den Bergrücken geschüttelt zu werden wie ein Blatt von einem erwachenden Tier.

Die Kolonne schob sich durch immer dichtere Reihen von frommen Menschen. Manche verbrannten Weihrauch, andere hatten Mala-Ketten um ihre zum Gebet zusammengelegten Hände geschlungen. Für Nichttibeter ist es kaum zu ermessen, wie viel der Dalai Lama und ganz besonders seine Exilgemeinschaft seinem Volk bedeutet. Er ist gleichermaßen Symbol ihrer nationalen und politischen Identität wie auch die Verkörperung ihrer spirituellen Sehnsüchte. Als Verkörperung des Bodhisattva des Mitgefühls hat er eine ähnliche Bedeutung wie Jesus Christus. Es ist schwer vorstellbar, wie der Dalai Lama diese Verantwortung trägt und gleichzeitig darauf verweist, »nichts Besonderes« zu sein, ein Mensch wie sieben Milliarden andere auch.

Obwohl die Straßen immer enger wurden, fuhren die Fahrzeuge sehr schnell durchs dichte Gedränge und bremsten nur, wenn sich eine heilige Kuh auf die Straße verirrt hatte, vielleicht um die beiden heiligen Männer besser in Augenschein nehmen zu können. Die rasche Fahrt mochte in der Sorge um die Sicherheit begründet sein oder dem Bestreben, die Straße so rasch wie möglich wieder freizugeben – ich hielt den ersten Grund für wahrscheinlicher.

Wie ganz Indien ist auch diese Stadt geprägt durch die beständige und fast tektonische Reibung und Verzahnung verschiedener kultureller Schichten, was sich in schillernden und bisweilen beunruhigenden Demonstrationen von Hingabe und Gruppenzugehörigkeit manifestiert.

Diesem Bild gemäß repräsentiert die tibetisch-buddhistische Bergsiedlung McLeod Ganj, auch Upper Dharamsala genannt, nur eine weitere Sedimentschicht, die über der indisch-hinduistischen Stadt liegt. Dharamsala – oder Dharam*sh*ala, wie es auf Hindi ausgesprochen wird – bedeutet »Haus des Dharma« beziehungsweise Pilgerherberge. Für einen derart von Pilgerschaft geprägten Ort könnte der Name kaum passender sein.

Wir eilten durch die einfachen Metalltore der Residenz des Dalai Lama, wo seine Amtsräume wie auch die Privatgemächer liegen, und hielten an einer Auffahrt, die halbkreisförmig ein prächtiges Beet voller Frühlingsblumen darbot. Ich war schon im Januar in Dharamsala gewesen, um mit Mitarbeitern des Dalai Lama Einzelheiten des Treffens zu besprechen. Damals war es eiskalt gewesen, und die ganze Stadt hatte sich in Wolken gehüllt. Jetzt reckten sich die Blumen der strahlenden Sonne in einer Weise entgegen, wie es für die kurze Wachstumsperiode in großer Höhe typisch ist, wenn das Leben nur kurz währt und jeder einzelne Tag mit großer Dringlichkeit ausgeschöpft werden muss.

Nun rückten die Gespräche immer näher, und meine Nervosität wuchs immer mehr an. Mir war allerdings klar, dass es nicht allein mir so ging. In einem vorbereitenden Telefongespräch hatte es mich tief berührt, als Desmond Tutu mir anvertraute, er sehe dem geistigen Austausch mit dem Dalai Lama in einiger Besorgnis entgegen. »Er ist sehr viel mehr verstandesorientiert als ich«, hatte er gesagt und sich dabei auf die Lust des Dalai Lama auf Diskussionen, intellektuelle Nachforschungen und wissenschaftliche Untersuchungen bezogen. »Ich bin viel instinktiver veranlagt«, erklärte er; und ich erinnerte mich an seine früheren Worte, an allen wichtigen Wendepunkten seines Lebens und seinem Kampf für ein Ende der Apartheid habe er sich immer vom intuitiven Empfinden und der Hingabe im

Gebet leiten lassen. Eine Reise ins Unbekannte lässt offenbar auch große spirituelle Führer nicht kalt.

Nach einem Ruhetag für den Erzbischof sollten dann die Gespräche über das Wesen wahrer Freude beginnen.

TAG 1

DAS WESEN DER WAHREN FREUDE

WARUM BIST DU NICHT VERDROSSEN?

Zu Beginn fragte ich den Erzbischof, ob er nicht mit einem Gebet ins Gespräch einsteigen wolle, wie er es bei wichtigen Anlässen zu tun pflegte.

»Ja, danke«, antwortete er. »Ich brauche immer alle Hilfe, die ich bekommen kann. Wir wollen für einen Augenblick schweigen. ›Komm, Heiliger Geist. Fülle die Herzen deiner Getreuen und entzünde in ihnen das Feuer deiner Liebe. Sende deinen Geist, auf dass sie erneuert werden und auf dass du den Glauben der Erde erneuerst. Amen.‹«

»Amen«, fügte der Dalai Lama an. Dann bat ich ihn, uns von seinen Hoffnungen für diese gemeinsame Zeit zu erzählen.

Der Dalai Lama lehnte sich zurück und rieb die Hände. »Wir leben jetzt im einundzwanzigsten Jahrhundert. Wir versuchen, die Errungenschaften des zwanzigsten Jahrhunderts weiter zu optimieren, und arbeiten nach wie vor daran, unsere Welt zu verbessern. Noch immer gibt es viele arme Menschen, denen es an Nahrung mangelt, aber im Großen und Ganzen ist der Globus nun hoch entwickelt. Das Problem liegt darin, dass sich unser Alltag und unsere Erziehung ausschließlich auf äußerliche, materialistische Werte beschränken. Um innere Werte kümmern wir uns nicht hinreichend. Wer in dieser Geisteshaltung aufwächst, führt ein materialistisches Leben, und so wird schließlich die ganze Gesellschaft materialistisch. Diese Kultur ist leider nicht in der Lage, die menschlichen Probleme zu lösen. Das Problem liegt in Wahrheit *hier*.« Während er dies sagte, zeigte der Dalai Lama auf seinen Kopf.

Und der Erzbischof tippte sich mit den Fingern auf die Brust, um die Bedeutung des Herzens zu betonen.

»Und *hier*«, echote der Dalai Lama. »Verstand und Herz. Die materialistischen Werte verschaffen uns keinen Seelenfrieden. Deshalb müssen wir uns wirklich auf die inneren Werte besinnen, auf die wahre menschliche Natur. Nur so können wir persönlich Frieden finden – und mehr Frieden in unserer Welt schaffen. Viele unserer Probleme haben wir selbst geschaffen, wie beispielsweise Krieg und Gewalt. Im Gegensatz zu Naturkatastrophen sind diese Probleme von uns Menschen erzeugt.

Ich sehe da einen großen Widerspruch«, fuhr der Dalai Lama fort. »Wir sind sieben Milliarden Menschen, und keiner möchte Probleme haben und Leid ertragen müssen, aber trotzdem gibt es viele Probleme und viel Leid, das wir uns selbst schaffen. Warum?« Er wandte sich direkt an den Erzbischof, der zustimmend nickte. »Weil etwas Wichtiges fehlt. Als einer dieser sieben Milliarden Menschen glaube ich, dass jeder die Aufgabe hat, eine glücklichere Welt zu entwickeln. Letztlich muss jeder von uns mehr Sorge für das Wohlbefinden der Mitmenschen tragen. In anderen Worten – was jetzt fehlt, sind Güte und Mitgefühl. Wir müssen mehr auf unsere inneren Werte horchen. Wir müssen nach innen schauen.«

Er drehte sich zum Bischof um und presste die Hände in einer Geste der Achtung aneinander. »Und jetzt du, Erzbischof Tutu, mein langjähriger Freund.« Er streckte ihm die Hand hin. Tutu ergriff sie und hielt sie mit beiden Händen fest. »Ich glaube, du hast ein großes Potenzial …«

»Potenzial?«, erwiderte der Erzbischof mit gespieltem Entsetzen.

»Großes Potenzial, ja. Weißt du, großes Potenzial, um eine glücklichere Menschheit zu schaffen.«

Tutu warf den Kopf in den Nacken und lachte. »Ach so!«

»Wenn die Menschen in dein Gesicht sehen«, fuhr der Dalai Lama fort, »dann sehen sie dich lachen. Du bist immer fröhlich. Das ist eine sehr positive Botschaft.« Wieder reckte sich der Dalai Lama herüber, fasste die Hand des Erzbischofs und streichelte sie.

»Manche politischen oder spirituellen Führer machen ein sehr ernstes Gesicht.« Er setzte sich aufrecht und blickte sehr ernst drein. »Das lässt einen dann zögerlich werden. Aber wenn sie dein Gesicht sehen …«

»Das liegt an meiner großen Nase«, meinte Tutu, und beide mussten kichern.

»Deshalb bin ich so froh, dass du zu diesem Gespräch gekommen bist«, fuhr der Dalai Lama fort. »Wenn wir unseren Geist entwickeln wollen, müssen wir tiefer hineinblicken. Jeder ist auf der Suche nach Glück und Freude – die meisten sind es aber nur äußerlich: Freude durch Geld, Macht, ein großes Auto oder ein großes Haus. Sie kümmern sich wenig um die wahre Quelle für ein glückliches Leben, die in uns liegt und nicht außerhalb unser selbst. Sogar die körperliche Gesundheit hat ihre Quelle innen, nicht außen.

Es mag einige Unterschiede zwischen uns beiden geben. Du betonst immer, dass der Glaube wichtig ist. Auch für mich als Buddhisten ist der Glaube sehr wichtig. Aber gleichzeitig ist es eine Tatsache, dass eine Milliarde von sieben Milliarden Menschen nicht gläubig sind. Wir dürfen sie jedoch nicht ausschließen. Eine Milliarde ist eine ziemlich große Zahl. Auch diese Menschen sind unsere Brüder und Schwestern. Sie haben ebenfalls das Recht, glücklicher zu sein und gute Mitglieder der menschlichen Familie zu sein. Also darf man sich nicht auf den religiösen Glauben verlassen, wenn man unsere inneren Werte entwickeln will.«

»Es ist nicht einfach, deinen tief greifenden Erklärungen zu folgen«, begann der Erzbischof. »Ich dachte, du würdest sagen, dass wir das Glück nicht finden werden, wenn wir ihm nachjagen. Denn es ist sehr flüchtig. Man findet es nicht, indem man sagt: ›Ich werde mich um nichts anderes mehr kümmern und nur noch das Glück verfolgen.‹ Es gibt ein Buch von C. S. Lewis mit dem Titel *Überrascht von Freude*, in dem recht gut erklärt wird, wie es funktioniert, finde ich.

Viele Menschen sehen dich an«, fuhr der Erzbischof fort, »und sie denken an all das Schreckliche, was dir widerfahren ist. Nichts kann schlimmer sein, als wenn man aus seiner Heimat vertrieben wird, fort von allem, was einem teuer ist. Aber wenn die Menschen dir begegnen, erleben sie jemanden, der auf wunderbare Weise gelassen ist, über großes Mitgefühl verfügt und dem offensichtlich der Schalk im Nacken sitzt …«

»Das sind die richtige Worte«, warf der Dalai Lama ein. »Ich halte nicht viel von Förmlichkeit.«

»Unterbrich mich nicht!«, gab Tutu zurück.

»Oh!« Der Dalai Lama musste über den Tadel lachen.

»Es ist schön zu entdecken, dass wir eigentlich gar nicht nach Glück suchen, denn so würde ich es auch nicht nennen. Ich würde eher von Freude sprechen. Freude schließt Glück mit ein. Freude ist viel umfassender. Denk doch nur an eine Frau, die gebären wird. Fast alle von uns versuchen, Schmerzen zu entgehen. Werdende Mütter wissen aber genau, dass sie bei der Geburt Schmerzen ertragen müssen, große Schmerzen. Aber sie nehmen das hin. Doch selbst nach den schmerzhaftesten Wehen lässt sich die Freude einer Mutter nicht ermessen, wenn das Baby geboren ist. Es ist eines der unglaublichsten Phänomene, dass aus Leiden so rasch Freude entstehen kann.

Eine Mutter kann von der Arbeit todmüde sein«, spann Tutu den Gedanken weiter, »und von all den anderen Dingen, die ihr Sorgen bereiten. Aber wenn dann ihr Kind krank ist, wird sie keinen Gedanken an ihre Erschöpfung verschwenden. Sie wird die ganze Nacht am Bett des kranken Kindes sitzen, und wenn es dem Kind wieder besser geht, dann ist da auch wieder diese Freude.«

Was ist diese Freude und wie ist es möglich, dass sie so ein breites Spektrum von Gefühlen hervorrufen kann? Wie kann es sein, dass die Freude von den Freudentränen über die Geburt über das unbändige Lachen über einen Witz bis zum heiteren und zufriedenen Lächeln bei der Meditation reichen kann? Die Freude scheint einen ungeheuren Bereich der Gefühle abzudecken. Dem berühmten Psychologen und Experten für nonverbale Kommunikation Paul Ekman zufolge, einem langjährigen Freund des Dalai Lama, ist Freude verbunden mit so verschiedenen Gefühlen, wie wir sie mit unseren fünf Sinnen erleben:

• *Vergnügtheit* (vom Kichern bis zum herzhaften Lachen),
• *Zufriedenheit* (eine stille Form der Befriedigung),
• *Erregung* (als Reaktion auf etwas Neues oder eine Herausforderung),
• *Erleichterung* (die auf ein anderes Gefühl wie Angst, Anspannung oder auch Vergnügen folgt),
• *Staunen* (über etwas Verwunderliches, Bewunderungswürdiges oder etwas, was unsere Vorstellungskraft übersteigt),
• *Ekstase* oder *Glückseligkeit* (wenn wir außer uns sind vor Entzücken),

- *Jubel* (wenn wir eine schwierige oder gefährliche Aufgabe gemeistert haben),
- *strahlender Stolz* (wenn unsere Kinder Erfolge feiern),
- *erhebende Gefühle* (angesichts eines Akts von großer Güte, Großzügigkeit oder großem Mitgefühl),
- *Dankbarkeit* (wenn uns uneigennützige Hilfe zuteilwird),
- aber auch *Schadenfreude* (das ungesunde Sichergötzen am Leid anderer).

In seinem Buch *Glück* (Knaur 2009, S. 67 f.) hat der buddhistische Gelehrte und ehemalige Genforscher Matthieu Ricard drei weitere überschwängliche Arten von Freude beschrieben:

- *begeisterte Anteilnahme am Glück der anderen* (von Buddhisten Mudita genannt),
- *Entzücken* (Zufriedenheit, die nach außen strahlt) und
- die *strahlende Freude spiritueller Verwirklichung* (eine stille, heitere Freude, die Ausdruck tief gehenden Wohlbefindens und großen Wohlwollens und eher ein andauernder Zustand als eine flüchtige Emotion ist).

Dieses Spektrum vermag einen Eindruck von der Freude in ihrer ganzen Komplexität und Subtilität zu vermitteln. Auch im Beispiel des Erzbischofs ging es um mehr als das reine Vergnügen, sondern eher um etwas wie die Erleichterung, das Erstaunen und die Verzückung anlässlich einer Geburt. Die Freude schließt all diese menschlichen Erfahrungen mit ein, aber dauerhafte Freude als Lebensform, wie Bischof Tutu und der Dalai Lama sie vorleben, kommt wohl am ehesten einer strahlenden Freude spiritueller Verwirklichung nahe, die auf tiefem Wohlbefinden und Güte beruht.

Ich wusste, dass wir hier zusammengekommen waren, um genau diese Komplexität der Freude zu erforschen – und ganz besonders die Möglichkeit, sie uns auch unter schwierigen Umständen zu erhalten. Am Institut für Neurowissenschaften und Psychologie der Universität von Glasgow kam man zu dem Schluss, dass es im Prinzip nur vier grundlegende Gefühle gibt, von denen drei negativer Natur sind: Furcht, Wut und Trauer. Das einzige positive Gefühl ist Freude oder Glück. Die Erforschung der Freude ist nichts anderes als die Suche nach dem, was die menschliche Existenz positiv und befriedigend macht.

»Ist die Freude ein Gefühl, das kommt und uns überrascht?«, fragte ich. »Oder ist sie eher eine verlässliche Art zu leben? Bei Ihnen beiden scheint sie etwas sehr Dauerhaftes zu sein. Ihre spirituellen Übungen haben Sie nicht traurig und ernst werden lassen, sondern eher noch fröhlicher. Wie können auch andere Menschen einen solchen beständigen, über ein vorübergehendes Gefühl hinausgehenden Zustand der Freude für sich entwickeln?«

Der Erzbischof und der Dalai Lama blickten sich an, und Tutu wies auf seinen Freund. Dieser drückte ihm die Hand und sagte: »Ja, es stimmt. Freude ist etwas anderes als Glück. Wenn ich von Glück spreche, dann meine ich so etwas wie Befriedigung. Manchmal erleben wir eine schmerzliche Erfahrung, aber wie du am Beispiel der Geburt geschildert hast, kann diese große Befriedigung und Freude mit sich bringen.«

»Da muss ich dich etwas fragen«, warf der Erzbischof ein. »Du bist doch im Exil ... seit mehr als fünfzig Jahren?«

»Sechsundfünfzig.«

»Sechsundfünfzig Jahre fern von einem Land, das du mehr als alles andere liebst. Warum bist du trotzdem nicht verdrossen?«

»Verdrossen?«, fragte der Dalai Lama, weil er das Wort nicht verstand.

Jinpa beeilte sich, es ins Tibetische zu übersetzen, und Tutu erklärte: »Traurig.«

Der Dalai Lama fasste die Hand des Erzbischofs, als wolle er ihn trösten, während er die schmerzlichen Ereignisse Revue passieren ließ. Die oft erzählte Geschichte von seiner Entdeckung als Reinkarnation des Dalai Lama hatte zur Folge, dass er mit zwei Jahren von seinem bäuerlichen Zuhause in der Provinz Amdo im Osten Tibets zum Potala-Palast in der Hauptstadt Lhasa mit seinen tausend Räumen übersiedeln musste. Dort wuchs er in einer opulenten Abgeschiedenheit zum künftigen spirituellen und politischen Führer Tibets heran, als gottgleiche Inkarnation des Bodhisattva des Mitgefühls. Durch die chinesische Invasion in Tibet im Jahr 1950 wurde der junge Dalai Lama jäh auf das Feld der Politik geworfen und vorübergehend zum Herrscher über Tibet erkoren. Im Alter von fünfzehn Jahren fand er sich plötzlich in der Rolle des Oberhaupts von sechs Millionen Menschen und sah sich mit einem ebenso erbitterten wie aussichtslosen Krieg konfrontiert. Bis zur Annexion des Landes versuchte er neun Jahre lang, zum Wohl seines Volkes mit dem kommunistischen China zu verhandeln und eine politische Lösung zu finden. Als 1959 ein Aufstand zu einem Massaker auszuarten drohte, entschied er sich schweren Herzens, ins Exil zu gehen.

Es bestand nur eine sehr geringe Chance, unversehrt nach Indien zu entkommen. Aber um weitere Auseinandersetzungen und ein Blutbad zu vermeiden, machte er sich nachts als gemeiner Soldat verkleidet auf den Weg. Um nicht erkannt zu werden und weil allein schon die Vorstellung eines Soldaten mit schwacher Sehkraft abwegig war, musste er die Brille abnehmen, was seine Furcht und Unsicherheit noch steigerte, während er sich mit seinen Gefährten an der Garnison der Volksbefreiungsarmee vorbeischlich. Auf der Flucht hatten sie Sand- und Schneestürme zu überstehen und mussten während ihrer dreiwöchigen Flucht fast sechstausend Meter hohe Bergketten überqueren.

»Eine meiner Übungen stammt von einem alten indischen Lehrer«, begann der Dalai Lama seine Antwort auf Tutus Frage. »Er hat mich gelehrt, wenn man eine tragische Situation erlebt, dann soll man über diese Situation nachdenken. Wenn sich die Tragödie nicht überwinden lässt, dann hat es keinen Sinn, sich viele Sorgen darüber zu machen. So mache ich es auch.« Der Dalai Lama bezog sich hier auf den buddhistischen Meister Shantideva, der im achten Jahrhundert schrieb: »Wenn sich etwas an der Situation ändern lässt, warum dann niedergeschlagen sein? Und wenn sich nichts daran ändern lässt, was nutzt es, wenn man niedergeschlagen ist?«

Der Erzbischof kicherte, möglicherweise weil es zu unwahrscheinlich war, dass sich jemand einfach deshalb keine Sorgen machte, weil es offensichtlich keinen Zweck hatte.

»Ja, aber ich glaube, der Verstand sagt den Menschen genau dasselbe.« Er legte beide Zeigefinger an den Kopf. »Wir wissen, dass es nichts nutzt, sich zu sorgen. Und dennoch sorgen wir uns.

Viele von uns sind Flüchtlinge geworden«, versuchte der Dalai Lama zu erklären, »und in meinem eigenen Land gibt es viele Schwierigkeiten. Wenn ich nur daran denke«, sagte er und formte mit den Händen einer kleinen Kreis, »dann mache ich mir Sorgen.« Er weitete die Hände und öffnete damit den Kreis. »Aber wenn ich die ganze Welt betrachte, dann sehe ich sehr viele Probleme, selbst in der Volksrepublik China. So hat die muslimische Volksgruppe der Hui dort große Schwierigkeiten und muss viel erdulden. Und auch außerhalb Chinas gibt es zahlreiche Probleme und noch mehr Leid. Wenn wir das erkennen, begreifen wir, dass nicht nur wir, sondern viele unserer Brüder und Schwestern leiden müssen. Wenn wir also dasselbe Ereignis in einem größeren Rahmen betrachten, verringern sich unsere Sorge und unser eigenes Leid.«

Die Einfachheit und Tiefe dessen, was der Dalai Lama sagte, traf mich tief. Hier ging es nicht darum, Schmerz und Leid zu leugnen, sondern darum, den Blick von sich selbst auf andere zu richten, weg von der Qual und hin zum Mitgefühl, um zu erkennen, dass auch andere zu leiden hatten. Denn wenn wir das Leiden anderer anerkennen und damit begreifen, dass wir nicht allein sind, dann vermindert sich unser Schmerz.

Nicht selten hören wir von den Problemen anderer und sehen in der Folge unsere eigene Lage als weniger problematisch. Beim Dalai Lama war das jedoch anders. Er bildete keinen Gegensatz zwischen seiner Situation und der Lage der anderen, sondern betrachtete die Gemeinsamkeit, erweiterte seine Identität und erkannte so, dass die Tibeter in ihrem Leiden nicht allein waren. Die Erkenntnis, dass wir alle miteinander verbunden sind – ob als tibetische Buddhisten, Hui-Chinesen oder andere –, ist die Geburtsstunde der Empathie und des Mitgefühls.

Hatte dieser Perspektivwechsel des Dalai Lama etwas zu tun mit dem Sprichwort »Schmerz ist obligatorisch, Leiden gibt es auf Wunsch«? Ist es tatsächlich möglich, Schmerz zu erleben – ob durch eine Verletzung oder Exil –, ohne darunter zu leiden? In der sogenannten Sallatha Sutta, einer Lehre des Buddha, wird in ähnlicher Weise unterschieden zwischen unseren »Gefühlen des Schmerzes« und dem »Leiden, das aus unserer Reaktion auf den Schmerz folgt. Wird ein nicht angeleiteter, gewöhnlicher Mensch von Schmerz ergriffen, so trauert er und klagt, schlägt sich vor die Brust und ist verzweifelt. Auf diese Weise erleidet er zweierlei Schmerzen, körperliche und geistige, so als würde man einen Pfeil auf einen Menschen abschießen und sogleich einen zweiten, sodass er den Schmerz beider spürt.« Offenbar rät der Dalai Lama, unseren Blickpunkt zum Mitgefühl für andere zu weiten und auf diese Weise die durch den zweiten Pfeil verursachten Sorgen und Leiden zu vermeiden.

»Und noch etwas«, nahm er den Faden wieder auf. »Jedes Ereignis hat verschiedene Gesichtspunkte. Wir haben beispielsweise unser Land verloren und sind zu Flüchtlingen geworden, aber durch diese Erfahrung haben wir Gelegenheit erhalten, andere Dinge zu sehen. Ich zum Beispiel konnte mit vielen verschiedenen Menschen zusammenkommen, mit Personen aus der spirituellen Praxis wie euch und auch mit Wissenschaftlern. Diese Gelegenheit bot sich, weil ich Flüchtling geworden war. Anderenfalls wäre ich im Potala von Lhasa wie in einem goldenen Käfig geblieben: als Lama, als heiliger Dalai Lama.« Er hatte sich aufgerichtet und saß so steif da, wie es dem klösterlich-geistlichen Vorstand des Verbotenen Königreichs geziemte.

»Aus diesem Grund bevorzuge ich persönlich die fünf Jahrzehnte, die ich als Flüchtling gelebt habe. Sie waren nützlicher, und ich bekam mehr Gelegenheit, zu lernen und das Leben zu erfahren. Betrachten wir etwas nur aus einer Perspektive, dann denken wir: ›Oh, wie schlimm, wie traurig!‹ Sehen wir dasselbe Unglück aber aus einem anderen Blickwinkel, dann erkennen wir, dass es uns neue Möglichkeiten bringt – auch die Chance, Neues zu lernen. Und das ist wunderbar. Das ist der Grund, warum ich nicht traurig und verdrossen bin. In einem tibetischen Sprichwort heißt es: ›Wo immer du Freunde hast, ist dein Land; und wo immer man dir Liebe schenkt, ist dein Zuhause.‹«

Es ging ein Raunen durch den Raum angesichts dessen, dass dieser Sinnspruch half, den Schmerz über ein halbes Jahrhundert im Exil, wenn nicht auszulöschen, dann doch zumindest zu lindern.

»Das ist wirklich schön«, bemerkte Bischof Tutu.

»Außerdem«, fuhr der Dalai Lama fort. »Wer immer dir Liebe schenkt, ist dir Vater oder Mutter. Also betrachte ich dich – obwohl du nur vier Jahre älter bist als ich – als meinen Vater. Du hättest natürlich nicht mit vier Jahren Kinder bekommen können, also bist du nicht mein wirklicher Vater. Trotzdem bist du für mich ein Vater.«

»Was du sagst, ist wirklich wunderbar«, setzte Tutu an, noch immer bewegt über die Haltung des Dalai Lama zu seinem Leben im Exil. »Ich möchte dem für unsere Schwestern und Brüder dort draußen nur hinzufügen: Qual und Trauer entziehen sich unserer Kontrolle. Sie geschehen einfach. Nehmen wir an, dass uns jemand schlägt. Die Schmerzen verursachen Kummer und Wut, und vielleicht wollen wir uns dafür rächen. Wenn man sich aber spirituell entwickelt, ob nun als Buddhist oder Christ oder in einem anderen Weltbild, dann ist man in der Lage, alles anzunehmen, was einem geschieht. Wir akzeptieren es nicht als das Resultat begangener Sünden, als verdiente Strafe. Es gehört dann einfach zum Leben wie Kette und Schuss zu einem Gewebe. Es geschieht einfach, ob wir das nun wollen oder nicht. Im Leben wird es immer Schwierigkeiten geben. Die Frage ist dabei nicht: Wie kann ich dem entgehen? Sie lautet: Wie kann ich etwas Positives daraus gewinnen? Genau wie du es eben beschrieben hast. Ich kann mir nichts Schlimmeres vorstellen, als wenn man aus seinem eigenen Land hinausgeworfen wird. Und ein Land ist ja nicht nur ein Land – es ist doch ein Teil von einem selbst! Und gleichzeitig ist man ein Teil davon in einer Weise, die sich schwer beschreiben lässt. Eigentlich müsste der Dalai Lama ein Sauertopf sein.«

Der Dalai Lama bat Jinpa, ihm »Sauertopf« zu übersetzen.

Tutu erklärte es ihm gleich selbst: »Das ist, wenn man so ein Gesicht macht.« Er deutete auf die verblüffte Miene des Dalai Lama mit den geschürzten Lippen, die ein bisschen wirkte, als hätte er in eine Zitrone gebissen. »Mit dem Gesicht siehst du wirklich wie ein Sauertopf aus. Genau so.«

Der Dalai Lama versuchte sich immer noch vorzustellen, wie ein Topf sauer aussehen könnte, und Jinpa bemühte sich weiterhin um eine treffende Übersetzung.

»Und wenn du dann lächelst, dann erstrahlt dein Gesicht. Und das liegt daran, dass du das Negative zum größten Teil umgewandelt hast. Du hast es in Güte verwandelt. Aber noch einmal, du hast dich nicht gefragt: ›Wie kann ich glücklich sein?‹ Das hast du nicht gesagt, sondern dich gefragt: ›Wie kann ich dazu beitragen, Mitgefühl und Liebe zu verbreiten?‹ Und auf der ganzen Welt kommen Menschen zusammen und füllen Stadien, selbst wenn sie dein Englisch nicht verstehen. Neidisch bin ich eigentlich nicht. Mein Englisch ist viel besser als deines, und bei mir kommen nicht so viele Menschen, um mich zu hören, wie bei dir. Und weißt du, was? Ich glaube nicht, dass sie kommen, um zuzuhören. Vielleicht auch. Aber sie kommen eher, weil du für etwas stehst, was sie fühlen, denn einiges von dem, was du sagst, ist in gewisser Weise offensichtlich. Doch es sind nicht die Worte. Es ist der Geist, der dahintersteht – wenn du dich hinsetzt und den Leuten erzählst, dass Leiden und Frustration nicht bestimmen, wer wir sind. Es ist, dass wir aus eigentlich negativen Dingen eine positive Wirkung erzielen können.

Und ich hoffe, wir können Gottes Kindern dort draußen vermitteln, wie sehr sie geliebt werden. Wie unendlich wertvoll sie diesem Gott sind. Selbst der verachtete Flüchtling, dessen Namen niemand kennt. Ich sehe mir häufig Bilder von Menschen an, die vor Gewalt fliehen, und es sind wirklich viele. Seht nur die Kinder. Ich sage, dass Gott darüber weint, weil er nicht wollte, dass wir so leben. Aber selbst unter diesen Umständen gibt es immer wieder Menschen, die aus anderen Teilen der Welt kommen, um zu helfen und die Lage zu verbessern. Und dann beginnt Gott, durch seine Tränen zu lächeln. Und wenn Gott dich sieht und hört, wie du versuchst, Gottes Kindern zu helfen, dann *lächelt* er.« Der Erzbischof strahlte nun selbst, und das Wort »lächelt« flüsterte er, als wäre es der heilige Name Gottes.

»Er möchte noch eine Frage stellen«, sagte Tutu, als er bemerkte, dass ich mich nach vorn lehnte. Es war erstaunlich, wie intensiv sie sich mit Freude und Leid beschäftigten, aber wenn wir so weitermachten, würden wir kaum ein Zehntel der Fragen bewältigen können, die wir ihnen stellen wollten.

Der Dalai Lama gab Bischof Tutu einen Klaps auf die Hand und meinte: »Wir haben ja mehrere Tage, also ist das kein Problem. Wenn wir nur dreißig Minuten oder eine Stunde für ein Interview zur Verfügung hätten, dann müssten wir uns kürzerfassen.«

»*Du* musst dich kürzerfassen«, erwiderte der Erzbischof. »*Ich* fasse mich schon kurz.«

»Jetzt trinken wird erst einmal Tee, und dann werde ich mich kurzfassen.«

SCHÖNES ENTSTEHT NICHT
OHNE EIN WENIG LEIDEN

» Herr Erzbischof, Sie haben über das Leid gesprochen, das dem Dalai Lama im Exil widerfahren ist. Während der Apartheid hatten Sie und Ihr Land ebenfalls sehr zu leiden. Und auch Sie persönlich mussten sich mit Prostatakrebs auseinandersetzen – und müssen es noch. Die meisten Menschen empfinden nicht gerade Freude, wenn sie krank werden. Sie hingegen haben sich diese Freude trotz des Leidens erhalten. Wie schaffen Sie das?«

»Nun, auf alle Fälle mit der Hilfe vieler Menschen. Es ist auf jeden Fall gut zu wissen, dass man nicht allein ist, sondern Teil einer wunderbaren Gemeinschaft. Das war sehr hilfreich. Wie wir schon gesagt haben, wird man nicht fröhlich, nur weil man sich das vorgenommen hat, denn dann besteht die Gefahr, dass man sich einkapselt. Das ist wie bei einer Blume. Wenn wir uns öffnen und aufblühen, dann liegt das im Grunde an den anderen Menschen. Und ich glaube, ein bisschen Leid – mag es auch intensiv sein – ist ein notwendiger Bestandteil des Lebens, denn es hilft, Mitgefühl zu entwickeln.

Wissen Sie, als Nelson Mandela ins Gefängnis kam, war er noch jung und, so könnte man sagen, ziemlich blutrünstig. Er führte den bewaffneten Flügel des ANC an, seiner Partei. Er war siebenundzwanzig Jahre im Gefängnis, und viele würden sagen: ›Siebenundzwanzig Jahre, was für eine Vergeudung!‹ Es dürfte viele überraschen, wenn ich behaupte: Nein, diese siebenundzwanzig Jahre waren notwendig. Sie waren notwendig, um die ›Schlacke‹ zu entfernen. Durch das Leiden im Gefängnis wurde er großherziger und konnte auch der anderen Seite zuhören. Er entdeckte, dass diejenigen, die er als seine Feinde ansah, auch Menschen wie er waren, mit Ängsten und Erwartungen. Ihre Gesellschaft hatte sie geformt. Ohne diese siebenundzwanzig Jahre, glaube ich, hätten wir niemals einen derart mitfühlenden, großherzigen und einfühlsamen Nelson Mandela erlebt.«

Während die rassistische Regierung Südafrikas Nelson Mandela und viele andere politische Führer eingesperrt hielt, wurde Erzbischof Tutu zum Botschafter des Kampfs gegen die Apartheid. Sein Amt als anglikanischer Dekan und Bischof gab ihm einen gewissen Schutz, der durch die Verleihung des Friedensnobelpreises 1984 noch verstärkt wurde, sodass er sich für ein Ende der Unterdrückung der Farbigen in Südafrika einsetzen konnte. Während dieses blutigen Kampfes verloren zahllose Männer, Frauen und Kinder ihr Leben, und dennoch predigte er während ihrer Beisetzung unermüdlich Frieden und Vergebung.

Als Nelson Mandela freikam und zum ersten Präsidenten des freien Südafrika gewählt wurde, erhielt Erzbischof Tutu den Auftrag zum Aufbau der weltweit geachteten Wahrheits- und Versöhnungskommission für die friedliche Aufarbeitung der Gräuel der Apartheid, die eine Zukunft ohne Rache und Vergeltung ermöglichte.

»Und paradoxerweise«, fuhr der Erzbischof fort, »scheint die Art, wie wir all dem Negativen in unserem Leben begegnen, unsere Persönlichkeit zu bestimmen. Wenn wir alles nur als Ärgernis begreifen, wird es uns einengen und wütend machen, sodass wir am liebsten alles zerschlagen würden.

Was ich über Mutterschaft und Geburt gesagt habe, scheint mir eine wunderbare Metapher dafür zu sein, dass Schönes nicht ohne ein gewisses Maß an Schmerz entstehen kann, etwas Frustration und Leiden. So sind die Dinge nun einmal. So ist unser Universum beschaffen.«

Später erfuhr ich von dem Pränatalforscher Pathik Wadhwa, dass in solchen Situationen tatsächlich eine Art biologisches Gesetz zum Tragen kommt. Unsere Entwicklung in der Gebärmutter scheint in der Tat durch Stress und Widerstand angestoßen zu werden. Unsere Stammzellen können sich nur differenzieren und zu dem entwickeln, was wir sind, wenn sie durch genügend biologischen Stress dazu aufgefordert werden. Ohne diese Signale hätte sich komplexes Leben wie das unsere wohl gar nicht entwickeln können.

»Ein guter Schriftsteller wird man nicht«, schloss Tutu, »wenn man immer nur ins Kino geht und Bonbons lutscht. Man muss sich hinsetzen und schreiben, was sehr frustrierend sein kann, und doch wird man anders sein Ziel nicht erreichen.«

Erzbischof Tutu äußerte hier etwas grundlegend Wahres, aber ich wollte ihn noch an etwas erinnern, was er dem Dalai Lama gesagt hatte. Die Bedeutung des Leidens zu verstehen ist das eine, aber sich auch daran zu erinnern, wenn man wütend und verärgert ist oder unter Schmerzen leidet, etwas ganz anderes.

»Herr Erzbischof, stellen wir uns doch einmal einen Krankenhausaufenthalt oder einen Arztbesuch vor, wo man uns mit unangenehmen Untersuchungen traktiert. Es ist lästig, schmerzt vielleicht sogar, und man muss immer wieder lange warten. Wie stellen Sie es an, dass Sie sich nicht ärgern oder beklagen oder selbst bemitleiden? Habe ich Sie richtig verstanden, wenn Sie meinen, Sie hätten die Wahl, selbst in einer solchen Situation Freude zu empfinden? Wie stellen Sie das an?«

»Ich finde, wir sollten Menschen nicht auch noch ein Schuldbewusstsein einreden, wenn sie Schmerzen haben. Sie *haben* ja Schmerzen und müssen das auch eingestehen dürfen. Aber selbst in diesem Fall können wir uns außerdem auf die Freundlichkeit der Schwester konzentrieren, die uns versorgt. Wir können die Fähigkeit des Arztes erkennen, der uns operieren wird. Aber natürlich sind manchmal die Schmerzen einfach so stark, dass man auch dazu nicht in der Lage ist.

Nur sollte man deswegen kein schlechtes Gewissen haben. Wir haben keine Gewalt über diese Gefühle, denn sie entstehen spontan.«

In der Frage, wie viel Kontrolle wir über unsere Gefühle haben, sollten Tutu und der Dalai Lama im Verlauf der Woche keine Einigkeit erzielen. Tutu meinte, wir hätten nur sehr geringen Einfluss darauf. Der Dalai Lama war dagegen der Ansicht, es wäre mehr, als wir glaubten.

»Ab einem gewissen Punkt erleben wir einfach nichts als Qual«, fuhr der Erzbischof fort. »Im Christentum heißt es, wir sollen unser Leiden als Opfer darbringen und es mit der Angst und Qual unseres Erretters vereinen, um damit die Welt zu verbessern. Es hilft, sich nicht zu sehr in den Mittelpunkt zu stellen, den Blick nach außen zu richten. So kann man die Qual möglicherweise erträglich machen. Man muss nicht gläubig sein, um sagen zu können: ›Ist es nicht ein Segen, dass sich Ärzte und Krankenpfleger um mich kümmern, dass ich in einem Krankenhaus bin?‹ Dies könnte der Anfang einer neuen, weniger ichbezogenen Sichtweise sein, bei der man immer nur an sich, sich, sich, sich denkt. Und dann bemerkt man: ›He, ich bin ja gar nicht allein mit meinem Problem. Schau nur, all die anderen, und manchen geht es wahrscheinlich noch schlechter.‹ Es ist, als würde man zur Reinigung durch ein Feuerbad geschickt.«

Der Dalai Lama sprang dem Erzbischof zur Seite: »Zu viele egozentrische Gedanken sind die Quelle für Leiden. Sorge und Mitgefühl für das Wohlbefinden anderer sind die Quelle des Glücks. Ich habe nicht so viel Erfahrung mit körperlichen Schmerzen wie du. Eines Tages jedoch war ich in Bodh Gaya, dem Ort, an dem der Buddha die Erleuchtung erlangt und eine ganze Reihe wichtiger buddhistischer Teachings begonnen hat. Für Buddhisten ist Bodh Gaya die heiligste Pilgerstätte.

Dort waren hunderttausend Menschen zusammengekommen, um die Lehren zu hören, und plötzlich bekam ich heftige Leibschmerzen. Niemand wusste damals, dass das meine Galle war, aber man sagte mir, ich müsste dringend ins Krankenhaus. Der Schmerz war so heftig, dass mir der Schweiß ausbrach. Wir mussten bis zum Krankenhaus von Patna fahren, der Hauptstadt des Bundesstaates Bihar, zwei Autostunden entfernt. Auf der Fahrt dorthin sahen wir schreckliche Armut. Bihar zählt zu den ärmsten Regionen in Indien. Aus dem Autofenster sah ich, dass die Kinder keine Schuhe anhatten, und wusste, dass sie keine richtige Schulbildung bekommen können. Als wir uns Patna näherten, sah ich einen alten Mann auf dem Boden liegen. Sein Haar war zerzaust, seine Kleider waren schmutzig, und er sah krank aus. Niemand kümmerte sich um ihn. Es sah aus, als liege er im Sterben. Auf dem ganzen restlichen Weg zum Krankenhaus musste ich an diesen Mann denken. Ich spürte sein Leiden und vergaß darüber meine eigenen Schmerzen. Sie hatten nachgelassen, weil ich meine Aufmerksamkeit auf einen anderen Menschen gelenkt hatte. Mitgefühl kann in dieser Weise wirken – sogar körperlich.

Wie du also ganz richtig bemerkt hast, ist die ichbezogene Sichtweise die Ursache des Problems. Wir müssen auf uns selbst achten, ohne dabei selbstsüchtig zu sein. Wenn wir aber nicht auf uns achten, können wir nicht leben. Deshalb ist es wichtig. Wir müssen also auf kluge Weise ichbezogen sein, nicht auf törichte Weise. Törichte Ichbezogenheit bedeutet, dass man nur an sich selbst denkt, sich nicht um andere kümmert, sie schikaniert und ausbeutet. Wenn man sich dagegen um andere kümmert und ihnen hilft, dann entdeckt man dabei die eigene Freude und lebt glücklich. Das nenne ich kluge, weise Ichbezogenheit.«

»Du bist wirklich weise«, sagte der Erzbischof. »Nicht nur auf kluge Art ichbezogen. Du bist weise.«

Im Leben des Dalai Lama spielt Lojong – das tibetische Wort bezeichnet die buddhistische Geistesübung – eine zentrale Rolle. Was der Dalai Lama und der Erzbischof über den Wechsel der Perspektive zu den Mitmenschen hin sagten, klingt auch im Originaltext des Lojong aus dem zwölften Jahrhundert wieder. »In einem sind sich alle Dharma-Lehren einig – der Verminderung der Selbstbefangenheit.«

Wenn wir uns nur auf uns selbst konzentrieren, erläutert der Text, dann müssen wir unglücklich werden: »Bedenke, dass du Leiden erleben wirst, solange du dich zu sehr auf dich selbst konzentrierst und zu sehr darüber nachdenkst, ob du gut oder böse bist. Wenn du dich zu sehr darauf versteifst, zu bekommen, was du willst, und zu vermeiden, was du nicht willst, wirst du kein Glück finden.« Der Text enthält auch folgenden Rat: »Bewahre dir immer einen frohen Sinn.«

Aber was ist denn nun dieser frohe Sinn? Jinpa, der diesen ehrwürdigen Text übersetzt und kommentiert hat, erklärte während der Reisevorbereitungen, dass Freude zu unserem Wesen gehört und von jedem erreicht werden kann. Unsere Sehnsucht nach Glück ist also im Grunde nichts anderes als der Versuch, unsere ursprüngliche Gemütsverfassung wiederherzustellen.

Buddhisten glauben offenbar, dass Freude einen natürlichen Zustand darstellt, dass die Fähigkeit, sie zu empfinden aber auch als Fähigkeit erworben werden kann. Wie gesagt kommt es sehr darauf an, worauf wir unsere Aufmerksamkeit richten: auf unser eigenes Leid oder das von anderen, auf unsere gefühlte Isolation oder unsere untrennbare Verbundenheit.

Die Fähigkeit zum Empfinden von Glück ist in der Wissenschaft ungleich gründlicher untersucht worden, als das bei der Freude der Fall ist. Im Jahr 1978 kamen die Psychologen Philip Brickman, Dan Coates und Ronnie Janoff-Bulman in einer bahnbrechenden Studie zu dem Ergebnis, dass Lottogewinner kaum glücklicher waren als Menschen, die durch einen Unfall gelähmt waren. Dies führte zusammen mit nachfolgenden Arbeiten zu dem Schluss, dass es bei Menschen einen »Set Point« gibt, eine Art »Sollwert«, der bestimmt, wie glücklich sie im Lauf ihres Lebens sind. Wir gewöhnen uns also an neue Situationen und finden dann unweigerlich zu unserem grundsätzlichen Glücksniveau zurück.

Neuere Forschung der Psychologin Sonja Lyubomirsky deutet allerdings darauf hin, dass möglicherweise nur etwa fünfzig Prozent unseres Glücks von unveränderlichen Faktoren wie unseren Genen oder unserem Temperament – also unserem »Set Point« – bestimmt werden. Die andere Hälfte hängt von Umständen ab, über die wir wenig Kontrolle haben, sowie von unseren Ansichten und Handlungen, die wir sehr wohl bestimmen können. Lyubomirsky zufolge sind bei der Vermehrung unseres Glücks drei Faktoren ausschlaggebend: die Fähigkeit, unsere Situation positiv zu sehen, die Fähigkeit, Dankbarkeit zu empfinden, sowie die Entscheidung, ob wir gütig und großzügig sein wollen. Dies sind im Prinzip Faktoren, die auch der Dalai Lama und der Erzbischof bereits erwähnt hatten und die sie später als tragende Säulen der Freude bezeichnen sollten.

HAST DU DEM VERGNÜGEN
ABGESCHWOREN?

Die meisten Religionen sind zutiefst davon überzeugt, dass sich dauerhaftes Glück nicht über unsere Sinne erfahren lässt. Die Sinne können uns nur vorübergehend Genuss bringen, aber dieser ist flüchtig und führt nicht zu dauerhafter Zufriedenheit. Ein buddhistisches Sprichwort behauptet, die Suche nach Glück durch Befriedigung der Sinne gleicht dem Versuch, Durst durch das Trinken von Salzwasser zu löschen. Doch worin genau bestand nun der Zusammenhang zwischen Freude und Genuss und zwischen dem, was der Dalai Lama Glück auf körperlicher Ebene und Glück auf geistiger Ebene genannt hat?

»Eure Heiligkeit, viele glauben, dass Sie als Mönch dem Vergnügen und Genuss abgeschworen haben.«

»Und dem Sex!«, fügte der Dalai Lama an, obwohl ich eigentlich etwas anderes im Sinn gehabt hatte.

»*Was?*«, fragte der Erzbischof.

»*Sex, Sex*«, wiederholte der Dalai Lama.

»*Hast du das wirklich gesagt?*«, fragte Tutu entgeistert.

»Oh, oh.« Der Dalai Lama bemerkte die Überraschung seines Freundes, lachte und streckte ihm beschwichtigend die Hand hin, worauf der Erzbischof seinerseits in fröhliches Kichern verfiel.

»Also, vom Sex einmal abgesehen ...«, versuchte ich wieder zum Thema zurückzusteuern. »Haben Sie dem Vergnügen und Genuss abgeschworen? Ich habe beim Mittagessen ja neben Ihnen gesessen und hatte den Eindruck, dass Sie das wunderbare Essen wirklich genossen haben. Was bedeutet Ihnen das Vergnügen an den Annehmlichkeiten des Lebens?«

»Ich liebe das Essen. Ohne Essen kann mein Körper nicht überleben. Und auch du«, sagte er und wandte sich zu Bischof Tutu um, »kannst nicht immer bloß denken. *Gott, Gott, Gott.* Und ich kann mir nicht ständig Gedanken machen über *Mitgefühl, Mitgefühl, Mitgefühl.* Mitgefühl füllt mir nicht den Bauch. Aber, wisst ihr, bei jeder Mahlzeit müssen wir von Neuem unsere Fähigkeit schulen, es ohne Anhaftung zu genießen.«

»Hä?«, sagte der Erzbischof, dem nicht ganz klar war, warum der Dalai Lama hier auf den buddhistischen Begriff der Anhaftung verwies, und der möglicherweise auch nicht begriff, wie es möglich war, dass jemand keine Verbundenheit zu seinem Essen entwickelte.

»Wir sollten nicht aus Gier essen«, erklärte der Dalai Lama, »sondern nur, um den Körper zu erhalten. Dabei sollten wir an den tieferen Wert der Ernährung des Körpers denken.«

Bei einer der Mahlzeiten hatte der Dalai Lama auf seine Schale mit tibetischem Reis und Joghurtpudding gezeigt und mir gesagt: »Dies ist die typische Nahrung der Mönche Tibets – ich liebe es.« Und er aß es mit großem Genuss. Für mich war es fast eine Erleichterung, dass Heiligkeit nicht erforderte, dass man die einfachen Freuden des Lebens – wie ein gutes Essen und ganz besonders Pudding – zurückwies.

Ich bin mir ziemlich sicher, dass ihm gerade das Dessert ein beträchtliches Maß an Genuss bereitete. Offensichtlich hatte er

Freude an dem, was seine fünf Sinne wahrnahmen, und ich fragte mich, wo wohl die Grenze zu ziehen sei zwischen Genuss und Gier. Lag sie irgendwo zwischen dem zweiten und dritten Nachschlag, und hing sie damit von der Portionsgröße ab, oder kam es eher auf die Einstellung bei jedem Bissen an?

Jinpa vertraute mir ein häufig gesprochenes tibetisch-buddhistisches Tischgebet an: »Ich sehe dieses Mahl als Heilmittel und kann so ohne Gier oder Wut genießen, ohne Völlerei und ohne Stolz, nicht um mich zu mästen, sondern nur, um meinen Körper zu nähren.« Vielleicht meinte der Dalai Lama, wenn wir essen, um den Körper zu nähren, dann müssen wir deshalb nicht darauf verzichten, den Vorgang zu genießen.

»Und nun zu Ihrer Frage«, sagte der Dalai Lama. »Wenn wir vom Erleben von Glück sprechen, müssen wir unterscheiden: Einerseits gibt es den Genuss über unsere Sinne. Dafür ist Sex, den ich schon erwähnt habe, ein Beispiel. Wir können Glück aber auch auf einer tieferen, geistigen Ebene erleben, beispielsweise durch Liebe, Mitgefühl oder Großzügigkeit. Dieses tiefere Glück zeichnet sich aus durch die Erfüllung, die man dabei spürt. Sinnenfreuden währen nur kurz, tiefe Freude dagegen dauert sehr viel länger an. Sie ist die wahre Freude.

Gläubige entwickeln diese tiefe Freude durch ihren Glauben an Gott, der ihnen innere Stärke und inneren Frieden verleiht. Nichtgläubige oder Menschen, die wie ich selbst nicht an Gott glauben, müssen diese tiefere Ebene der Freude durch Übungen des Geistes erreichen. Diese Art der Freude kommt von innen. Und dann verlieren die Freuden der Sinne an Bedeutung.

In den vergangenen Jahren habe ich mit Wissenschaftlern über die Unterscheidung zwischen der sensorischen Ebene von Freude und Schmerz und der tieferen Ebene von geistigem Glück und Leiden gesprochen. Betrachten wir das materialistische Leben heutiger Menschen, sie sind hauptsächlich mit

Sinneserfahrungen beschäftigt. Deshalb erleben sie nur sehr eingeschränkte und kurzfristige Befriedigung, weil ihr Glück so sehr von äußeren Reizen abhängt. Beispielsweise sind sie nur so lange glücklich, solange die Musik spielt.« Er neigte den Kopf lächelnd zur Seite, als würde er Musik genießen. »Wenn etwas Schönes passiert, sind sie glücklich. Gibt es gutes Essen, dann sind sie glücklich. Wenn diese Dinge sich dem Ende zuneigen, dann sind sie gelangweilt, unruhig und unglücklich. Das ist natürlich nicht neu. Selbst zur Zeit des Buddha tappten Menschen in diese Falle und dachten, Sinneserfahrungen würden sie glücklich machen.

Entspringt die Freude aber auf der Ebene des Geistes und nicht nur aus den Sinnen, dann lässt sich das Gefühl tiefer Zufriedenheit sehr viel länger aufrechterhalten – sogar für vierundzwanzig Stunden.

Deshalb sage ich den Menschen immer: Ihr müsst mehr auf die geistige Ebene der Freude und des Glücks achten. Nicht nur auf das körperliche Vergnügen, sondern auf die Zufriedenheit auf der geistigen Ebene. Das ist die wahre Freude. Wenn ihr auf geistiger Ebene froh und glücklich seid, dann spielt körperlicher Schmerz keine große Rolle mehr. Gibt es aber auf geistiger Ebene keine Freude oder Glück, zu viel Sorge, zu viel Angst, dann werden auch körperliche Annehmlichkeiten und Vergnügungen das geistige Unwohlsein nicht lindern können.«

»Viele unserer Leser«, sagte ich, »werden begreifen, was mit körperlichem Vergnügen oder der körperlichen Dimension von Freude und Glück gemeint ist. Sie wissen, welche Gefühle gutes Essen oder ein schönes Lied in ihnen erzeugt. Aber was ist dieses geistige Glück, diese geistige Freude, von der Sie sagen, dass sie vierundzwanzig Stunden anhält?«

»Ein wirkliches Gespür für Liebe und Zuneigung«, antwortete der Dalai Lama.

»Wachen Sie schon mit dieser Freude auf?«, fragte ich. »Schon vor dem Morgenkaffee?«

»Wenn wir ein starkes Gefühl für das Wohlergehen aller empfindsamen Geschöpfe und insbesondere der Menschen entwickeln, dann beglückt uns das am Morgen, sogar *vor* dem Kaffee. Diesen Beitrag leistet das Mitgefühl, wenn wir mit anderen Menschen mitempfinden. Wissen Sie, schon zehn Minuten oder eine halbe Stunde Meditation über Mitgefühl, über Güte gegenüber anderen, genügen, dass wir die Wirkung den ganzen Tag spüren. So kann man sich ein ruhiges und fröhliches Gemüt erhalten. Jeder hat schon einmal erlebt, dass man in guter Stimmung ist, während Schwierigkeiten eintreten, und man sich dann trotzdem gut fühlt. Ist unsere Stimmung aber wirklich schlecht, dann bleibt man unglücklich, selbst wenn der liebste Freund zu Besuch kommt.«

»War es bei dir auch so, als ich angekommen bin?«, fragte Tutu neckisch.

»Das ist genau der Grund, warum ich dich gleich am Flughafen empfangen habe – um noch ein bisschen unglücklicher zu sein … und dir das Leben schwer zu machen!«

Die Wissenschaft kennt einen Begriff für die unbefriedigende Jagd nach dem Vergnügen allein: *die hedonistische Tretmühle*, nach der griechischen Denkschule, die das Vergnügen zum höchsten Ziel erklärte. Der Hedonismus hat im Lauf der Geschichte seit dem Beginn schriftlicher Aufzeichnungen immer wieder Befürworter gefunden. In der Erzählung Siduri aus dem Gilgamesch-Epos rät die weibliche Gottheit der Gärung (und damit des Alkohols): »Fülle deinen Magen. Feiere bei Tag und Nacht. Lass die Tage voller Freude sein. Tanze und musiziere bei Tag und Nacht … Dies sind die einzigen Anliegen des Menschen.« Selbst in der tiefgeistigen Kultur des alten Indien, aus der auch die tibetische Kultur des Dalai Lama herrührt, gab es eine hedonistische Schule, die man die Charvakas nennt. Hedonismus ist in vielerlei Hinsicht die natürliche Lebenseinstellung vieler Menschen und zum herrschenden Prinzip unserer konsumorientierten Kultur geworden.

Die Wissenschaft hat allerdings herausgefunden, dass wir umso mehr abstumpfen, je mehr wir ein Vergnügen konsumieren und schließlich als selbstverständlich betrachten. Die erste Portion Eiscreme ist himmlisch, die zweite schmackhaft, doch die dritte kann schon für eine Magenverstimmung sorgen. Es ist wie bei einer Droge, die man in immer höheren Dosen zu sich nehmen muss, um dasselbe High zu erleben. Es scheint der Literatur zufolge aber auch etwas zu geben, was unseren Sinn für das Wohlbefinden dauerhaft verändern kann. Genau hierfür sind der Dalai Lama und Erzbischof Tutu während dieses ersten Tages eingetreten: unsere Beziehungen und ganz besonders unsere Liebe und Großherzigkeit gegenüber unseren Mitmenschen.

Richard Davidson, der Neurowissenschaftler, mit dem ich in San Francisco zu Mittag aß, hat aus Ergebnissen der bildgebenden Gehirnforschung eine umfassende Theorie des glücklichen Gehirns abgeleitet. Seine Erläuterungen fesselten mich so sehr, dass ich die Frühlingsrollen völlig vergaß, obwohl sie wirklich köstlich waren.

Vier voneinander unabhängige neuronale Netze oder auch »Schaltkreise« steuern unser dauerhaftes Wohlbefinden, erklärte Davidson. Das erste ist »unsere Fähigkeit, positive Zustände aufrechtzuerhalten«. Es leuchtet ein, dass es sich direkt auf die Fähigkeit, Glück zu empfinden, auswirkt, wenn man sich positive Gefühlszustände erhalten kann. Unsere beiden geistigen Vordenker vertraten ebenfalls die Überzeugung, dass sich dieser positive Zustand am schnellsten durch Liebe und Mitgefühl erreichen lässt.

Das zweite Netz bestimmt »unsere Fähigkeit, uns von negativen Zuständen zu erholen«. Ich fand besonders erstaunlich, dass diese Netze völlig unabhängig voneinander arbeiten. Man konnte vielleicht gut darin sein, Glückszustände aufrechtzuerhalten, stürzte aber allzu leicht in einen Abgrund negativer Empfindungen, aus dem man nur schwerlich wieder herauskommt. Das erklärte vieles in meinem eigenen Leben.

Das dritte Netz – ebenfalls unabhängig, aber gleichzeitig eine Grundlage für die anderen – ist »unsere Fähigkeit, uns zu konzentrieren und wirre Gedanken zu vermeiden«. Für die Entwicklung genau dieses Netzes ist ein Großteil der Meditationstechniken da. Die Fähigkeit, die Aufmerksamkeit zu fokussieren, ist grundlegend, ob es nun darum geht, sich auf den Atem zu konzentrieren, auf ein Mantra oder die analytische Meditation, die der Dalai Lama allmorgendlich betreibt.

Das vierte und letzte Netz ist »unsere Fähigkeit, großzügig zu sein«. Eins von vier neuronalen Netzen ist also tatsächlich für nichts anderes als Großzügigkeit zuständig. Da ist es kein Wunder, wenn unser Gehirn so gut für unser Wohlbefinden sorgt, wenn wir anderen helfen, wenn uns Hilfe zuteilwird, ja, sogar wenn wir nur mit ansehen, wie anderen geholfen wird, was Paul Ekman als erhebende Gefühle beschrieben hat, eine von mehreren Dimensionen der Freude. Die Forschungserkenntnisse lassen wenig Zweifel daran, dass wir schon »ab Werk« auf Kooperation, Mitgefühl und Großzügigkeit ausgerichtet sind.

John Bargh, einer der führenden Köpfe bei der Erforschung des Unbewussten, beschreibt drei angeborene (und häufig unbewusste) Lebensziele des Menschen: Überleben, Fortpflanzung und Kooperation. Als man in Laborversuchen anderthalbjährigen Kindern Puppen zeigte, die sich gegenübersaßen, verhielten sie sich kooperativer als Kinder, denen man Puppen zeigte, die einander den Rücken zukehrten. Dieser unbewusste »Schubs«, der an- und abgeschaltet werden kann, deutet Bargh zufolge darauf hin, dass das Prinzip der Kooperation eine seit dem Beginn unserer Entwicklung tief verankerte Antriebskraft der Evolution ist.

Vielleicht etwas nüchterner lässt sich feststellen, dass wir damit auch darauf programmiert sind, uns gütig und kooperativ gegenüber unseren Bezugs- und Betreuungspersonen zu verhalten, die unsere Sicherheit gewährleisten. Gegenüber denen, die anders aussehen, verhalten wir uns hinwiederum skeptisch – der unbewusste Grund für Vorurteile. Unsere Empathie erstreckt sich offenbar nicht auf Personen außerhalb unserer »Gruppe«, und das mag der Grund dafür sein, weshalb Erzbischof Tutu und der Dalai Lama uns ständig daran erinnern, dass wir ein- und derselben »Gruppe« angehören – der Menschheit. Trotzdem, in unseren neuronalen Schaltkreisen ist auch das Bedürfnis nach Zusammenarbeit und Großzügigkeit gegenüber anderen verankert, was wir auf persönlicher Ebene, in unserem sozialen Umfeld und weltweit nutzen müssen.

UNSERE GRÖSSTE FREUDE

Ich stellte Erzbischof Tutu die nächste Frage. »Die Freude, von der Sie sprechen, ist ja nicht nur ein Gefühl. Sie ist nicht etwas, was einfach kommt und geht. Sie ist etwas Tiefgreifendes, und mir scheint, Sie wollen sagen, dass Freude eine Möglichkeit ist, der Welt entgegenzutreten. Viele Menschen warten auf Glück oder Freude. Wenn sie eine Arbeitsstelle finden, sich verlieben oder reich werden, dann sind sie glücklich, dann empfinden sie Freude. Aber Sie sprechen von etwas, was schon jetzt verfügbar ist, ohne dass man darauf warten muss.«

Der Erzbischof überdachte seine Antwort sorgfältig. »Ich möchte einfach damit sagen, dass es letztlich unsere größte Freude ist, wenn wir versuchen, anderen Gutes zu tun.«

War es wirklich so einfach? Ging es nur darum, dieses auf Kooperation spezialisierte neuronale Netz anzuregen und zu befriedigen? Als hätte er meine Skepsis gespürt, fuhr der Erzbischof fort: »So sind wir geschaffen. Ich meine, wir sind auf Mitgefühl programmiert.« Und das sprichwörtlich, dachte ich angesichts von Davidsons Forschungsergebnissen.

»Wir sind darauf programmiert, uns um unseren Nächsten zu kümmern und anderen gegenüber großzügig zu sein. Wir verkümmern, wenn wir nicht interagieren können. Genau aus diesem Grund ist Einzelhaft ja so eine schreckliche Art der Bestrafung. Ohne den Kontakt mit anderen können wir nicht wirklich wir selbst sein. Ich hätte nicht gedacht, dass ich so schnell auf dieses Prinzip komme, das es in meiner Heimat gibt, das Prinzip des Ubuntu. Es besagt: Ein Mensch wird erst durch andere Menschen zum Menschen.

Das bedeutet zum Beispiel, wenn ich ein kleines Stück Brot habe, dann ist es zu meinem Nutzen, wenn ich es mit dir teile. Weil keiner von uns allein auf diese Welt gekommen ist. Es bedurfte zweier Menschen, uns zur Welt zu bringen. In der Bibel, die Juden und Christen gemeinsam ist, findet sich eine wunderschöne Geschichte. Gott sagt: ›Es ist nicht gut, wenn Adam allein ist.‹ Wir könnten jetzt einwenden: ›Aber er ist doch gar nicht allein, tut mir leid. Denn da sind ja auch Bäume und Tiere und Vögel. Wie kann man da sagen, er sei allein?‹

Und dann begreifen wir, dass wir zu einer sehr tief greifenden Komplementarität bestimmt sind. Das ist die Natur der Dinge. Dazu muss man kein Gläubiger sein. Ich meine, ich könnte ja gar nicht reden, so wie ich es hier tue, wenn ich es nicht von anderen Menschen gelernt hätte. Ich könnte nicht als menschliches Wesen existieren. Ich könnte nicht so denken, wenn ich es nicht von anderen Menschen gelernt hätte. Ein Mensch zu sein lernte ich von anderen Menschen. Wir sind alle Teil dieses wunderbaren Netzwerks. Und das ist wirklich grundlegend.

Leider sind wir in unserer Welt häufig blind gegenüber dieser Verbindung – bis eine große Katastrophe geschieht. Wir erkennen, dass wir Mitgefühl mit Menschen in Timbuktu empfinden, die wir nie getroffen haben und diesseits des Todes wahrscheinlich niemals kennenlernen werden. Und doch schütten wir unsere Herzen aus. Wir unterstützen sie, weil wir begreifen, dass wir mit ihnen verbunden sind. Wir sind mit ihnen verbunden und können nur gemeinsam Mensch sein.«

Trotz der bewegenden Worte des Erzbischofs fielen mir sofort Bedenken ein, die manche Leser, und auch ich, gegen das Gesagte hegen könnten. Die meisten Menschen verbringen ihr Leben nicht damit, darüber nachzudenken, wie sie anderen helfen können. Die meisten von uns wachen morgens auf und fragen sich – ob sie das nun wollen oder nicht –, wie sie ihre Arbeit schaffen, mit dem Geld auskommen und sich um ihre Familie und andere Verpflichtungen kümmern sollen. Das Sprichwort »Die Guten und Reinen müssen alles Böse tragen« fasst die zwiespältigen Gefühle gegenüber Güte und Mitgefühl bei uns in der westlichen Welt ganz treffend zusammen. Erfolg bemisst sich in unserer Gesellschaft an Geld, Macht, Ruhm und Einfluss.

Mit Ausnahme von Geld verfügten diese zwei Männer über all das, doch brauchte noch keiner von beiden zu hungern. Spirituelle Führer können möglicherweise gut auf Geld verzichten, aber was ist mit denen, die sich auf dem sogenannten freien Markt über Wasser halten müssen? Die meisten Menschen streben nicht nach geistiger Größe und Erleuchtung; sie sorgen sich um die Ausbildung ihrer Kinder und eine ausreichende Versorgung im Alter. Noch bei der Erinnerung an den Besuch bei Freunden in Las Vegas musste ich schmunzeln. Sie wohnen in einem schönen Haus, das eher einem persischen Anwesen aus mehreren Gebäuden gleicht, mit Brunnen und Kanälen, die an die großen Errungenschaften der islamischen Zivilisation erinnern. Wir wollten uns dort über das Vermächtnis des Erzbischofs unterhalten, doch als er eintraf und die ganze Schönheit und Pracht sah, musste er lächeln und bemerkte neckisch: »Ich habe mich geirrt – ich wäre doch lieber reich.«

»Ja«, knüpfte der Dalai Lama ziemlich angeregt wieder an das zuvor Gesagte an. »Vom Standpunkt des persönlichen Glücks aus betrachtet, ist das sehr kurzsichtig. In Wahrheit ist der Mensch ein soziales Wesen, wie der Erzbischof gesagt hat. Ein

Einzelner kann ohne andere Menschen nicht überleben, ganz egal, wie mächtig oder schlau er ist. Deshalb lassen sich unsere Wünsche am besten erfüllen, unsere Ziele am besten erreichen, wenn wir anderen helfen und mehr Freunde gewinnen. Aber wie gewinnen wir mehr Freunde?«, fragte er rhetorisch. »Durch Vertrauen. Und wie entwickeln wir Vertrauen? Das ist einfach: Wir müssen nur echte Sorge um das Wohlbefinden anderer zeigen. So entsteht Vertrauen. Verbirgt sich hinter einem aufgesetzten Lächeln oder einem prächtigen Festmahl aber eine eigennützige oder selbstzentrierte Haltung, wird sich niemals Vertrauen einstellen. Wenn wir daran denken, wie wir andere ausbeuten und übervorteilen können, dann werden wir niemals ihr Vertrauen gewinnen. Ohne Vertrauen gibt es auch keine Freundschaft. Wie gesagt sind wir Menschen soziale Wesen, und wir sind auf Freunde angewiesen. Wirkliche Freunde. Freunde des Geldes und der Macht wegen sind falsche Freunde.«

»Dieser Gott steht für Gemeinschaft und Verbundenheit«, warf Desmond Tutu ein. »Wir sind von ihm erschaffen worden, um aufzublühen. Und das tun wir nur in der Gemeinschaft. Wenn wir egozentrisch werden und uns in uns selbst zurückziehen, dann werden wir mit großer Sicherheit eine tiefe, tiefe, *tiefe* Frustration erleben.«

Hier werden wir mit einem Paradox konfrontiert. Wenn ein grundlegendes Geheimnis der Freude über unsere Ichbezogenheit hinausgeht, ist es dann nicht auf törichte Weise ichbezogen (wie der Dalai Lama sagen würde) und kontraproduktiv, wenn wir uns auf unser eigenes Glück und unsere eigene Freude konzentrieren? Der Erzbischof hatte schon gesagt, dass wir Glück und Freude nicht um ihrer selbst willen nachjagen können, also ist es da nicht grundsätzlich ein Fehler, sich darauf zu versteifen?

Wenn wir das persönliche Glück entwickeln, dann nutzt das wissenschaftlichen Erkenntnissen zufolge nicht nur uns selbst, sondern auch unseren Mitmenschen. Indem wir vom eigenen Schmerz und Leid absehen können, werden wir offenbar empfänglicher gegenüber anderen. Schmerz lässt uns sehr selbstzentriert werden. Dabei spielt es keine Rolle, ob es körperliche oder geistige Schmerzen sind; sie scheinen unsere ganze Aufmerksamkeit aufzuzehren, sodass für anderes kaum Raum bleibt. In seinem gemeinsamen Buch mit dem Dalai Lama über die *Regeln des Glücks* (Herder, 2012) schrieb der Psychiater Howard Cutler: »… eine Umfrage nach der anderen [hat] gezeigt, dass es gerade *unglückliche* Leute sind, die dazu neigen, extrem selbstbezogen zu sein, sich abzukapseln, vor sich hin zu brüten und sogar feindselig zu agieren. Dagegen sind glückliche Personen im Allgemeinen aufgeschlossener, flexibler, kreativer und fähiger, die Frustrationen des täglichen Lebens zu ertragen. Und was am wichtigsten ist: Sie sind liebevoller und versöhnlicher als unglückliche Menschen.«

Manche mögen sich trotzdem fragen, was unsere eigene Freude mit dem Widerstand gegen Ungerechtigkeit und Ungleichheit zu tun hat. Was hat unser Glück zu tun mit dem Kampf gegen das Leiden in der Welt? Kurz gesagt, je mehr wir unseren eigenen Schmerz lindern, desto besser können wir uns den Schmerzen anderer zuwenden. Überraschenderweise erklärten der Erzbischof und der Dalai Lama aber, dass wir – in einem sich positiv verstärkenden Kreislauf – unsere eigenen Schmerzen heilen, indem wir uns den Schmerzen anderer zuwenden: Je mehr wir uns anderen zuwenden, desto mehr Freude empfinden wir; und je mehr Freude wir empfinden, desto mehr können wir anderen Freude schenken. Das Ziel ist dabei nicht nur, uns selbst Freude zu bereiten, sondern, wie es der Erzbischof poetisch ausdrückte, »ein Vorrat an Freude zu sein, eine Oase des Friedens, ein Teich der Gelassenheit, der seine Wellen an alle um uns herum aussendet«. Wie wir sehen werden, ist diese Freude ziemlich ansteckend. Ebenso wie Liebe, Mitgefühl und Großzügigkeit.

Bei Freude geht es also nicht nur darum, mehr Spaß zu haben oder zu bereiten. Es geht darum, einen Geisteszustand zu erreichen, der von mehr Mitgefühl und Spiritualität geprägt ist und dabei völlig in der Welt aufgeht. Bei der Ausarbeitung eines Kurses für Friedensbotschafter und -aktivisten in Konfliktgebieten erklärte Erzbischof Tutu, dass der Friede von innen kommen muss. Wir können keinen Frieden bringen, wenn wir ihn nicht in uns tragen. In gleicher Weise dürfen wir nicht hoffen, die Welt besser und glücklicher machen zu können, wenn wir nicht auch in unserem eigenen Leben danach streben. Ich war neugierig zu erfahren, wie wir mit den auf dem Weg zur Freude unvermeidlich auftretenden Hindernissen umgehen sollten, aber das musste bis zum nächsten Tag warten. Vor der Mittagspause blieb nur noch Zeit für eine kurze Frage.

Ich wollte vom Dalai Lama wissen, wie es sich anfühlte, voller Freude aufzuwachen, und er beschrieb uns diese allmorgendliche Erfahrung:»Ich glaube, wer einen starken religiösen Glauben hat, der wird Gott gleich nach dem Aufwachen für den neuen Tag danken. Und er wird versuchen, Gottes Willen zu erfüllen. Ich als Nichttheist und Buddhist denke gleich beim Aufwachen an Buddhas Lehre, die Bedeutung von Güte und Mitgefühl, und daran, dass man anderen Gutes wünscht oder dass zumindest ihr Leiden gelindert werde. Und dann erinnere ich mich daran, dass alles miteinander verbunden ist: die Lehre von der wechselseitigen Abhängigkeit. Anschließend fasse ich meinen Vorsatz für den Tag: dass dieser Tag eine Bedeutung haben soll. Und seine Bedeutung ist, dass ich anderen, so gut es geht, diene und helfe. Falls das nicht möglich ist, möchte ich anderen wenigstens nicht schaden. Dann hat der Tag eine Bedeutung.«

MITTAGESSEN

Es ist wunderbar,
wenn zwei schelmische Menschen zusammentreffen

Die Audienzhalle des Dalai Lama war inzwischen in einen Speisesaal verwandelt worden. Am anderen Ende stand ein prächtiger goldener Buddha in einem bunten Holzgehäuse. Die Wände waren mit Thangkas geschmückt, tibetischen Rollbildern, die den Buddha und religiöse Themen darstellten. Thangkas werden normalerweise für kurze Zeit an den Wänden der Klöster aufgehängt, um die Meditierenden auf dem Weg zur Erleuchtung anzuregen.

Vor den Fenstern hingen weiße Spitzenvorhänge, und der Tisch war gedeckt mit Körben voll tibetischen Fladenbrots und mit Säften. Alles wirkte einfach, fast wie bei einem Picknick, und es gab ein typisches tibetisches Essen aus der Küche des Dalai Lama – Nudeln, Gemüse und Momos, die berühmten gedämpften Knödel Tibets.

Der Dalai Lama und Bischof Tutu saßen einander gegenüber. Als ich mich neben dem Dalai Lama niederließ, spürte ich an seiner Haltung und Körpersprache die Autorität einer Führungsperson. Ich wusste noch gut, wie kräftig und doch behutsam zugleich er meine Hand bei unserer ersten Begegnung gedrückt hatte. Seine Güte minderte seine Autorität in keiner Weise, eine nützliche Erinnerung daran, dass Mitgefühl ein Zeichen von Stärke, nicht von Schwäche ist, was die beiden im Verlauf der Gespräche immer wieder betonen sollten.

Wenn der Dalai Lama jemanden begrüßt, nimmt er seine Hand und streicht dann zärtlich darüber, wie Großeltern es bisweilen tun. Dann sieht er ihm in die Augen, er erspürt seine Gefühle und berührt seine Stirn mit der seinen. Was immer man an Gefühlen im Herzen trägt, Hochgefühl oder Qual, trägt man auch auf dem Gesicht, und es spiegelt sich in seinem wider. Begrüßt er dann aber die nächste Person, dann sind diese Gefühle verflogen, und er ist empfänglich für die folgende Begegnung und den neuen Augenblick. Dies ist wahrscheinlich, was wir mit vollständiger Präsenz meinen – für jeden Augenblick und jeden Menschen, dem wir begegnen, bereit zu sein, frei von wiederkehrenden Erinnerungen an die Vergangenheit und unbeschwert von sorgenvollen Vorahnungen.

Mit dem Beginn der Mahlzeit kehrten wir zum Thema der Geburtstage, des Alterns und der Sterblichkeit zurück.

»Ich habe einen deutschen Kniespezialisten besucht«, erzählte der Dalai Lama. »Er fand meinen körperlichen Zustand sehr gut. Und dann sagte er, das Problem seien meine Knie. Er meinte, ich sei nicht mehr achtzehn, sondern achtzig Jahre alt, und deshalb könnten wir nicht viel tun. Ich fand, das war ein großartiges Teaching. Es ist sehr wichtig, sich der Vergänglichkeit bewusst zu sein. Er erinnerte mich daran, dass ich achtzig Jahre alt bin. Das ist wunderbar. Aber mein Freund, du bist ja sogar noch älter als ich.«

»Willst du jetzt angeben?«, erwiderte Bischof Tutu.

»In meiner eigenen Küche wurde das gemacht«, sagte der Dalai Lama, als er seinem geschätzten Ehrengast ein Stück Brot reichte.

»Du nimmst das Brot in die Hand und findest, ich sollte das essen?«, entgegnete der Erzbischof. »Ich mag aber das hier lieber«, sagte Tutu, griff statt zum Mehrkornbrot nach dem Weißbrot und schmunzelte in Richtung seiner amerikanischen Ärztin.

»Die Presseleute am Flughafen sagten: ›Sie müssen sehr glücklich über den Besuch von Erzbischof Tutu sein‹«, berichtete der Dalai Lama. »Ich sagte ihnen: ›Ja, das stimmt, ich bin sehr glücklich. Ich empfange einen sehr guten Freund. Zunächst einmal ist er, auf menschlicher Ebene, ein sehr guter Mensch. Zweitens ist er ein religiöser Führer, ein ernsthafter Mann der Praxis, der die verschiedenen Religionen achtet. Und drittens, und das ist am wichtigsten, er ist mein sehr, sehr guter Freund.‹«

»Du schmeichelst mir doch nur.«

»Und dann habe ich ihnen gesagt, dass du mich schon oft als schelmischen Menschen beschrieben hast, und deswegen habe ich gesagt, ich betrachte dich auch als einen schelmischen Menschen. Wenn zwei schelmische Menschen zusammentreffen, dann ist das einfach wunderbar. Also, auf unser frohes Wiedersehen!« Beide lachten.

Der Erzbischof bekreuzigte sich und betete, bevor er sein Brot aß.

»Ist es okay? Ist die Temperatur in Ordnung?«, fragte der Dalai Lama. Dass er ein bedeutender geistiger Führer war und das ehemalige Staatsoberhaupt des tibetischen Volkes, für die Frommen gar die Reinkarnation des Bodhisattva des Mitgefühls – all das war in diesem Augenblick egal. Er war der Hausherr und sorgte dafür, dass es seinen Gästen bei der Mahlzeit an nichts fehlte.

»Danke vielmals«, antwortete der Erzbischof. »Danke, dass du uns empfangen hast, danke für das Essen und danke dafür, dass du all die Menschen an der Straße aufgestellt hast, um uns zu begrüßen«, sagte er und lachte. »Die Suppe ist köstlich.«

In meiner Gegenwart hat Tutu noch nie eine Gelegenheit ausgelassen, jemandem zu danken oder etwas zu loben, was ihm geschenkt wurde. Nicht selten hält er eine ganze Versammlung damit auf, dass er alle Anwesenden gebührend würdigt.

»Diese Suppe ist *wirklich* köstlich«, sagte der Erzbischof noch einmal und wies freundlich die Mönche ab, die ihm noch Essen nachreichen wollten. Die meisten waren schon mit der Mahlzeit fertig, während er immer noch seine Suppe schlürfte. »Einfach herrlich. Bitte ... bitte ... das ist alles, was ich möchte. Ich werde dann beim Dessert wieder einsteigen – ich meine, beim Obstsalat.« Als er sah, dass nun auch Eiscreme gereicht wurde, sagte er lachend: »Ja, also gut, vielleicht ein kleines bisschen Eis ...« Er wiegte den Kopf hin und her und rang um Ausgleich zwischen seiner Gesundheit und seiner Vorliebe für Süßes. Bischof Tutu hat eine große Schwäche für Eis, und ganz besonders für die Sorte mit Rumrosinen. Als er einmal bei Rachel und mir zu Besuch kam, teilten uns seine Mitarbeiter freundlicherweise seine kulinarischen Vorlieben mit: Hähnchen anstelle von Fisch, Rum und Cola – die er seiner Gesundheit zuliebe inzwischen hatte aufgeben müssen – und Eiscreme mit Rumrosinen. Diese Sorte war außerhalb der Weihnachtsferien gar nicht leicht zu finden, aber schließlich konnten wir im Kühlhaus eines Eiscreme-Großhandels einen Fünfliterbehälter davon ausfindig machen. Bischof Tutu genoss dann zum Nachtisch drei Löffelchen davon, und wir aßen noch monatelang den Rest.

Das Gespräch wechselte zu dem Thema, wie man ihrer beider Religionen zusammenbringen konnte, dann zur großen Herausforderung der religiösen Konflikte und der Notwendigkeit von Toleranz. Der Dalai Lama machte den Anfang und erklärte, es sei nicht jedem möglich, Christ oder Buddhist zu sein. »Die religiösen Menschen auf der ganzen Welt haben keine Wahl; sie müssen die Existenz anderer Religionen akzeptieren. Wir müssen zusammenleben. Wenn wir glücklich leben wollen, müssen wir die Traditionen der anderen achten. Ich persönlich bewundere andere Traditionen.«

»Kofi Annan hatte im letzten Jahr seiner Amtszeit eine Kommission einberufen«, fügte der Erzbischof an. »Man nannte sie die ›Hochrangige Kommission‹, ein ziemlich anspruchsvoller Titel. Wir Mitglieder stammten aus allen verschiedenen Religionen, und trotz unserer Vielfalt brachten wir einen einmütigen Bericht zustande. Wir kamen zum folgenden Schluss: ›Das Problem sind nicht die Glaubensrichtungen, sondern die Gläubigen.‹«

»Das stimmt! Das stimmt!«, pflichtete ihm der Dalai Lama bei.

Ich fragte, was wir gegen die weltweit aufflammende Intoleranz und den Fanatismus tun könnten.

»Erziehung und bessere Kontakte sind die einzigen Lösungen«, antwortete der Dalai Lama. »Ich habe auf der ganzen Welt Pilgerfahrten zu heiligen Stätten unternommen – nach Fatima in Portugal, zur Klagemauer und zum Felsendom in Jerusalem. Einmal war ich in Barcelona und traf dort einen christlichen Mönch, der fünf Jahre lang als Einsiedler in den Bergen gelebt hatte – mit sehr wenigen warmen Mahlzeiten. Ich fragte ihn, was seine Übung sei, und er antwortete, seine Übung sei die Liebe. Als er das sagte, war etwas sehr Besonderes in seinen Augen. Diese Übung steht wirklich im Herzen jeder Weltreligion: Liebe. Und als ich diesen heiligen Mann traf, dachte ich nicht für mich: ›Leider ist er kein Buddhist.‹ Oder: ›Wirklich schade, dass er ein Christ ist.‹«

Der Erzbischof schaltete sich ein. »Ich frage die Leute oft, ob sie wirklich glauben, dass …« Aber der Dalai Lama hatte sich schon einem der Mönche zugewandt, die das Essen auftrugen.

Bischof Tutu schalt ihn zum Scherz: »Hörst du mir überhaupt zu?«

Dem Dalai Lama war Tutus Tadel entgangen, und er fuhr fort mit: »Dies zeigt also tatsächlich ...«

»Seht ihr? Er hört einfach nicht zu!« Der Erzbischof tat immer noch, als sei er gekränkt.

»Das tue ich erst, wenn du mit dem Stock drohst«, erwiderte der Dalai Lama und lachte.

»Und ich dachte, du wärst gegen Gewalt!«

»Aber jetzt, bitte, sprich du. Ich sollte mich auf das Essen konzentrieren. Das ist meine letzte Mahlzeit des Tages.« Wie alle buddhistischen Mönche nimmt der Dalai Lama nur zwei Mahlzeiten am Tag ein, Frühstück und Mittagessen.

»Okay. Also, wie ich sagte ... Ich frage die Leute oft, ob sie wirklich glauben, wenn der Dalai Lama im Himmel ankommt – und ich sage nicht *falls,* sondern *wenn* –, dass Gott dann sagt: ›Oh, Dalai Lama, du warst wirklich großartig. Wie schade, dass du kein Christ bist. Jetzt muss ich dich leider an diesen besonders heißen Ort schicken.‹ Jeder versteht, wie lächerlich das alles ist.« Der Erzbischof hielt inne und sagte dann in einem sehr persönlichen Augenblick der Freundschaft: »Ich glaube, dass ich dich getroffen habe, ist mit das Beste, was mir im Leben passiert ist.«

Der Dalai Lama lächelte und begann, eine andere Geschichte zu erzählen.

»Ich dachte, du wolltest jetzt etwas essen!«, sagte der Erzbischof.

Der Dalai Lama kicherte und widmete sich wieder seinem Dessert.

»Ja, aber du hast einen wunderbaren Einfluss auf die Welt gehabt«, fuhr der Erzbischof fort. »Du hast vielen, wirklich vielen, geholfen, gute Menschen zu werden, Menschen verschiedener

Religionen und verschiedener Glaubensrichtungen. Sie können sehen, sie können spüren – denn ich glaube nicht, dass es an dem liegt, was du sagst, obwohl, ja, was du sagst, na ja … schon irgendwie annehmbar ist. Auch die Wissenschaftler halten dich für schlau, aber eigentlich liegt es daran, wer du bist. Ich glaube, ganz egal, wohin du gehst auf der Welt, die Menschen begreifen, dass du authentisch bist. Du gibst nichts vor. Du lebst, was du lehrst, und du hast sehr, sehr, sehr vielen Menschen geholfen, wieder zu ihrem Glauben zu finden, wieder an das Gute zu glauben. Du bist beliebt, nicht nur bei alten Menschen, sondern auch bei den jungen. Ich habe gesagt, du und Nelson Mandela, ihr seid die einzigen mir bekannten Menschen, die keine Popstars sind und trotzdem den Central Park füllen können. Ich meine, wenn die Leute wissen, dass du kommen und sprechen wirst, dann strömen sie in Massen zusammen. Wenn wir also sagen, wir würden in einer säkularen Welt leben, dann stimmt das nur zum Teil.«

Der Dalai Lama winkte ab. »Ich sehe mich selbst immer nur als einer von sieben Milliarden Menschen. Ich bin nichts Besonderes. In diesem Sinne habe ich versucht, die Menschen darauf aufmerksam zu machen, dass die Quelle des Glücks im Grunde nichts anderes ist als ein gesunder Körper und ein warmes Herz.«

Während er das sagte, fragte ich mich, warum es uns so schwer fällt, dies zu glauben und danach zu handeln. Eigentlich sollte es offensichtlich sein, dass wir alle gleich sind, aber nur allzu oft fühlen wir uns ausgegrenzt. Es gibt sehr viel Isolation und Entfremdung. Mir selbst war es jedenfalls ganz bestimmt so gegangen, während ich in New York City aufwuchs, dem damals am dichtesten besiedelten Ort der Welt.

»Jeder wünscht sich ein glückliches Leben«, erklärte der Dalai Lama. »Und unser individuelles Glück ist nur möglich als Teil einer glücklichen Menschheit. Also müssen wir uns über die

Menschheit Gedanken machen und einen Sinn entwickeln für die Gemeinschaft von sieben Milliarden Menschen.

Tee oder Kaffee?«, fragte der Dalai Lama, der vom geistigen Lehrer wieder in die Rolle des Gastgebers gewechselt hatte.

»Ich habe meinen Saft, danke«, antwortete Tutu. »Du bist in Tibet mit einem ganz besonderen Status aufgewachsen. Zu der Erkenntnis, dass wir alle eine Gemeinschaft sind, hast du doch wohl erst im Lauf der Zeit gefunden.«

»Ja, durch Studium und Erfahrung habe ich an Weisheit gewonnen. Anfangs, als ich nach Peking kam, jetzt Beijing, da habe ich die chinesischen Führer getroffen, und auch als ich 1956 nach Indien kam und dort einige indische Politiker traf, da war alles sehr formell, und ich war sehr nervös. Wenn ich jetzt mit anderen zusammentreffe, dann geschieht das immer von Mensch zu Mensch, und das Formelle ist nicht nötig. Eigentlich lehne ich Förmlichkeiten ab. Wenn wir geboren werden, geht es nicht formell zu. Wenn wir sterben, geht es nicht formell zu. Wenn wir ins Krankenhaus kommen, hat das Formelle ebenfalls keinen Sinn. Das Formelle ist alles künstlich. Und es schafft nur zusätzliche Barrieren. Denn ganz egal, was wir glauben, wir sind alle dieselben menschlichen Wesen. Wir alle wünschen uns ein glückliches Leben.«

Ich fragte mich, ob seine Abneigung gegen Förmlichkeiten wohl damit zu tun hatte, dass er seine Kindheit in einem goldenen Käfig verbracht hatte.

»War das dann erst im Exil«, fragte ich, »dass die Förmlichkeiten endeten?«

»Ja, das stimmt. Und deshalb sage ich manchmal, dass ich erst, seit ich Flüchtling bin, aus dem Gefängnis der Förmlichkeit befreit wurde. So konnte ich der Wirklichkeit näherkommen. Und das ist viel besser. Meine japanischen Freunde ziehe ich oft damit auf, in ihrer Kultur würde zu viel auf Förmlichkeit geachtet. Wenn wir miteinander diskutieren, dann antworten sie häufig so.« Der Dalai Lama nickte heftig mit dem Kopf. »Und dann kann ich nicht einmal sagen, ob sie zustimmen oder widersprechen. Am schlimmsten sind die offiziellen Mittagessen. Ich sage ihnen dann immer, dass das Mahl wie Dekoration aussieht, nicht wie Nahrung. Alles ist sehr hübsch, aber die Portionen sind winzig! Mir ist das Förmliche egal, also sage ich: ›Mehr Reis, mehr Reis.‹ Wenn es zu formell zugeht, dann sind die Portionen einfach zu klein, das reicht dann vielleicht für einen Vogel.« Er scharrte den Rest seines Nachtischs zusammen.

»Natürlich möchte jeder glücklich sein«, warf ich ein, »aber das Problem ist, dass viele nicht wissen, wie sie das hinbekommen sollen. Sie haben darüber gesprochen, wie wichtig es ist, warmherzig zu sein, aber viele Menschen sind schüchtern oder haben Hemmungen, sich anderen gegenüber zu öffnen. Sie haben Angst. Sie fürchten, zurückgewiesen zu werden. Sie haben darüber gesprochen, dass Sie Menschen voller Vertrauen begegnen, was in ihnen dann ihrerseits Vertrauen auslöst.«

»Das ist richtig. Echte Freundschaft beruht auf nichts anderem als Vertrauen«, erklärte der Dalai Lama. »Wenn uns wirklich am Wohlbefinden anderer gelegen ist, dann stellt sich auch Vertrauen ein. Das ist die Grundlage der Freundschaft. Wir sind soziale Wesen. Wir brauchen Freunde. Ich glaube, Freunde sind von unserer Geburt bis zum Tod äußerst wichtig für uns.

Wissenschaftler haben herausgefunden, dass wir Liebe brauchen, um zu überleben. Unsere Mütter schenken uns grenzenlose Liebe und Zuneigung, wenn wir geboren werden. Viele Wissenschaftler sind davon überzeugt, dass die Berührung durch die Mutter während unserer ersten Lebenswochen der wichtigste Faktor für die Entwicklung unseres Gehirns ist. Wenn man ein Kind nach der Geburt von der Mutter trennt und ihm körperliche Berührungen versagt, dann ist das sehr gefährlich. Das hat nichts mit Religion zu tun, nur mit Biologie. Wir brauchen Liebe.«

Der Dalai Lama hatte während der Achtzigerjahre vom verstorbenen Biologen Robert Livingston, der später sein »Biologielehrer« wurde, von diesen Erkenntnissen erfahren. Die Kinderneurologin und Neurowissenschaftlerin Tallie Baram ist Autorin einer jüngeren Studie auf diesem wichtigen Gebiet. Sie hat herausgefunden, dass die Zärtlichkeit einer Mutter die Aktivität im sich entwickelnden Gehirn des Kindes anregt und so seine Wahrnehmung und Stressresistenz verbessert. Die Berührung durch die Mutter kann tatsächlich den Ausstoß von Stresshormonen verhindern, von denen man weiß, dass sie zum Abbau der dendritischen Dorne führen, baumartiger Strukturen der Neuronen, die für das Senden und Empfangen von Botschaften und das Verschlüsseln von Erinnerungen wichtig sind.

»Meine Mutter war ein Zwilling«, sagte ich. »Sie war eine Frühgeburt, wog nur knapp zweieinhalb Pfund und verbrachte ihre ersten beiden Lebensmonate ohne jegliche Berührung im Brutkasten.«

»Und hatte das Auswirkungen bei ihr?«, fragte Erzbischof Tutu.

»Ich glaube, es hatte schwerwiegende Auswirkungen.«

»Aber jetzt gibt es etwas, wie nennen sie das?«, fragt Tutu. »Einen Kängurubeutel. Meine Frau Leah und ich sind Förderer einer Kinderklinik in Kapstadt, und bei einem Besuch haben wir diesen gewaltigen Kerl gesehen, der ein winziges Baby vor der Brust getragen hat, damit es seinen Herzschlag spürt, und man hat uns gesagt, dass es diesen Babys sehr viel besser geht.«

Mpho fragte mich, ob ich immer noch das Bild meiner eigenen frühgeborenen Zwillingstöchter hätte, das sie auf der Kinderintensivstation zeigt. Eine der beiden hatte einen Nabelschnurvorfall, der ihren Weg durch den Geburtskanal blockierte, sodass ihr Puls immer schwächer wurde und der Sauerstoffgehalt im Blut sank. Die Geburtshelferin versuchte eine Saugglocke an ihrem Kopf anzubringen und sagte Rachel, ihr bliebe ein letzter Versuch, das Baby herauszupressen, sonst wäre ein Notkaiserschnitt nötig. Da sich Eliana schon im Geburtskanal befand, war nicht sicher, dass die Geburt gelingen würde.

Als Ärztin wusste Rachel nur zu gut, dass es auf jede Sekunde ankam, da der Sauerstoffgehalt schon gefährlich niedrig war. Ich habe noch nie so etwas erlebt wie die Stärke, mit der Rachel in den Schmerz eintauchte und ihrem Körper den letzten mütterlichen Willen abrang, um unsere Tochter doch noch herauszupressen. Eliana war blau angelaufen, zeigte keine Reaktion und atmete nicht. Ihr Apgar-Wert lag bei eins von zehn, sie war also kaum noch als lebend zu bezeichnen.

Sie kam in aller Eile auf den Notfallwagen, wo die Ärzte Wiederbelebungsmaßnahmen einleiteten und Rachel sagten, sie solle mit ihrem Baby sprechen, denn die Stimme der Mutter habe eine fast magische Heilwirkung, selbst im Kreißsaal. Wir durchlebten den längsten Augenblick unseres Lebens, während die Ärzte um ihr Leben rangen und ihre Intubation vorbereiteten. Was folgte, war ein Augenblick unaussprechlicher Freude und Erleichterung: Eliana spuckte, schöpfte ein erstes Mal Atem und begann zu schreien. Alle Anwesenden, die Ärztin eingeschlossen, weinten vor Freude.

Nach Elianas schwieriger Geburt brachte man die Zwillinge auf die Frühgeborenenstation der Klinik. Als ich wenig später dort eintraf, lagen die beiden nebeneinander und hielten sich an den Händen.

»Ach, wie reizend«, sagte der Erzbischof, als er sich das Bild vorstellte.

Die Bedeutung der Liebe für unser Überleben, die der Dalai Lama beschrieb, war mir sehr vertraut, da ich die Mutterliebe, die unserer Tochter das Leben rettete, selbst erlebt habe. Die Liebe rettet uns allen das Leben.

»Das ist Biologie«, erklärte der Dalai Lama. »Alle Säugetiere und damit auch der Mensch besitzen diese ganz besondere Verbindung zur Mutter. Ohne die Fürsorge einer Mutter sterben die Jungen. Das ist eine Tatsache.«

»Und wenn sie nicht sterben, dann können sie zu einem Hitler werden, weil sie diesen ungeheuren Mangel spüren«, sagte Tutu.

Hier waren die beiden zum ersten Mal ernsthaft verschiedener Meinung. »Ich glaube«, entgegnete der Dalai Lama, »dass Hitler als sehr kleines Kind genau wie die anderen Kinder war. Wenn seine Mutter ihm keine Zuneigung geschenkt hätte, dann wäre er gestorben, denke ich.« Angehörige berichteten tatsächlich, dass Klara Hitler eine hingebungsvolle Mutter war, sein Vater dem Vernehmen nach jedoch zum Missbrauch neigte. »Und auch diese Terroristen heutzutage«, fuhr der Dalai Lama fort, »haben große Zuneigung von ihren Müttern erhalten. Deshalb sind sogar diese Terroristen tief in ihrem Innern …«

»Ich glaube, hier muss ich dir doch widersprechen«, warf Tutu ein. »Diese Menschen, die andere drangsalieren, leiden doch unter großer Unsicherheit und müssen häufig beweisen, dass sie bedeutsam sind, weil sie nicht genügend Liebe erfahren haben.«

»Nun, ich glaube, die Umstände, die Umgebung und die Erziehung, all das spielt eine Rolle«, antwortete der Dalai Lama. »Gerade heute haben die inneren Werte in der Erziehung keine große Bedeutung. Statt innere Werte zu erfahren, werden wir egoistisch und denken immer nur: ›ich, ich, ich.‹ Eine ichzentrierte Haltung bringt Unsicherheit und Angst mit sich. Und Misstrauen. Zu viel Angst führt zu Frustration. Aus zu viel Frustration wird Wut. So funktioniert die Psychologie, das System des Geistes und der Gefühle, dass eine Kettenreaktion ausgelöst wird. Eine egozentrische Haltung lenkt uns von den anderen ab, es folgt Misstrauen, dann Unsicherheit, dann Angst und Furcht, dann Frustration, dann Wut, dann Gewalt.«

Es war erstaunlich, wie der Dalai Lama den Gedankenprozess beschrieb, der zu Angst, Entfremdung und damit letztlich zur Gewalt führt.

Ich wies darauf hin, dass wir uns im Westen bei der Erziehung zu sehr auf unsere Kinder und ihre Bedürfnisse konzentrierten, anstatt sie anzuleiten, sich um andere zu kümmern.

Der Dalai Lama antwortete:»Ja, auch bei Eltern gibt es zu viel Ichbezogenheit: ›Meine Kinder, meine Kinder.‹ Das ist voreingenommene Liebe. Wir brauchen aber unvoreingenommene Liebe für die ganze Menschheit, ganzheitlich empfindsame Menschen. Dabei ist es völlig egal, welche Haltung sie uns gegenüber haben. Auch unsere Feinde sind Menschen, Brüder und Schwestern, also verdienen auch sie unsere Liebe, unsere Achtung und unsere Zuneigung. Das ist unvoreingenommene Liebe. Vielleicht müssen wir uns den Taten unserer Feinde widersetzen, aber man kann sie dennoch als Brüder und Schwestern lieben. Dies ist nur uns Menschen mit unserer menschlichen Intelligenz möglich. Andere Tiere können das nicht.«

Die unmittelbare, starke Liebe von Eltern war mir vertraut, aber ich fragte mich, ob es wirklich möglich war, anderen dieselbe Liebe entgegenzubringen. Könnten wir diesen Kreis der Fürsorge wirklich über die eigene Familie hinaus ausweiten? Ein Mönch mochte seine Liebe auf die ganze Menschheit ausdehnen, aber Eltern müssen sich um ihr Kind kümmern. Was der Dalai Lama sagte, mochte als Anspruch für die gesamte Menschheit gedacht sein, aber war er auch realistisch? Vielleicht sind wir nicht fähig, fremde Kinder genauso zu lieben wie unsere eigenen, aber möglicherweise könnten wir diese Liebe ja über ihre angestammten Grenzen hinweg ausweiten. Ich fragte mich, was der Erzbischof, selbst ein Vater, dazu sagen würde, aber inzwischen hatten alle das Mittagessen beendet.

Später im Verlauf der Woche sollten wir zur »Dehnungsfähigkeit« von Liebe und Mitgefühl zurückkehren, aber den morgigen Tag wollten wir beginnen mit einer Diskussion über die Hindernisse auf dem Weg zur Freude, von Stress und Angst bis zu Unglück und Krankheit – und über die Frage, wie sich Freude angesichts dieser unvermeidlichen Schwierigkeiten erleben ließ.

TAG 2 UND 3

HINDERNISSE AUF DEM WEG ZUR FREUDE

EIN MEISTERWERK
IM ENTSTEHEN

»Es ist ganz einfach«, begann der Dalai Lama. »Jeder weiß, dass Schmerz etwas Schlimmes ist, und wir vermeiden ihn, wenn möglich. Wir tun dies nicht nur, indem wir Krankheiten heilen, sondern wir versuchen auch vorzubeugen, indem wir das Immunsystem stärken. Geistiger Schmerz ist genauso schlimm wie körperlicher, also sollten wir versuchen, auch ihn zu verringern. Um das zu erreichen, müssen wir ›geistige Immunität‹ entwickeln.«

Am zweiten Tag der Dialoge wandten wir uns den Hindernissen auf dem Weg zur Freude zu. Das Thema war, wie man trotz des Leidens Freude findet. Und wir wussten, dass wir zwei Tage bräuchten, um all die Arten, wie wir leiden, zu diskutieren. Wie der Dalai Lama am Tag zuvor gesagt hatte, wird ein großer Teil unseres Unglücks dadurch verursacht, wie wir geistig und emotional auf die Ereignisse in unserem Leben reagieren.

»Geistige Immunität«, sagte der Dalai Lama, »wird dadurch erworben, dass wir lernen, destruktive Gefühle zu vermeiden und positive zu entwickeln. Zunächst einmal müssen wir den Geist verstehen. Es gibt sehr viele verschiedene Geisteszustände – die vielen verschiedenen Gedanken und Emotionen, die wir jeden Tag erleben. Einige dieser Gedanken und Gefühle sind schädlich, ja geradezu giftig, andere sind gesund und heilsam. Erstere wirken störend auf unseren Verstand und verursachen viel geistigen Schmerz. Letztere bringen uns wahre Freude. Wenn wir das verstanden haben, ist es viel leichter, mit dem Geist umzugehen und Vorsichtsmaßnahmen zu treffen. Auf diese Weise entwickeln wir geistige Immunität. Und genau wie ein gesundes Immunsystem und eine gute Konstitution unseren Körper vor potenziell gefährlichen Viren und Bakterien schützen, führt geistige Immunität zu einer guten Konstitution des Geistes, in der dieser weniger anfällig für negative Gedanken und Gefühle ist.

Man kann sich das so vorstellen: In einem guten Gesundheitszustand werden wir in der Regel nicht krank, wenn wir von Viren bedroht werden, aber mit einem schlechten ist selbst eine leichte Infektion sehr gefährlich. Ähnlich verhält es sich, wenn wir bei guter geistiger Gesundheit sind. Dann verursachen Störungen einen gewissen Schmerz, aber wir erholen uns schnell. Bei eher schlechter geistiger Gesundheit verursachen selbst kleine Störungen oder Probleme viel Schmerz und Leiden. Wir haben dann große Angst und fürchten uns, versinken in Traurigkeit und Verzweiflung und empfinden Wut und Ärger.

Die Leute würden gern eine Pille schlucken, die ihnen die Furcht und die Angst nähme und ihnen sofort Frieden verschaffte. Das ist unmöglich. Wir müssen unseren Verstand im Lauf der Zeit entwickeln und unsere mentale Immunität pflegen. Ich werde oft gefragt, was die schnellste und beste Lösung für dies oder das Problem sei. Aber die gibt es nicht. Wir können entweder die schnellste oder die beste Lösung wählen, aber nicht beides haben. Die beste Lösung für unser Leiden ist geistige Immunität, aber es braucht Zeit, bis sie sich entwickelt.

Einmal sprach ich mit dem ehemaligen amerikanischen Vizepräsidenten Al Gore. Er sagte, er habe zahlreiche Probleme, viele

Schwierigkeiten, die ihm eine Menge Angst machten. Ich sagte ihm, dass wir als Menschen zwischen der rationalen und der emotionalen Ebene unterscheiden können. Auf der rationalen Ebene akzeptieren wir, dass wir es mit einem ernsten Problem zu tun haben, aber auf einer tieferen, emotionalen Ebene sind wir in der Lage, Ruhe zu bewahren. Genau wie das Meer an der Oberfläche oft viele Wellen hat, aber in der Tiefe ganz ruhig ist. Das ist möglich, wenn wir wissen, wie man geistige Immunität entwickelt.«

»Ja«, sagte der Erzbischof, »du hast sehr gut geantwortet. Du antwortest immer treffend, aber diese Antwort war besonders einleuchtend. Ich glaube nur, dass die Leute manchmal ganz unnötig wütend auf sich selbst werden, obwohl ihre Gedanken und Gefühle eigentlich ganz natürlich sind.

Grundsätzlich«, fuhr er fort, »müssen wir meiner Ansicht nach akzeptieren, wie wir sind. Und dann hoffen wir, dass wir auf die Art wachsen, die der Dalai Lama beschrieben hat. Ich meine, dass wir lernen, welche Dinge bei uns Gefühlsstürme auslösen. Wenn wir die Reaktion auf diese Auslöser trainieren, können wir uns ändern, aber wir sollten uns nicht für uns selbst schämen. Wir sind menschlich, und manchmal ist es gut, wenn wir erkennen, dass wir menschliche Gefühle haben. Es kommt darauf an zu wissen, wann sie angemessen sind.«

Während des Dialogs sagte der Erzbischof immer wieder, dass wir uns wegen unserer negativen Gedanken und Gefühle keine Vorwürfe machen sollten, weil sie natürlich und unvermeidlich seien. Wenn wir meinen, dass wir sie nicht haben dürfen, wirken Schuld und Scham wie Klebstoff, und wir werden die negativen Gedanken und Gefühle erst recht nicht los. Der Dalai Lama stimmte mit dem Erzbischof darin überein, dass menschliche Gefühle natürlich sind, hielt sie aber nicht für unabwendbar. Vielmehr konnten sie seiner Ansicht nach durch geistige Immunität vermieden werden.

Nach unserer Zeit in Dharamsala rang ich noch monatelang mit diesem scheinbaren Konflikt zwischen dem Erzbischof und dem Dalai Lama: Ist es möglich, negative Gedanken und Gefühle zu vermeiden und das zu entwickeln, was der Dalai Lama als »geistige Immunität« bezeichnete? Oder sind diese Gedanken und Gefühle unvermeidlich, und wir sollten sie, wie der Erzbischof vorschlug, einfach akzeptieren und uns verzeihen, dass wir sie haben?

Nach zahlreichen Gesprächen mit psychologischen Experten wurde mir schließlich klar, dass beide Männer recht hatten und nur ein jeweils anderes Stadium im Zyklus des emotionalen Lebens reflektierten. Durch Selbsterforschung und Meditation können wir das Wesen unseres Geistes entdecken und lernen, unsere emotionalen Reaktionen zu besänftigen. Dadurch werden wir weniger anfällig für die destruktiven Gefühls- und Gedankenmuster, die so viel Leiden verursachen. Das ist der Prozess, durch den wir geistige Immunität erlangen.

Der Erzbischof erinnerte uns nur daran, dass wir auch trotz dieser Immunität manchmal negative oder destruktive Gefühle haben können und wir dann auf keinen Fall wegen unserer Unvollkommenheit zu hart mit uns selbst ins Gericht gehen sollten.

Mit anderen Worten: Der Dalai Lama sagte, dass wir gesund bleiben können, wenn wir gesund und vitaminreich essen und genügend ausruhen, und der Erzbischof sagte, ja, das stimme. Aber manchmal bekämen wir trotzdem eine Erkältung, und dann sollten wir die Sache nicht dadurch verschlimmern, dass wir uns Selbstvorwürfe machen.

Wie also gehen wir mit den Hindernissen um, die der Freude entgegenstehen, mit diesen unvermeidlichen Quellen inneren und äußeren Leidens, die in unserem Leben so viel Angst und Schmerz verursachen können? Sie reichen von dem Stress und den Enttäuschungen und Sorgen des Alltags bis zu existenziellen Schicksalsschlägen und Krankheiten und der letztlich unvermeidlichen Konfrontation mit dem Tod. Wir haben keine Kontrolle über die Unvermeidlichkeit dieser Ereignisse, doch der Dalai Lama und der Erzbischof waren sich darin einig, dass wir ihre Wirkung auf unser Leben dadurch beeinflussen können, mit welcher Haltung wir ihnen begegnen.

Der erste Schritt besteht darin, die Realität des Leidens zu akzeptieren. Der Buddha soll gesagt haben: »Nur das Eine lehre ich: das Leiden und das Ende des Leidens.« Die erste Edle Wahrheit des Buddhismus lautet, dass das Leben voller Leiden ist. Im Sanskrit ist das Wort für »Leiden« *Dukkha* (nicht zu verwechseln mit der nussigen und sehr schmackhaften ägyptischen Würzmischung Dukkah).

Dukkha kann mit »Stress«, »Angst«, »Leiden« oder »Unzufriedenheit« übersetzt werden. Es wird oft als geistiges und körperliches Leiden beschrieben, das mit dem Leben und insbesondere mit Krankheit und Alter verbunden ist. Dukkha ist aber auch der Stress und die Angst, die dadurch entstehen, dass man das grundsätzlich Vergängliche und Unbeherrschbare zu beherrschen versucht. Wir versuchen, den Augenblick zu beherrschen – weil wir das Gefühl haben, dass das, was gerade geschieht, nicht geschehen sollte. Vieles, was uns Kummer bereitet, entsteht dadurch, dass wir Dinge anders haben wollen, als sie sind. »Meiner Ansicht nach«, erklärte der Dalai Lama, »entwickelt man so in vielen Fällen eine Art Unbehagen oder eine Unzufriedenheit, die zu Frustration und Wut führt.«

Stress und Frustration mögen als oberflächliche Probleme oder Beschwerden erscheinen, dem Buddha zufolge liegen sie aber einem Großteil unseres unnötigen oder selbst geschaffenen Leidens zugrunde. Mir kam in den Sinn, was der Dalai Lama an unserem ersten Tag gesagt hatte: Wir könnten nicht dafür sorgen, dass es keine Naturkatastrophen mehr gibt oder dass das durch sie entstehende Leiden aufhört, aber einem großen Teil unserer anderen Leiden könnten wir ein Ende setzen.

Dukkha oder Leiden ist das Gegenteil von *Sukha*, Glück, innerer Ruhe oder Trost. Beide Worte stammen vermutlich von den alten Ariern, die die Sprache Sanskrit nach Indien brachten. Sie waren ein nomadisches Volk, das mit Pferde- oder Ochsenkarren reiste, und die Worte bedeuten wörtlich, dass man eine gute oder eine schlechte »Achse« hat. Ist es eine gute Fahrt (Sukha) oder eine schlechte (Dukkha) gewesen? Keine üble Metapher für das Leben! Was ist Leiden anderes als eine holprige Fahrt? Jedes Leben hat seine »Schlaglöcher«, und niemand kann ein paar unvermeidlichen Stößen entgehen, aber dennoch hängt sehr viel davon ab, wie man die Fahrt wahrnimmt. Oft ist unser Geist die Achse, die bestimmt, ob wir die Reise als gut oder holprig empfinden.

Zu diesem Thema machte ich eine ziemlich konkrete Erfahrung, als ich im Januar, mehrere Monate vor den Dialogen zwischen dem Erzbischof und dem Dalai Lama, mit Peggy Callahan nach Dharamsala reiste. Peggy sollte die Woche in Dharamsala filmen, und wir fuhren hin, um die notwendigen Vorbereitungen für den Besuch im April zu treffen. Unser Rückflug vom wolkenverhangenen Flughafen von Dharamsala aus wurde annulliert, und wir mussten auf gewundenen, schlechten Bergstraßen zum nächsten Flughafen fahren. Wir hielten uns krampfhaft an den Handschlaufen fest, als wir im Auto umhergeschleudert wurden. Im Kampf gegen die Übelkeit und um uns auf der sechsstündigen, markerschütternden Fahrt abzulenken, erzählten wir einander lustige Geschichten von unseren Reisen, wobei wir jede Story so lang wie möglich ausdehnten.

»Wir haben Wahrnehmungen von unseren Erfahrungen, und wir bewerten sie: ›Das ist gut‹, ›Das ist schlecht‹, ›Das ist neutral‹«, erklärte der Dalai Lama. »Dann haben wir Reaktionen: Angst, Frustration, Wut. Irgendwann erkennen wir, dass sie alle nur verschiedene Aspekte des Geistes sind. Sie sind nicht die reale Wirklichkeit. Auch Furchtlosigkeit, Freundlichkeit, Liebe und Vergebung sind Aspekte des Geistes. Es ist sehr nützlich, das System der Gefühle zu kennen und zu verstehen, wie der Geist funktioniert. Wenn wir Angst oder Enttäuschung empfinden, müssen wir überlegen, was sie versursacht hat. Die meisten Ängste sind nur geistige Projektionen. Als ich in meiner Jugend im Potala-Palast lebte, gab es da einen sehr dunklen Bereich, von dem es hieß, dass dort Geister seien. Also spürte ich etwas, wenn ich durch den Bereich ging. Das war eine rein geistige Projektion.«

»Nein«, sagte der Erzbischof mit ängstlichem Gesicht: »Dort gab es wirklich Geister, Mann.«

Der Dalai Lama lachte: »Wenn ein tollwütiger Hund auf uns zukommt und uns anbellt und die Zähne bleckt, dann haben wir wirklich Grund zur Angst. Das ist dann keine geistige Projektion. Deshalb müssen wir die Ursachen der Angst analysieren. Wenn wir frustriert sind und jemandem begegnen, haben wir eine entsprechende mentale Projektion von dieser Person, selbst wenn sie einen völlig emotionslosen Gesichtsausdruck haben sollte. Auch wenn jemand etwas tut, haben wir oft eine mentale Projektion von seinem Verhalten, obwohl es völlig wertfrei sein kann. Deshalb müssen wir uns fragen, ob unsere Enttäuschung einen realen Grund hat. Sogar wenn uns jemand kritisiert oder angreift, sollten wir uns fragen: ›Warum ist das passiert?‹ Der Mensch, der dies tut, war nicht von vornherein unser Feind. Bestimmte Umstände sind dafür verantwortlich, dass er sich uns gegenüber negativ verhält. Es kann viele Ursachen geben, aber auch unsere eigene Haltung ist ein wichtiger Faktor, der nicht ignoriert werden darf. Wir erkennen, dass wir angegriffen wurden, weil wir in der Vergangenheit etwas getan haben, was dem

Angreifer nicht gefiel. Wenn wir auf diese Weise unseren eigenen Anteil an der Kritik oder dem Angriff der anderen Person erkennen, vermindert sich automatisch die Intensität unserer Frustration und Wut. Dann realisieren wir auch, dass die Natur des Menschen im Grunde gut und mitfühlend ist und dass der andere uns nicht schaden will. Wir erkennen, dass negative Gefühle oft auf Missverständnissen oder Fehlinformationen beruhen. Und wir sehen, dass die Handlungen der anderen Person von ihren eigenen destruktiven Gefühlen motiviert sind. Wir können ein Gefühl der Fürsorglichkeit und des Mitgefühls entwickeln und sogar Mitleid mit dem Schmerz und dem Leid des anderen haben: Wie traurig, dass diese Person die Beherrschung verloren oder dass sie derart negative Gefühle hat. Statt Enttäuschung und Wut empfinden wir Mitleid mit dem anderen und machen uns Sorgen um ihn.«

Ich nickte zustimmend, doch dann sagte ich: »Aber manchmal werden wir nicht durch andere Menschen frustriert, sondern durch Umstände, über die wir keine Kontrolle haben. Zum Beispiel haben wir keinen Einfluss darauf, dass Flüge gecancelt werden.«

»Als ich noch jung war und unbedingt aktiv sein wollte«, sagte der Dalai Lama, »wurde ich zornig, wenn sich ein Flug verspätete oder annulliert wurde, und bekam manchmal sogar Wut auf den Piloten oder die Fluggesellschaft.

Bevor es Flüge von Dharamsala nach Delhi gab, musste ich vier Stunden in die Großstadt Jammu fahren, wenn ich fliegen wollte. Eines Morgens saßen schon alle Passagiere im Flugzeug, als die Durchsage kam, dass der Flug gestrichen sei und wir bitte alle den Flieger wieder verlassen sollten. Später erfuhr ich, dass der Pilot nicht erschienen war, weil er in der Nacht zu viel getrunken hatte. Alle schimpften, und ich war auch verärgert.

Wenn heutzutage ein Flug abgesagt oder verschoben wird, was hier ziemlich oft vorkommt, betrachte ich es als gute

Gelegenheit für meine Übungen, setze mich hin und meditiere. Deshalb bin ich heute weniger frustriert.«

Mir kam ein Flug nach Hawaii in den Sinn, den ich mit Rachel, unserem zweijährigen Sohn Jesse und meiner Mutter gemacht hatte. Wir verfügten damals nicht über besonders viel Geld und buchten bei der billigsten Fluggesellschaft, die wir finden konnten. Sie besaß nur zwei Flugzeuge, mit denen sie Hawaii und andere Urlaubsziele anflog. Wir schwebten über dem Pazifik und hatten knapp die halbe Strecke von Kalifornien nach Oahu hinter uns, als ich einen plötzlichen Stoß spürte, als ob etwas das Flugzeug von der Seite gerammt hätte. Dann flog die Maschine einen großen Bogen, und einige Zeit später kam die Durchsage, dass wir nach San Francisco zurückkehrten. Ich weiß noch, wie wütend und frustriert ich war.

Wir mussten den ganzen Tag auf das nächste Flugzeug warten, also versuchten wir, unseren Urlaub schon in Kalifornien zu beginnen, und gingen mit Jesse in den Zoo. Es machte Spaß, aber ich war wütend, dass sich unser Urlaub in Hawaii verkürzt hatte. Am Abend, als wir auf den Flughafen zurückkamen und warteten, bis wir an Bord konnten, hörte ich die Piloten über den Grund für die Notlandung sprechen.

Offenbar hatte sich in einem der Triebwerke ein Bolzen gelöst. Ganz beiläufig, wie ein Mensch, der es gewohnt ist, mit hochriskanten Situationen fertigzuwerden, meinte der eine Pilot, wenn sie das Triebwerk nicht sofort abgestellt hätten, wäre es abgebrochen und das Flugzeug wäre ins Meer gestürzt. Die Verspätung und der Tag im Zoo kamen mir danach nicht mehr so schlimm vor.

»Ich war sehr frustriert und wütend, wenn wir zu einer wichtigen Konferenz mussten und im Stau stecken blieben, weil es vor uns einen Unfall gegeben hatte«, sagte der Erzbischof. »Ich knirschte dann mit den Zähnen und hielt Ausschau nach einer

Person, der ich hätte in den Allerwertesten treten können. Aber als ich älter wurde, sagte ich mir, das sei eine gute Gelegenheit, um ruhig zu bleiben. Und dann versuchte ich, alle Beteiligten bei Laune zu halten. Ich meine, man kann nicht gerade viel tun, also ist es nicht sehr hilfreich, wenn man mit den Zähnen knirscht und zornig wird. Genauso gut kann man ein paar alte Tipps ausprobieren. Man zählt bis zehn: ›Eins, zwei, drei …‹ Ah!« Der Erzbischof tat so, als ob ihn trotzdem der Zorn übermannte.

»Ich glaube, es dauert seine Zeit, bis man lernt, entspannt zu sein«, fuhr er fort. »Man kriegt es nicht frei Haus geliefert. Niemand sollte auf sich selbst böse sein. Das erhöht nur die Frustration. Ich meine, wir sind Menschen, fehlbare Menschen. Und wie der Dalai Lama schon gesagt hat, gab es einmal eine Zeit … Ich denke, mittlerweile ist er heiter und ruhig. Aber es gab einmal eine Zeit, als er wütend wurde, und vielleicht passiert das manchmal sogar heute immer noch. Es ist wie mit Muskeln, die man trainieren muss, damit sie stark sind. Manchmal werden wir wütend auf uns selbst, weil wir glauben, wir müssten von Anfang an perfekt sein. Aber unsere Zeit auf der Erde ist dafür da, dass wir lernen, gut zu sein, dass wir lernen, liebevoller zu sein, und dass wir lernen, mehr Mitgefühl zu haben. Und man lernt nicht theoretisch.« Der Erzbischof deutete mit dem Zeigefinger auf seinen Kopf. »Man lernt, wenn etwas passiert, das einen auf die Probe stellt.«

Und dann sprach er, als ob Gott zu ihm spräche: »›Hallo, du hast doch gesagt, dass du mitfühlender sein willst. Hallo, du wolltest doch ein bisschen entspannter sein.‹

Wir werden wütend auf uns selbst«, fuhr er fort. »Wir glauben, wir müssten von Beginn an Supermänner und Superfrauen sein. Auch der Dalai Lama war nicht von Anfang an so heiter wie heute. Erst durch seine Gebets- und Meditationspraxis sind seine Sanftmut und sein Mitgefühl, seine Geduld und seine

Akzeptanz gewachsen – innerhalb vernünftiger Grenzen. Manche Umstände muss man akzeptieren, wie sie sind, weil man sie nicht ändern kann und es keinen Sinn hat, mit dem Kopf durch die Wand zu rennen. Davon kriegt man nur Kopfschmerzen. Dies ist ein Tal des Wachstums und der Entwicklung.«

Mich machte die Wendung »ein Tal des Wachstums und der Entwicklung« hellhörig. Sie erinnerte mich an die bekannte christliche Vorstellung, dass wir Menschen in einem Jammertal leben, aus dem wir erst befreit werden, wenn wir in den Himmel kommen. Der Ausdruck stammt aus Psalm 84, 6 – 7. Dort stehen die wundervollen Worte: »Wohl den Menschen […] die durch das Jammertal gehen und machen daselbst Brunnen.« Tatsächlich können wir unsere Tränen, unseren Stress und unsere Enttäuschungen als einen Brunnen nutzen, aus dem wir für unser emotionales und spirituelles Wachstum Leben spendendes Wasser schöpfen.

»So ähnlich lernen wir, Eltern zu sein«, schloss der Erzbischof unser Gespräch. »Wir müssen lernen, auf das Kind zu reagieren, und sind oft wirklich frustriert. Beim dritten Kind sind wir dann besser als beim ersten. Deshalb würde ich allen sagen: Ihr seid auf Perfektion *angelegt*, aber ihr seid noch nicht perfekt. Ihr seid ein Meisterwerk im Entstehen.«

FURCHT, STRESS UND DIFFUSE ÄNGSTE

Ich war sehr nervös

»Wir alle haben Ängste«, sagte der Erzbischof. »Furcht und Angst sind Überlebensmechanismen. Wer keine Angst bekommt, wenn er einen Löwen sieht, und ganz unbekümmert an ihm vorbeiläuft, von dem ist ganz schnell nichts mehr da. Gott hat uns solche Gefühle gegeben, weil er wusste, dass wir sie brauchen. Wäre das nicht so, wären wir furchtlos, aber eben auch sehr dumm und nicht lange auf der Welt. Zum Problem wird die Angst, wenn sie übertrieben ist oder von etwas ausgelöst wird, was eigentlich ganz unwichtig ist.«

Ich fragte den Erzbischof, wie er in der »schlechten alten Zeit« der Apartheid, als er häufig Morddrohungen erhielt, mit seiner Angst umgegangen sei. Er antwortete: »Na ja, man machte keine Dummheiten, etwa wie nachts in einem erleuchteten Fenster zu stehen. Aber man musste auch zu Gott sagen: ›Wenn ich deine Arbeit mache, solltest du mich lieber gut beschützen.‹« Es hat mich schon immer beeindruckt, wie bereitwillig der Erzbischof seine Ängste und Schwächen zugab.

Wir hören so selten etwas über die Zweifel, Ängste und Sorgen von Führungspersönlichkeiten, weil Führung selbst offenbar zu verlangen scheint, dass man eine Zuversicht ausstrahlt, die nur selten eine Schwäche oder einen empfindlichen Punkt zugibt. Rick Stengel, der frühere leitende Redakteur des Magazins *Time*, erzählte mir einmal eine erstaunliche Geschichte aus der Zeit, als er mit Nelson Mandela an dessen Autobiografie *Der lange Weg zur Freiheit* arbeitete. Mandela war mit Rick und seinem Leibwächter Mike in einem kleinen Propellerflugzeug unterwegs. Mandela war in seine Morgenzeitung vertieft, als er merkte, dass ein Propeller stillstand. Er beugte sich zu Mike hinüber und sagte es ihm, und Mike gab es an den Piloten weiter. Die hatten das Problem schon lang registriert und informierten ihn, dass eine Notlandung eingeleitet war. Als Mike Mandela die Lage erklärte, nickte der nur und beschäftigte sich wieder mit seiner Zeitung. Mike, ein harter Bursche, zitterte vor Furcht und drehte nur dank Mandela nicht durch, den es offenbar völlig kaltließ, dass das Flugzeug jeden Augenblick abstürzen konnte. Als Rick nach geglückter Landung mit Mandela auf dem Rücksitz des schusssicheren BMW saß, der sie vom Flughafen abholte, fragte er Mandela, wie es ihm auf dem Flug ergangen war. Und dieser sagte: »O Mann, ich war *außer mir vor Angst* da oben.« Wenngleich Führungspersönlichkeiten in Krisensituationen Stärke zeigen müssen, ist unsere Menschlichkeit doch ebenso sehr oder vielleicht sogar noch mehr durch Schwäche und Verwundbarkeit gekennzeichnet. Wie der Erzbischof häufig sagt, erinnert uns diese Tatsache daran, dass wir einander brauchen.

In einem meiner Lieblingszitate, das wir in Mandelas Buch *Meine Waffe ist das Wort* (Kösel, 2013) aufgenommen haben, geht es um Mut. »Ich lernte, dass Mut nicht die Abwesenheit von Angst war, sondern der Triumph über sie. Ich habe öfter Angst gehabt, als ich mich erinnern kann, aber ich versteckte sie hinter einer Maske der Kühnheit. Nicht der ist ein tapferer Mann, der keine Angst hat, sondern der, der seine Angst überwindet.« Erzbischof Tutu sagte etwas sehr Ähnliches, als wir an *Gott hat einen Traum* arbeiteten. Er meinte:»Mut ist nicht die Abwesenheit von Angst, sondern die Fähigkeit, trotz der Angst zu handeln.« Das Wort»Courage« für»Mut, Beherztheit« ist vom französischen *cœur* (»Herz«) abgeleitet. Courage ist tatsächlich der Triumph der Liebe und Hingabe unseres Herzens über die vernünftigen Einwände unseres Geistes, der uns schützen will.

Wie der Erzbischof sagte, leiden wir unter Stress und Befürchtungen und diffusen Ängsten, wenn die natürliche Furcht übertrieben wird. Diffuse Ängste sind ein allgemeiner Zustand des Unbehagens, in dem wir unbestimmte Sorgen und Befürchtungen mit allen möglichen Erfahrungen oder Beziehungen verbinden. Es ist sehr schwer, guter Dinge zu sein, wenn man diffuse Ängste hat, dennoch leiden wir oft darunter. Wir haben dann ständig das Gefühl, von irgendetwas überwältigt zu werden, oder fühlen uns nicht mehr in der Lage, unseren Verpflichtungen bei der Arbeit oder in der Familie nachzukommen. Oder die digitalen Geräte, die uns ständig an alles erinnern, was wir versäumen: Wir müssen so vieles zugleich am Laufen halten, dass die meisten von uns das Gefühl haben, immer einen Schritt zurückzuliegen.

Jinpa sagte, die moderne Gesellschaft lege so großen Wert auf Unabhängigkeit, dass die Menschen sich selbst überlassen bleiben, wenn sie versuchen, ein Leben in den Griff zu bekommen, das immer mehr außer Kontrolle gerät. Er berichtete, wie der Dalai Lama und sein Volk vor der chinesischen Invasion in Tibet gelebt hatten. Das Geburtshaus des Dalai Lama in dem abgelegenen Dorf Takster in der Provinz Amdo stand, wie die anderen Häuser des Dorfes, auf einer zwei Meter hohen Felsplatte mit Blick auf die sanften Hügel des Weidelands mit seinen Yaks und

Nomaden. Der Dalai Lama hatte fünfzehn Geschwister, von denen neun noch als Kinder starben. Die nächste Stadt war mit dem Maultier drei Stunden entfernt. Der künftige Dalai Lama hieß damals Lhamo Döndrub. Er hatte in der Küche den Schlafplatz, der dem Ofen am nächsten lag. Seine Familie hatte es bestimmt nicht leicht, deshalb war ich überrascht, als Jinpa sagte, das Leben in einem traditionellen Dorf sei viel weniger stressbeladen gewesen als das heutige.

Während des größten Teils der Menschheitsgeschichte hat es Ängste und Sorgen gegeben, gleichgültig, ob man in Tibet, in Afrika oder irgendwo sonst lebte. Manche waren gravierend, etwa ob man für den Winter genug Essen haben würde. Dennoch schienen sie dadurch beherrschbarer als heute, dass die Menschen stark miteinander verbunden waren. Natürlich ist der Kampf ums Überleben (für den sich unsere Stressreaktionen überhaupt erst entwickelt haben) der größte Stressfaktor, doch die ständigen Anstrengungen und Anforderungen des modernen Lebens sind etwas anders. Obwohl es früher nach dem Verlust der Ernte oder dem Tod eines Kindes bestimmt belastete und angsterfüllte Perioden gab, waren die Rhythmen des täglichen Lebens viel weniger hektisch und ziellos. »Es gibt ein Wissen, das verloren gegangen ist«, sagte Jinpa. »Unsere Chancen sind heute viel größer, aber dasselbe gilt auch für unsere Ängste.« Ich musste an die lange Reise denken, die Jinpa physisch und psychisch hinter sich gebracht hatte: von einem Leben als Mönch in einem buddhistischen Kloster, wo sich in Tausenden von Jahren fast nichts ändert, zu dem Familienleben in Montreal, das er heute führt.

Wenn jedoch Stress und Angst unvermeidliche Bestandteile des modernen Lebens sind, wie können wir dann mit dieser allgegenwärtigen Belästigung fertigwerden? Wie können wir dafür sorgen, dass unsere Fahrt weniger holprig verläuft? Wie minimieren wir die Sorgen, die uns plagen?

»Stress und Ängste beruhen oft auf zu hohen Erwartungen und zu viel Ehrgeiz«, sagte der Dalai Lama. »Wenn wir diese Erwartung nicht erfüllen oder jenes ehrgeizige Ziel nicht erreichen, sind wir enttäuscht. Das ist eine durch und durch egozentrische Haltung: ›Ich will dieses, ich will jenes.‹ Oft sind wir nicht realistisch, was unsere Fähigkeiten oder die objektive Realität betrifft. Solange wir ein klares Bild von unseren Möglichkeiten haben, können wir bei unseren Bemühungen realistisch sein. Dann haben wir viel größere Chancen, unsere Ziele zu erreichen. Unrealistische Bemühungen führen nur in die Katastrophe. In vielen Fällen wird also unser Stress durch unsere Erwartungen und unseren Ehrgeiz verursacht.«

Ich fragte mich, was zu viel Ehrgeiz wäre. Als ein Mensch, der in Amerika aufgewachsen ist, wo Ehrgeiz als reine Tugend und ideale Verbindung zwischen Initiativgeist und Beharrlichkeit gilt, war ich über die Antwort des Dalai Lama verblüfft. Kann es sein, dass das »Immer-mehr«, das wir als unser Hauptziel im Leben betrachten, ein Fehler ist? Und gilt das vielleicht auch für die Annahme, »Mehr ist besser« könnte ein gutes Rezept gegen Stress und Enttäuschung und letztlich auch gegen Unzufriedenheit sein?

Vielleicht kommt es darauf an, welche Prioritäten man setzt. Welches Ziel ist es tatsächlich wert, verfolgt zu werden? Was brauchen wir wirklich? Dem Erzbischof und dem Dalai Lama zufolge rücken Ehrgeiz und Habsucht, die wir für so wichtig halten, auf ihren richtigen Platz und hören auf, die Obsession unseres Lebens zu sein, sobald wir erkennen, dass wir nur Liebe und Verbundenheit wirklich brauchen. Wir sollten uns bewusst machen, wie wir leben, damit wir nicht mehr von der Trance der modernen Zeit fortgerissen werden, einem gnadenlosen Marsch mit der Angst als Beschleuniger. Der Dalai Lama riet uns, realistischer zu sein, um heute schon eine Art inneren Frieden zu finden, statt ständig unseren Erwartungen und ambitiösen Unterfangen hinterherzujagen.

Das Symptom von chronischem Stress ist ein Gefühl der Fragmentierung, ein Gefühl, nie genug Zeit zu haben und nicht präsent sein zu können. Was wir suchen, ist ein ruhiger, freudiger Daseinszustand, und dem müssen wir Raum geben. Der Erzbischof sagte mir einmal, dass die Leute oft meinten, er brauche besonders viel Zeit zum Beten und Nachdenken, weil er eine religiöse Führungspersönlichkeit sei; aber Menschen, die wie Geschäftsleute, Freiberufler und Arbeiter auf dem freien Markt lebten, bräuchten viel mehr davon.

Da chronischer Stress zu einer globalen Epidemie geworden ist, wird unsere Stressreaktion von der Wissenschaft intensiv studiert in dem Bemühen, ihre Geheimnisse zu entschlüsseln. Dabei stellt sich heraus, dass unser Geist erheblichen Einfluss auf diese Antworten unseres Körpers hat. Wenn wir eine *Bedrohung* in eine *Herausforderung* verwandeln, reagiert unser Körper ganz anders auf das Phänomen.

Die Psychologin Elissa Epel gehört zu den führenden Stressforschern. Sie erklärte mir, wie Stress vermutlich funktioniert. Stressreaktionen entwickelten sich, damit wir adäquat auf Gefahren oder Angriffe etwa durch Lawinen oder hungrige Löwen reagieren. Cortisol und Adrenalin zirkulieren in unserem Blut, unsere Pupillen erweitern sich, damit wir besser sehen, unser Herzschlag und unsere Atmung beschleunigen sich, damit wir schneller reagieren, und das Blut wandert von unseren inneren Organen in unsere Muskeln, damit wir kämpfen oder fliehen können. Das alles ist von der Natur als ein seltener, kurzfristiger Zustand geplant. Doch bei vielen Menschen in der modernen Welt hält diese Reaktion permanent an. Elissa Epel und ihre Kollegin, die Molekularbiologin Elizabeth Blackburn, haben festgestellt, dass ständiger Stress die Telomere abnutzt, die Enden unserer Chromosomen, die unsere Zellen vor Krankheit und Alterung schützen. Nicht nur Stress, sondern ganz allgemein auch gedankliche Muster haben Einfluss auf die Telomere. Epel und Blackburn ziehen daraus den Schluss, dass unsere Zellen »unseren Gedanken zuhören«.

Das Problem liegt nicht in der Existenz der Auslöser, die sind unvermeidlich. Stress ist einfach nur das Signal des Geistes, dass etwas wichtig ist. Das Problem, oder vielleicht die Chance, liegt darin, wie wir darauf reagieren.

Epel und Blackburn zufolge schädigt nicht die Belastungssituation allein unsere Telomere. Viel wichtiger ist *unsere Reaktion* auf sie. Die beiden Forscherinnen ermutigen uns, eine Stressresilienz zu entwickeln. Das bedeutet, dass wir den sogenannten »Bedrohungsstress« (also die Wahrnehmung, dass ein Phänomen eine Bedrohung ist, die uns Schaden zufügen könnte) in sogenannten »Herausforderungsstress« umwandeln (die Wahrnehmung, dass ein problematisches Ereignis eine Herausforderung ist, die uns zu wachsen helfen wird). Ihr Heilmittel ist denkbar einfach: Wir registrieren die Kampf-oder-Flucht-Reaktion in unserem Körper: den beschleunigten Herzschlag, das Prickeln in den Händen und im Gesicht, den schnellen Atem. Dann erinnern wir uns daran, dass es sich dabei um natürliche Reaktionen auf Stress handelt und sich unser Körper lediglich darauf vorbereitet, mit einer Herausforderung fertigzuwerden.

Wie entscheidet sich, ob wir ein Ereignis oder eine Person als Bedrohung oder als Herausforderung empfinden? Dem Erzbischof und dem Dalai Lama zufolge beruht unser Stress zu einem großen Teil darauf, dass wir uns von anderen getrennt fühlen, was vermutlich darauf zurückzuführen ist, dass wir das Gefühl für Ubuntu, unsere Verbundenheit mit anderen Menschen, verloren haben. Ich hatte den Erzbischof einmal gefragt, wie er mit Sorgen und schlaflosen Nächten umginge, und er antwortete, er denke an all die Leute auf der ganzen Welt, die gerade auch nicht schlafen könnten. Dass er an die anderen denke, sich bewusst mache, dass er nicht allein sei, und für sie ein Gebet spreche, vermindere seine Not und seine Sorgen.

»Ich hielt damals Teachings, als ich jung war«, berichtete der Dalai Lama von einer der Erfahrungen, die bei ihm Stress und Angst ausgelöst hatten. »Ich war sehr nervös, weil ich mich mit meinen Zuhörern nicht eins fühlte. Dann, 1959, als ich Tibet verlassen hatte, kam mir der Gedanke, dass diese Menschen so sind wie ich: auch Menschen. Wenn wir denken, wir seien etwas Besonderes oder nicht besonders genug, führt das zu Furcht und Nervosität, Stress und Angst. Wir sind eins.«

»Was der Dalai Lama und ich zu bieten haben«, fügte der Erzbischof hinzu, »ist ein Weg, mit unseren Sorgen umzugehen: indem wir an andere denken. Wir können an andere denken, die sich in einer ähnlichen oder vielleicht sogar schlimmeren Lage befunden haben, aber überlebten, ja sogar aufgeblüht sind. Es hilft uns erheblich, wenn wir uns als Teil eines größeren Ganzen sehen.« Wieder einmal wird deutlich, dass der Pfad der Freude Verbindung und der Pfad der Sorge Trennung ist. Wenn wir die anderen als getrennt von uns betrachten, werden sie zur Bedrohung. Sehen wir sie als Teil von uns, als verbunden, sehen wir uns als interdependent, gibt es keine Herausforderung, der wir uns nicht stellen könnten, und zwar gemeinsam.

»Wenn ich einen Menschen treffe«, schloss der Dalai Lama und kam damit auf ein Thema zurück, das sich als wichtig herauskristallisierte, »versuche ich immer, mich auf einer grundlegenden menschlichen Ebene auf ihn zu beziehen. Auf dieser Ebene weiß ich, dass der andere genau wie ich sein Glück finden und weniger Probleme und Schwierigkeiten in seinem Leben haben will. Egal, ob ich nur mit einer Person oder vor einer großen Gruppe spreche, ich betrachte mich immer zuallererst als ein weiteres menschliches Wesen unter vielen. Dann ist es nicht einmal nötig, dass ich mich vorstelle.

Wenn ich mich dagegen im Umgang mit ihnen als ein anderer sehe – als Buddhist, als Tibeter und so weiter –, baue ich Mauern auf, die mich von ihnen fernhalten. Und wenn ich im Umgang mit ihnen daran denke, dass ich der vierzehnte Dalai Lama bin, schaffe ich die Grundlage für meine eigene Trennung und Einsamkeit. Schließlich gibt es auf der ganzen Welt nur einen Dalai Lama. Wenn ich mich dagegen primär als Mitmenschen sehe, habe ich mehr als sieben Milliarden Artgenossen, mit denen ich mich tief verbunden fühlen kann. Und das ist wundervoll, nicht wahr? Was soll uns noch Angst oder Sorgen machen, wenn sieben Milliarden Menschen mit uns sind?«

WUT UND ÄRGER
Ich habe geschrien, wenn ich wütend wurde

Mehr als ein Jahrzehnt bevor ich nach Dharamsala kam, war ich mit dem Erzbischof unterwegs in Jacksonville, Florida – im Straßenverkehr. Ich war quer durch das Land gereist, um zu erleben, wie sich der Erzbischof als Verkehrsteilnehmer verhält. Man könnte tatsächlich sagen, dass eines meiner wichtigsten Motive folgende Frage war: Wie fährt ein zutiefst spiritueller Mann und moralisches Vorbild Auto?

Wir hatten das Haus verlassen, in dem er wohnte. Dort saßen wir zuvor während eines Interviews neben dem Becken mit den Alligatoren und ließen dabei unsere Füße gefährlich nah über dem hungrigen Wasser baumeln. Wir schauten dann in einem Lokal der Restaurantkette Boston Market vorbei und nahmen ein schnelles Mittagessen zu uns. Der Erzbischof achtete sehr darauf, alle Angestellten zu begrüßen, die angesichts des berühmten Gasts, der Huhn mit Kartoffelbrei bestellte, in Ehrfurcht verfielen.

Inzwischen waren wir auf dem Weg zur Universität, wo er einen Gastvortrag halten würde. Ich setzte unser Interview auch während der Fahrt fort, weil ich jeden kostbaren Augenblick unserer gemeinsamen Zeit nutzte, um die Perlen seiner Weisheit einzusammeln. Wir sprachen über viele hochgeistige Philosophien und Theologien, aber wirklich wissen wollte ich, wie all seine spirituelle Praxis und seine Überzeugungen seine alltägliche Interaktion mit anderen Menschen beeinflussten, und das insbesondere im Straßenverkehr.

Plötzlich wechselte ein Wagen vor uns überraschend die Spur, und der Erzbischof musste schnell ausweichen, um einen Zusammenstoß zu vermeiden. »Heute sind ein paar wirklich erstaunliche Fahrer unterwegs«, sagte er danach mit gespielter Verzweiflung und schüttelte leise lachend den Kopf.

Ich fragte ihn, was ihm in einem solchen Augenblick durch den Kopf gehe, und er antwortete, vielleicht sei der Mann auf dem Weg ins Krankenhaus, weil seine Frau ein Kind gebäre oder ein Verwandter krank sei.

Da haben wir's: Auch er reagierte auf die unausbleiblichen, unvorhersehbaren Widrigkeiten mit der unvermeidlichen und unkontrollierbaren Überraschung, die bei uns instinktiv ist. Dann jedoch schlug er nicht den niederen Weg zur Wut ein, sondern nahm den hohen Weg zu Humor, Akzeptanz und sogar Mitgefühl. Und schon war das Erlebnis verarbeitet – ganz ohne Schaum vor dem Mund, ohne latente Frustration, ohne erhöhten Blutdruck.

Wir halten Furcht und Wut oft für zwei gänzlich verschiedene Emotionen, also war ich überrascht zu hören, dass der Dalai Lama sie miteinander verband: »Wo Furcht ist, kommt auch Frustration auf, und Frustration erzeugt Wut. Also sind Furcht und Wut einander sehr nah.« Wie ich später erfuhr, entspricht diese Sicht der Dinge unserer biologischen Natur. Wut und Furcht sind die zwei Pole der Kampf-oder-Flucht-Reaktion. Furcht dient als Vorbereitung für die Flucht und Wut als Vorbereitung für den Kampf.

Später in der Woche besuchten wir das tibetische Kinderdorf, um den Geburtstag des Dalai Lama zu feiern. Dort fragte eines der älteren Kinder:»Eure Heiligkeit, wie beherrschen Sie die Wut in Ihrem täglichen Leben?«

Der Erzbischof brach in lautes Gelächter aus, ja, er krümmte sich vor Lachen, wahrscheinlich, weil es ihn so amüsierte, welche Herausforderung die Wut sogar für heilige Männer darstellt.

»Ich habe geschrien, wenn ich wütend wurde«, sagte der Dalai Lama, womit er einräumte, dass selbst der Bodhisattva des Mitgefühls die Beherrschung verlieren kann. Jetzt lachten auch die Kinder.»Ich kann euch eine Geschichte erzählen: 1956 oder 1957, als ich Anfang zwanzig war, fuhr ich ein altes Auto, das dem dreizehnten Dalai Lama gehört hatte.« Es war eins von ganz wenigen Autos in Lhasa und in Einzelteilen zerlegt in die Hauptstadt getragen und dort wieder zusammengebaut worden, weil es abgesehen von ein paar kurzen Strecken in Lhasa und Umgebung damals in Tibet noch keine befahrbaren Straßen gab.

»Einer der Männer, die das Auto fuhren, reparierte es auch, wenn es eine Panne hatte, und das kam ziemlich häufig vor. Eines Tages lag der Mann unter dem Auto und reparierte etwas, als ich ihm einen Besuch abstattete. Während er unter dem Auto hervorkroch, stieß er sich am Kotflügel den Kopf. Das machte ihn so wütend, dass er noch ein paarmal mit dem Kopf gegen das Auto schlug. Bum, bum, bum!« Sehr zur Begeisterung der Kinder tat der Dalai Lama so, als würde er den Kopf gegen einen imaginären Kotflügel knallen.»Das ist Wut. Was hat sie für einen Zweck? Er bekommt eine Wut, weil er sich den Kopf stößt, und dann stößt er sich den Kopf absichtlich noch ein paarmal und fügt sich noch mehr Schmerzen zu. Das ist dumm. Wenn ihr wütend werdet, überlegt euch, was der Grund dafür ist. Und dann überlegt euch auch: Was werde ich mit meiner Wut bewirken? Welche Folgen wird mein wütender Gesichtsausdruck oder mein Geschrei haben? Dann erkennt ihr, dass Wut nicht nützlich ist.«

Dem Neuropsychiater Daniel Siegel zufolge können wir »ausrasten«, wenn unsere Wut sehr groß ist, wodurch das kritische Denken in unserer Hirnrinde lahmgelegt wird. Der Frontallappen des Gehirns, der für die Regulierung der Emotionen und die moralische Urteilsfähigkeit verantwortlich ist, büßt die Fähigkeit ein, die Emotionen in unserem limbischen System zu kontrollieren. Der Fahrer des Dalai Lama war ausgerastet und hatte sich ziemlich seltsam verhalten, indem er sich noch mehr Schmerz zufügte. Das Beispiel amüsiert uns, weil es so typisch ist. Wir haben etwas Ähnliches alle schon erlebt. Worin aber besteht die Alternative zum Ausrasten?

Der Dalai Lama stellte nun einen subtilen, aber tiefgründigen Zusammenhang zwischen Furcht und Wut her und erklärte, wie die Furcht der Wut zugrunde liegt. Üblicherweise entstehen Frustration und Wut dadurch, dass man verletzt wird. Der Fahrer, der sich den Kopf anschlug, ist ein gutes Beispiel dafür. Außer körperlichem können wir auch emotionalen Schmerz empfinden, was vielleicht sogar noch häufiger vorkommt. Wir wollen etwas, was uns nicht gewährt wird, wie etwa Respekt oder Freundlichkeit, oder man bedenkt uns mit etwas, was wir nun gar nicht eingefordert haben, etwa Respektlosigkeit oder Kritik. Der so erzeugten Wut liegt, wie der Dalai Lama sagte, die Furcht zugrunde, nicht zu bekommen, was man braucht, die Furcht, nicht geliebt und respektiert zu werden, nicht dazuzugehören.

Um sich von der Wut zu befreien, kann man sich zum Beispiel fragen, welcher Schmerz sie verursacht hat oder wovor wir uns fürchten. Psychologen bezeichnen Wut häufig als »sekundäre Emotion«, weil sie als Abwehr entsteht, wenn man sich bedroht fühlt. Sobald wir unsere Furcht zugeben und ausdrücken können, wodurch wir uns bedroht fühlen, sind wir oft in der Lage, unsere Wut zu besänftigen.

Aber wir müssen dazu bereit sein, unsere Verwundbarkeit zuzugeben. Wir schämen uns oft dieser Ängste und Verletzungen und glauben, wenn wir unverwundbar wären, würden wir nie Schmerz empfinden, doch das liegt, wie der Erzbischof sagte, nicht in der menschlichen Natur. Wenn wir Mitgefühl mit uns selbst haben und zugeben können, dass wir Angst haben und uns verletzt oder bedroht fühlen, dann können wir auch mit anderen Mitgefühl haben – vielleicht sogar mit denen, die unsere Wut hervorgerufen haben.

»Wenn wir uns ein Ziel setzen und auf Hindernisse stoßen, sind wir natürlich frustriert«, sagte der Erzbischof. »Oder wenn wir unser Bestes geben und die Menschen, die mit uns zusammenarbeiten oder zusammenarbeiten sollten, nicht so kooperativ sind, wie wir gehofft haben, löst das unvermeidlich Enttäuschung und Wut aus. Dasselbe passiert auch, wenn wir zu Hause, in der Familie, etwas gut Gemeintes tun und missverstanden werden. Wenn andere bezweifeln, dass wir hehre Absichten haben, wir aber wissen, dass diese gut sind, tut das wirklich weh. Wir knirschen dann mit den Zähnen und denken: ›Es ist immer dasselbe.‹

Oder in einem größeren Maßstab: Als wir in meiner Heimat gegen die Apartheid kämpften, haben manche von uns inakzeptable Methoden benutzt. Zum Beispiel das ›Necklacing‹, bei dem man das Opfer tötet, indem man ihm einen Autoreifen um den Hals legt, ihn mit Benzin füllt und anzündet. Und man wollte sagen: ›So was können wir nun gar nicht gebrauchen. Das macht es denen doch nur noch leichter, uns und unsere Bewegung zu kritisieren.‹

Oder auf einer persönlichen Ebene: wenn wir mit körperlichen Beschwerden fertigwerden müssen und vielleicht wünschen, dass wir viel mehr Energie hätten, als uns tatsächlich zur Verfügung steht. Das erinnert uns an unser Menschsein und unsere Gebrechlichkeit.«

»Als ich einmal in Jerusalem war«, sagte der Dalai Lama, »lernte ich einen Lehrer kennen. Dieser brachte seinen Schülern bei, daran zu denken, dass alle Menschen nach Gottes Ebenbild geschaffen sind, wenn sie sich über jemanden ärgerten oder seinetwegen in Wut gerieten. In seiner Klasse waren mehrere Palästinenser, die durch israelische Checkpoints mussten. Sie berichteten ihm, sie würden daran denken, dass die Soldaten nach Gottes Ebenbild geschaffen seien, wenn sie wütend und gereizt würden, und dann würden sie sich entspannen und besser fühlen. Auf der körperlichen Ebene muss man angemessen handeln, aber auf der geistigen kann man ruhig und entspannt bleiben. So trainiert man seinen Geist.«

Aber hat die Wut nicht auch eine Existenzberechtigung?, fragte ich mich. Manchmal spielt sie doch eine nützliche Rolle, wenn sie uns oder andere vor Schaden bewahrt. Wie verhielt es sich zum Beispiel mit dem gerechten Zorn? Bei den Lynchmorden, die so oft den friedlichen Protest gegen die Apartheid unterminierten, drohte Erzbischof Tutu mit der Faust und tobte, und er hätte die Täter am liebsten zur Hölle geschickt. Seine Biografie, geschrieben von seinem langjährigen Pressesprecher John Allen, trägt den englischen Titel *Rabble-Rouser for Peace* (»Unruhestifter für den Frieden«) und bringt damit das Paradox von Tutus Kampf gegen die Apartheid genau auf den Punkt. Er hatte keine Angst vor Wut und gerechtem Zorn im Kampf für Frieden, Gerechtigkeit und Gleichberechtigung in seiner Heimat.

Er hatte eine schlichte und prägnante Erklärung für die Macht des Zorns und ihre Grenzen. »Beim gerechten Zorn geht es gewöhnlich nicht um uns selbst. Es geht um andere, denen Schaden zugefügt wird und denen man helfen will.« Gerechter Zorn ist also keine reaktive Emotion, sondern ein Instrument der Gerechtigkeit, ein Schwert des Mitgefühls. Auch wenn er womöglich tief in dem Instinkt wurzelt, bedrohte Mitglieder der eigenen Familie oder Gruppe zu schützen, ist er dennoch keine unkontrollierbare, instinktive, sondern eine bewusst gewählte Reaktion. Auch dient er weder der Verteidigung eines infrage gestellten Selbstbilds, noch entspringt er einem subjektiven Gefühl, ausgeschlossen zu sein, sondern beruht auf kollektiver Verantwortung und dem Gefühl einer tiefen Verbindung, die zum Handeln berechtigt.

»Medizinische Wissenschaftler sagen, dass ständige Angst, ständige Wut oder ständiger Hass unser Immunsystem schädigen«, fuhr der Dalai Lama fort. »Alle Menschen kümmern sich um ihre Gesundheit. Dafür brauchen sie sowohl einen gesunden Körper als auch einen gesunden Geist. Ein gesunder Geist ist ein ruhiger Geist. Angst und Wut wirken zerstörerisch auf einen ruhigen Geist. Irgendwann merken wir, dass Wut nichts nützt, um Probleme zu lösen. Sie ist nicht hilfreich. Sie schafft noch mehr Probleme. Aber wenn wir unseren Geist trainieren und unsere Vernunft einsetzen, können wir unsere Emotionen verändern.«

Und dann fügte er noch hinzu: »Kein Zweifel.« Als ob Angst und Wut, diese fundamentalen Bestandteile der menschlichen Erfahrung, diese Quellen so vieler negativer Emotionen, durch den Wink eines rationalen Verstands verbannt werden könnten. Ich wusste, dass der Dalai Lama sich auf eine lebenslange Praxis bezog, bei der wir ständig mit den Angst- und Wutreaktionen unseres Säugetiergehirns zu kämpfen haben. Sonst neigen wir öfter dazu durchzudrehen, als wir zugeben wollen.

Paul Ekman erzählte mir die erstaunliche Geschichte, wie ihn der Dalai Lama bei einem Abendessen von seinen Wutproblemen heilte. Ekman ist kein Buddhist, und er hatte eigentlich gar nicht vorgehabt, den Dalai Lama zu treffen, doch seine Tochter war ein Fan, und als Ekman hörte, dass die Wissenschaftler, die zu der alle zwei Jahre stattfindenden Mind-and-Life-Konferenz mit dem Dalai Lama eingeladen waren, einen Gast mitbringen konnten, nahm er die Einladung an und seine Tochter mit. Ekman erzählte, er sei ein sehr ängstliches und stilles Kind gewesen, aber nach schweren Konflikten mit seinem Vater und dem Suizid seiner Mutter zum Choleriker geworden. Er hatte mehrmals pro Woche Wutanfälle, die er und andere klinische Fachleute als »bedauerliche Vorfälle« bezeichneten. Doch als er den Dalai Lama besuchte, geschah etwas sehr Seltsames.

Der Dalai Lama nahm seine Hände, sah ihm liebevoll in die Augen, und plötzlich hatte Ekman, wie er selbst berichtete, das Gefühl, dass alle Wut aus seinem Körper abfloss. Es gab mehr als sechs Monate keinen »bedauerlichen Vorfall« mehr. Die Wutanfälle kamen zwar irgendwann wieder, doch traten sie sehr viel seltener auf als zuvor. Ekman weiß nicht, was mit ihm passiert war; aber wie er sagte, trug vielleicht das tiefe Mitgefühl des Dalai Lama mit dazu bei, dass ein tiefer latenter Schmerz in ihm heilte. Der Dalai Lama bat ihn, eine Karte der emotionalen Landschaft zu zeichnen, damit andere Menschen das felsige Terrain negativer Emotionen meiden können und leichter in das gelobte Land von Mitgefühl und Zufriedenheit finden.

Wie der Dalai Lama schon sagte, können wir unsere Gefühle von Frustration und Wut reduzieren, wenn wir erkennen, welche Rolle wir selbst bei der Entstehung von verstörenden Situationen spielen. Außerdem können wir unsere normalen Wutreflexe vermeiden, wenn wir sehen, dass auch unser Gegenüber Ängste und Schmerzen und seine eigene fragile menschliche Perspektive hat.

»Am Ende ist es manchmal schlicht eine Frage des Timings«, schloss der Dalai Lama unsere erste morgendliche Sitzung, bevor wir unsere Teepause machten. »Wenn wir zu müde sind, kann es sein, dass wir Frustration und Wut empfinden. Ich habe es viel leichter, wenn ich morgens, solange mein Geist noch ruhig ist, mit einer schwierigen Situation konfrontiert werde. Geschieht das Gleiche spät am Abend, und ich bin schon ein bisschen müde, regt es mich auf. Es kommt also auf unseren Grundzustand an, darauf, ob unser Körper ausgeruht und unser Geist frisch ist. Auch das zeigt, wie viel von unserer Wahrnehmung und unserer begrenzten, subjektiven Sicht der Dinge abhängt.«

Als Nächstes diskutierten wir Traurigkeit und Kummer, Gefühle, die viele Menschen zu vermeiden suchen. Ich war überrascht zu hören, dass der Königsweg zur Freude mitten durch diese Emotionen hindurchführt.

TRAURIGKEIT UND KUMMER
Harte Zeiten schweißen uns enger zusammen

»Gleich am ersten Tag der Wahrheits- und Versöhnungskommission«, begann der Erzbischof, »nach einem langen anstrengenden Tag, versuchte ein Zeuge zu berichten, wie sie ihn gefoltert hatten. Er kam an einen Punkt, an dem er sagen wollte, was sie ihm angetan hatten, und fand es schwer zu sprechen. Er hatte eine Sprachbehinderung entwickelt. Ich weiß nicht, was es war, die Erinnerung oder die Sprachbehinderung, doch er konnte nicht mehr weiterreden. Er fing einen Satz an, dann legte er die Hand vor die Augen und begann zu weinen. Und ich weinte auch.

Am Ende der Sitzung sprach ich zu meinen Kollegen: ›Ich habe euch gesagt, dass ich nicht in der Lage bin, hier den Vorsitz zu führen. Und siehe da, ich hatte recht. Ich habe mich in aller Öffentlichkeit zum Narren gemacht.‹ Ich bin eine Heulsuse. Ich breche leicht in Tränen aus ... Vermutlich liebe ich auch leicht.

Deshalb bin ich nicht der Ansicht, dass wir uns für Supermänner und Superfrauen halten sollten. Seine Gefühle zu unterdrücken, sozusagen die Lage zu kontrollieren, ist nicht klug. Ich würde sagen, wir sollten uns nicht zurückhalten und vielleicht sogar unsere Traurigkeit und unseren Schmerz laut hinausschreien. So kann man wieder zu einem normalen Zustand finden. Wenn wir unsere Gefühle in uns verschließen und so tun, als seien sie nicht da, eitern sie und werden zu einer Wunde. Ich habe das nicht in einem Buch gelesen, sondern bin genauso mit ihnen umgegangen.«

Allem Anschein nach steht die Traurigkeit der Freude am direktesten im Wege, doch der Erzbischof legte großen Wert darauf, dass sie uns unmittelbar zu Empathie, Mitleid und zu der Erkenntnis führen kann, dass wir einander brauchen.

Traurigkeit ist nicht nur eine sehr machtvolle, sondern auch eine besonders lange anhaltende Emotion. Laut einer wissenschaftlichen Studie dauert sie viel länger als Emotionen wie Furcht oder Wut. Furcht hielt sich durchschnittlich dreißig Minuten, dagegen dauerte Traurigkeit oft hundertzwanzig Stunden oder fast fünf Tage.

Über den evolutionären Wert unserer Flucht-(Furcht-) oder Kampf-(Wut-)Reaktionen besteht kein Zweifel, der Wert der Traurigkeit hingegen ist vergleichsweise schwer zu verstehen.

Neue Studien des Psychologen Joseph Forgas zeigen jedoch, dass leichte Traurigkeit eine ganze Reihe von Vorteilen hat, aus denen sich auf ihren evolutionären Wert schließen lässt. Bei Forgas' Versuchen hatten traurige Menschen ein sichereres Urteilsvermögen und ein besseres Gedächtnis, und sie waren motivierter, sensibler für soziale Normen und großzügiger als die glücklichere Kontrollgruppe. Es leuchtet ein, dass Menschen, die sich in einem »negativen« Zustand wie Traurigkeit befanden, ihre Situation genauer wahrnahmen, sich besser an Details erinnern konnten und stärker daran interessiert waren, ihre Situation zu ändern. Besonders interessant ist, dass eine kurze Periode der Traurigkeit das Ausmaß an Mitgefühl und Großzügigkeit steigern kann. Die Teilnehmer der Versuchsreihe spielten ein Spiel, bei dem es unter anderem darum ging zu entscheiden, wie viel Geld sie selbst und wie viel andere bekommen sollten. Die traurigen Teilnehmer gaben erheblich mehr als die übrigen.

Bei einer Depression kollabiert natürlich unsere Fürsorge, und wir sind nur noch mit uns selbst beschäftigt, aber durch periodische Phasen der Traurigkeit kann sich unser Mitgefühl steigern. Forgas kommt zu dem Schluss, dass Traurigkeit gewisse Vorteile für unser Leben haben kann, ein möglicher Grund, warum sich Menschen oft für Musik, bildende Kunst oder Literatur interessieren, die sie traurig stimmen. Er plädiert dafür, alle unsere Empfindungen zu akzeptieren, weil sie zweifellos alle eine wichtige Rolle in unserem Leben spielen.

Traurigkeit ist in vieler Hinsicht die Emotion, die uns veranlasst, uns um andere zu kümmern, sie zu unterstützen und mit ihnen solidarisch zu sein. Der Erzbischof formulierte das wunderbar mit den Worten: »Wir kommen anderen nicht wirklich nahe, wenn unsere Beziehung immer ganz prima ist. Es sind die harten Zeiten, die schmerzhaften Zeiten, die Traurigkeit und der Kummer, die uns enger zusammenschweißen.«

Wir versuchen angestrengt, Freude und Kummer sauber voneinander zu trennen und sie in zwei verschiedene Schubladen zu stecken, doch der Dalai Lama und der Erzbischof sagen uns, dass sie im wirklichen Leben unvermeidlich miteinander verknüpft sind. Die beiden sind keine Befürworter des sogenannten flüchtigen, oft auch als »hedonistisch« bezeichneten Glücks, bei dem nur positive Zustände erwünscht sind und Gefühle wie Traurigkeit ins emotionale Exil geschickt werden. Die von ihnen beschriebene Art von Glück wird oft als »eudämonistisch« bezeichnet. Sie zeichnet sich durch Selbsterkenntnis, Sinn und Wachstum aus und durch eine Akzeptanz, die sich auch auf das unvermeidliche Leiden, die unvermeidliche Traurigkeit und den unvermeidlichen Kummer des Lebens erstreckt.

»Oft wenden sich Menschen an mich, die einen guten Freund, einen Elternteil oder sogar ein Kind verloren haben, und fragen mich, was sie tun sollen«, sagte der Dalai Lama. »Ich erzähle ihnen dann von meinen eigenen Erfahrungen: Ich wurde von tiefer Trauer ergriffen, als mein wichtigster Lehrer starb. Er hatte mich als Mönch ordiniert, und ich liebte ihn sehr. Solange er lebte, hatte ich immer das Gefühl, dass er felsenfest hinter mir stand und mir den Rücken stärkte. Ich war wirklich sehr traurig, als er verschied.

Um die Traurigkeit und den Kummer nach einem großen Verlust zu überwinden, müssen wir sie als Antrieb nutzen, damit wir einen tieferen Sinn darin finden. Als mein Lehrer starb, bekam ich das Gefühl, dass ich seine Wünsche nun noch besser erfüllen musste, und so verwandelte sich meine Traurigkeit in mehr Leidenschaft und Entschlossenheit. Deshalb sage ich Menschen, die einen lieben Freund oder ein Familienmitglied verloren haben, dass dies sehr traurig ist, aber dass sie die Traurigkeit in erhöhte Entschlossenheit, die Wünsche des Toten zu erfüllen, verwandeln sollen. Wenn uns ein Mensch, den wir verloren haben, entschlossen und voller Hoffnung sehen könnte, wäre er glücklich. Mit der großen Traurigkeit nach einem Verlust kann man ein noch sinnvolleres Leben führen.

Traurigkeit und Kummer sind natürlich typisch menschliche Reaktionen auf einen Verlust, aber wenn wir unsere Gedanken auf den lieben Menschen richten, den wir verloren haben, verringert das die Wahrscheinlichkeit, dass die Trauer zur Verzweiflung führt. Konzentrieren wir uns dagegen in der Trauer vor allem auf uns selbst – ›Was soll ich jetzt tun? Wie werde ich damit fertig?‹ –, ist die Gefahr größer, dass wir in Depression und Verzweiflung versinken. Auch bei der Bewältigung von Verlust und Traurigkeit hängt also viel davon ab, wie wir auf die Erfahrung reagieren.«

Der Dalai Lama erwähnte die berühmte buddhistische Geschichte von der Frau, die ihr Kind verloren hat und darüber untröstlich ist. Sie wandert mit dem toten Kind auf dem Arm durch das Land und sucht jemanden, der es heilen kann. Schließlich kommt sie zu dem Buddha und bittet ihn um Hilfe. Er verspricht ihr zu helfen, wenn sie ihm Senfsamen als Heilmittel bringe. Sie ist sofort damit einverstanden, doch der Buddha stellt die Bedingung, dass die Senfsamen aus einem Haus kommen müssten, das der Tod noch nie berührt habe. Die Frau besucht alle Häuser, um die Senfsamen zu bekommen, muss aber realisieren, dass sie alle vom Verlust eines Elternteils, eines Ehegatten oder eines Kindes heimgesucht worden sind. Da erkennt sie, dass ihr Leiden nichts Einzigartiges ist, und schafft es, ihr Kind im Wald zu begraben und ihre Trauer zu überwinden.

Meinem Freund Gordon Wheeler zufolge, einem Psychologen, erinnert uns die Trauer an die Tiefe unserer Liebe: Ohne Liebe gibt es keine Trauer. Wenn wir unsere Trauer spüren, so unangenehm und schmerzhaft, wie sie auch sein mag, ist das tatsächlich eine Erinnerung an die Schönheit der Liebe, die wir verloren haben. Ich werde nie vergessen, wie ich auf einer Reise Gordon anrief und er sagte, er sei nach dem Verlust eines guten Freundes allein zum Abendessen gegangen, »damit er seine Trauer spüren könne«. Er wusste, dass es in der glitzernden und hektischen Welt, in der wir leben, allzu leicht ist, die Vergangenheit auszublenden und sich dem nächsten Augenblick zuzuwenden. Zu verweilen in der Sehnsucht, den Verlust und das Verlangen zu empfinden, ist ein Weg, das dichte, reich bestickte Gewebe des Lebens zu spüren und auch die Löcher im Tuch einer Welt, die unaufhörlich zerrissen und wieder verwoben wird.

VERZWEIFLUNG

Die Welt ist in einem solchen Chaos

E s war an der Zeit, die Frage zu stellen, die den Menschen
rund um den Erdball am wichtigsten ist, eine Frage, die nicht
von Freude, sondern von Sorgen handelt, und zwar nicht von
ihren eigenen Sorgen, sondern von den Sorgen der anderen.
»Menschen auf der ganzen Welt möchten wissen, wie sie auf einer Welt mit so vielen Sorgen und so viel Leid überhaupt mit
Freude leben könnten. Eine Frau namens Dawn, die eine Frage
geschickt hatte, formulierte es auf diese Art: ›Die Welt ist in einem solchen Chaos: Krieg, Hunger, Terrorismus, Umweltver-
schmutzung, Völkermord. Mir tut das Herz weh wegen dieser
Dinge. Wie kann ich angesichts so großer Weltprobleme Freude
finden?‹«

»Du bist der Ältere«, sagte der Dalai Lama und nickte dem
Erzbischof zu.

»Wir zeigen unsere Menschlichkeit«, begann der Erzbischof,
»indem wir uns nicht getrennt von den anderen sehen, sondern
uns mit ihnen verbunden fühlen. Ich weine oft über solche Dinge, die in der Frage erwähnt wurden.

Gott schuf uns und sagte: ›Nun geh, mein Kind. Du bist frei.‹
Und er hat eine so unglaubliche Ehrfurcht vor dieser Freiheit,

dass es ihm viel lieber ist, wenn wir frei zur Hölle fahren, als wenn er uns zwingen müsste, in den Himmel zu kommen.

Ja, wir sind zu den abscheulichsten Grausamkeiten fähig. Man könnte einen ganzen Katalog damit füllen. Und Gott weint, bis es Menschen gibt, die sagen: ›Ich will versuchen, etwas zu tun.‹ Es ist gut, sich daran zu erinnern, dass wir ein fantastisches Talent für gute Werke haben. Ich meine, denken wir zum Beispiel an die ›Ärzte ohne Grenzen‹. Warum gehen sie in diese Länder? Sie könnten doch einfach in Frankreich oder anderswo bleiben und wunderbar florierende Praxen betreiben. Aber das tun sie nicht. Sie gehen zu einigen der armseligsten Orte auf dieser Welt.

Wir haben es bei Ebola gesehen. Menschen setzen sich ungeheuren Gefahren aus. Sie kommen aus Ländern, wo es den Virus nicht gibt. Und sie haben keinen Grund, nach Sierra Leone oder sonst wohin zu reisen. Sie zeigen uns, wozu wir alle in der Lage sein könnten. Und wir identifizieren uns mit ihnen und versuchen, so gut wir können, das zu werden, was wir sind: Menschen mit Mitgefühl.

Was können wir tun, um etwas zu ändern? Vielleicht können wir gar nicht viel tun, aber wir sollten damit anfangen, wo wir sind, und tun, was wir dort zu tun vermögen. Und ja, wir sollten uns entsetzen. Es wäre schrecklich, wenn wir all das Grauen sähen und sagten: ›So schlimm ist es nun auch wieder nicht.‹ Es ist wunderbar, dass wir erschüttert sein können. Es macht einen Teil unserer Größe aus, dass uns das Schicksal von Menschen bewegen kann, die nicht im engsten Sinne zu unserer Familie gehören. Und doch sind wir genauso betroffen, als ob das so wäre. Es ist unglaublich, wie mitfühlend und großzügig wir sein können.

Wenn eine Katastrophe wie die vom 11. September 2001 über uns kommt, erkennen wir, dass wir alle eine Familie sind. Wir sind wirklich eine Familie. Die Menschen in den Twin Towers waren unsere Schwestern und Brüder. Und was noch erstaunlicher ist: Auch die Menschen, die die Flugzeuge in die Türme steuerten, waren unsere Brüder. Wir haben erlebt, wie viel Liebe und Mitgefühl und Hilfsbereitschaft durch den Tsunami freigesetzt wurden. Ich meine, die Opfer waren völlig unbekannt. Und dennoch haben die Menschen gegeben und gegeben und gegeben. Denn das ist es, was wir *wirklich* sind.

Nach dem 11. September hätte man bei den Amerikahassern Schadenfreude erwartet. Aber tatsächlich war nur eine winzige Minderheit schadenfroh. Alle anderen waren zutiefst erschüttert.

Vielleicht hätten wir heute eine andere Welt, wenn der amerikanische Präsident damals nicht zurückgeschlagen hätte. Letztlich werden wir natürlich trotzdem eine andere Welt haben. Aber man denke nur an eine der vielen Tragödien – bei jeder ist es das Gleiche: Wenn zum Beispiel in Russland Bergarbeiter unter Tage eingeschlossen sind, sagen die Leute nicht: ›Ich spreche kein Russisch‹ oder ›Ich würde den Ort ja nicht mal auf der Karte finden‹, sondern sie werden automatisch von Mitgefühl ergriffen.«

Die Überzeugung des Erzbischofs und des Dalai Lama, dass wir letztlich eine andere Welt haben werden, war erstaunlich. Mehrere Monate nach den Dialogen in Dharamsala, als ich den Erzbischof in Südafrika besuchte, gab es die terroristischen Anschläge in Paris. Viele Menschen verzweifelten damals an der offensichtlichen Unmenschlichkeit der Menschheit. Ich fragte ihn, was er denen sagen würde, die wegen der Anschläge verzweifelten. »Ja, wir haben Rückschläge«, antwortete er, »aber müssen die Sache nüchtern betrachten. Die Welt wird besser. Man braucht nur an die Frauenrechte zu denken oder daran, dass die Sklaverei noch vor wenigen Hundert Jahren moralisch gerechtfertigt wurde. Es braucht Zeit. Wir wachsen, und wir lernen, mitfühlend, fürsorglich, menschlich zu sein.«

Fast auf den Tag genau einen Monat später kam die Welt in Paris zusammen und verabschiedete ein Abkommen zum Klimawandel, das nationale Differenzen und ökonomische Gier überwand und die Überlebenschancen auf unserem Planeten verbessern sollte. Der Erzbischof zitiert gern einen Satz Martin Luther Kings, eines seiner Helden, den dieser wiederum dem Theologen und Abolitionisten Theodore Parker verdankte. Er lautet: »Der Bogen der Moral ist lang, aber er neigt sich der Gerechtigkeit zu.«

»Vielleicht kann ich hier etwas aus meiner eigenen Erfahrung beisteuern«, sagte der Dalai Lama. »Den 10. März 2008.« Die tibetische Exilgemeinde feiert jedes Jahr den 10. März als Tag des Tibetaufstands, der im Jahr 1959 letztlich zum Angriff auf die tibetische Freiheitsbewegung und zur Flucht des Dalai Lama ins Exil führte. Im Jahr 2008, unmittelbar vor den Olympischen Spielen in Peking, brachen an diesem Tag gewaltsame Proteste aus. Sie begannen in der tibetischen Hauptstadt Lhasa und sollten ganz Tibet und Städte rund um den Erdball erfassen.

»Wir hatten wie üblich eine Versammlung zum Gedenken an den Aufstand vom 10. März. Danach bekam ich eine Botschaft aus Lhasa, dass einige Leute dort zu demonstrieren begonnen hatten. Ich war darüber sehr besorgt und hatte ziemliche Angst. Ich konnte überhaupt nichts tun. Ich fühlte mich hilflos. Ich wusste, dass es nur weiteres Leiden und weitere Probleme verursachen würde, wenn dort wirklich demonstriert würde. Und genau das passierte. Der Protest wurde gewaltsam niedergeschlagen, und zahlreiche Tibeter, die sich an ihm beteiligt hatten, wurden getötet oder ins Gefängnis geworfen. In den nächsten Tagen stellte ich mir bei meinen Meditationen einige der chinesischen Verantwortlichen vor und machte Tonglen, eine unserer Übungen, deren Bezeichnung wörtlich ›Geben und Nehmen‹ heißt. Ich versuchte, die Furcht, den Zorn und das Misstrauen der Chinesen auf mich zu nehmen und ihnen meine Liebe und Vergebung zu geben. Natürlich hatte dies keine materielle Wirkung vor Ort. Es würde die Situation nicht ändern. Aber mental war es ungeheuer nützlich, um einen ruhigen Geist zu behalten. Es war eine gute Gelegenheit, um Vergebung und Mitgefühl zu üben. Und ich glaube, dass jeder Mensch dieselbe Chance und dieselbe Fähigkeit hat.«

»Ich bekomme manchmal eine schreckliche Wut auf Gott«, warf der Erzbischof ein und lachte.

»Einige meiner Freunde«, sagte der Dalai Lama, »beschweren sich beim Buddha, wenn sie echte Probleme haben – ein ähnlicher Gedanke.«

»Ja«, sagte der Erzbischof. »Ich ging gewöhnlich in meine Kapelle, wenn mich etwas wirklich aufregte. Und dann schimpfte ich mit Gott. Der Prophet Jeremia sagte zu Gott: ›Du führtest mich in die Irre. Du beriefst mich zum Propheten, und ich sagte: Ich will kein Prophet sein. Und du sagtest: Doch. Ich bin mit dir. Aber alles, was ich mit diesen Leuten, die ich sehr liebe, machen durfte, ist, sie zu verdammen.‹ Und genauso klage ich auch. Jeremia ist mein Lieblingsprophet in der Bibel, und zwar, weil er so ehrlich ist. Wir können zu Gott gehen und ihm alles sagen und alles herauslassen.« Ich fragte mich, wie oft der Erzbischof wohl genau wie Jeremia Gott gesagt hatte, dass er kein Prophet sein wolle.

»Ich weine, wenn etwas Schlimmes passiert und ich vielleicht nicht helfen kann. Ich gestehe mir ein, dass es etwas ist, bei dem ich praktisch nichts tun kann.

Ich erinnere mich an eine Zeit, als ich fast verzweifelt wäre. Chris Hani war einer unserer besten jungen Führungspersönlichkeiten. Wir hatten keine Zweifel daran, dass er Mandelas Nachfolger werden würde. Doch dann wurde er kurz vor Ostern ermordet, unmittelbar vor unseren ersten demokratischen Wahlen.

Ich befand mich in der Kathedrale in Kapstadt, als ich es vernahm. Ich war wie gelähmt, wie die meisten Südafrikaner. Als ich wieder zu Hause in Bishopscourt war, sagte Leah, es habe viele Anrufe wegen Chris Hani gegeben. Ich brach zusammen, und Leah hielt mich in den Armen wie ein Baby. Ich glaube, das half, denn später musste ich die Predigt bei seiner Beerdigung halten. Und es war eine riesige, extrem wütende Menschenmenge da. Und ich wusste, wie es den Leuten ging, weil ich das Gleiche durchgemacht hatte. Und ich konnte sie ansprechen, nicht von einer überlegenen Position aus, sondern als einer der Ihren, der den gleichen Kummer und den gleichen Schmerz empfunden hatte.

Eine Lehre, die wir aus unserem Kampf gegen die Apartheid ziehen können, ist, wie unglaublich großmütig die Leute sind. Wir wissen, dass der Mensch im Grunde gut ist. Das ist unser Ausgangspunkt. Alles andere ist eine Verirrung. Alles, was von diesem grundsätzlichen Gutsein abweicht, ist eine Ausnahme, auch wenn die Abweichungen hin und wieder sehr frustrierend sein können. Der Mensch ist wirklich bemerkenswert gut und unglaublich großzügig. Und wir hatten Gelegenheit, das zu sehen, insbesondere in der Wahrheits- und Versöhnungskommission in Südafrika. Es war absolut erstaunlich, den Leuten zuzuhören, die von ihrem Leid erzählten, und zwar nicht nur den Schwarzen, sondern auch den Weißen. Und nicht nur Südafrikanern, sondern auch Amerikanern.

Eine amerikanische Familie, deren Tochter getötet worden war, brutal getötet, kam nach Südafrika und setzte sich dafür ein, dass die Menschen amnestiert wurden, die ihre Tochter so brutal umgebracht hatten. Ihre Eltern gründeten sogar eine gemeinnützige Organisation, um den Einwohnern der Township zu helfen, in der ihre Tochter ermordet worden war, und sie beschäftigten die Männer, die ihre Tochter getötet hatten und für deren Amnestie sie sich so einsetzten.

Wir müssen uns stets bewusst sein, dass die wichtigste Eigenschaft der Menschheit, die wichtigste Eigenschaft aller Menschen, darin besteht, dass sie trotz aller Verirrungen gut sind, dass sie gut geschaffen wurden und dass sie eigentlich gut sein wollen.

Ja, es gibt viele, sehr viele Dinge, die uns bedrücken können. Doch es gibt auch sehr viele Dinge, die an unserer Welt fantastisch sind. Leider berichten die Medien nicht über sie, weil sie keinen Nachrichtenwert für sie haben.«

»Da hast du recht«, sagte der Dalai Lama. »Wenn etwas Schlimmes passiert, wird es in den Nachrichten gezeigt, und man bekommt leicht den Eindruck, dass es in der menschlichen Natur liegt, zu töten, zu vergewaltigen oder korrupt zu sein. Und dann beschleicht uns das Gefühl, dass für unsere Zukunft nicht viel Hoffnung besteht.

All diese Dinge passieren, aber sie sind nicht normal, deshalb kommen sie in den Nachrichten. Millionen und Abermillionen Eltern lieben ihre Kinder. Und in der Schule bemühen sich ihre Lehrer um sie. Okay, es gibt vermutlich auch ein paar schlechte Lehrer, aber die meisten sind wirklich human und engagiert. Und in den Krankenhäusern erhalten jeden Tag Millionen Menschen unglaublich viel Pflege. Aber all das ist so normal, dass es nie in den Nachrichten kommt. Wir betrachten es als selbstverständlich.

Wenn wir uns Nachrichten anschauen, müssen wir uns diese ganzheitlichere Sichtweise bewahren. Ja, Schreckliches passiert. Zweifellos gibt es sehr schlimme Vorfälle, aber insgesamt geschieht mehr Positives auf der Welt. Wir müssen unseren Horizont erweitern und die Dinge in ihrem Gesamtzusammenhang betrachten. Dann empfinden wir keine Verzweiflung mehr, wenn wir mit den schlimmen Ereignissen konfrontiert werden.«

Sowohl der Dalai Lama als auch der Erzbischof wollen, dass wir die Welt mit einem schonungslos ehrlichen Blick und keineswegs durch die rosarote Brille sehen. Dem Erzbischof ist sogar der Optimismus verdächtig.

»Sie haben sehr überzeugend dargelegt, dass Hoffnung nicht das Gleiche ist wie Optimismus. Können Sie uns etwas über den Unterschied sagen?«, fragte ich.

»Hoffnung«, sagte der Erzbischof, »ist etwas ganz anderes als Optimismus. Letzterer ist oberflächlicher und schlägt leicht in Pessimismus um, wenn sich die Umstände ändern. Hoffnung geht viel tiefer.

Ich habe schon von Chris Hani erzählt, der an einem sehr kritischen Punkt der Verhandlungen um ein neues, demokratisches Südafrika ermordet wurde. Wir standen damals am Abgrund. Die Lage war so ernst, dass der damalige weiße Präsident von Südafrika – F. W. de Klerk – Nelson Mandela bat, eine Rede an die Nation zu halten.

Der Mord hätte den Zusammenbruch der Verhandlungen bedeuten können, doch das passierte nicht. Wir hatten Glück, dass wir einen Mann wie Nelson Mandela hatten.

Ein Optimist hätte spätestens nach diesem Mord nun bestimmt gesagt: ›Also mit der Ermordung Chris Hanis ist wirklich alles zu Ende.‹ Dass die Leute weitermachen wollten und mit aller Kraft daran festhielten, war kein Optimismus, sondern Hoffnung, starrsinnige, unauslöschliche Hoffnung.

Ich sage den Leuten, dass ich kein Optimist bin, denn Optimismus ist eher von Gefühlen abhängig als von der Realität. Wir können optimistisch oder pessimistisch empfinden. Hoffnung ist etwas anderes, weil sie nicht auf flüchtigen Gefühlen, sondern auf dem festen Grund von Überzeugungen fußt. Ich glaube mit unerschütterlichem Vertrauen, dass es nie eine Situation geben kann, die absolut und völlig hoffnungslos ist. Hoffnung ist etwas

Tiefes und fast Unzerstörbares. Sie sitzt ganz tief unten in den Eingeweiden. Sie sitzt nicht im Kopf. Sondern nur da«, sagte der Erzbischof und deutete auf seinen Bauch.

Verzweiflung kann durch tiefes Leid verursacht sein, aber manchmal ist sie auch ein Schutz gegen das Risiko einer bitteren Enttäuschung oder eines gebrochenen Herzens. Resignation und Zynismus sind Haltungen, die mehr der Selbstberuhigung dienen und bei denen man nicht so viel riskiert und nicht so verwundbar ist, wie wenn man hofft. Wer die Hoffnung wählt, geht mit festem Schritt hinaus in den heulenden Sturm und stellt sich den Elementen in dem Bewusstsein, dass jedes Unwetter vorübergeht.

Der Erzbischof hatte gesagt, die Hoffnung sei das Antidot der Verzweiflung. Doch für die Hoffnung braucht man Vertrauen, und sei es nur Vertrauen in die menschliche Natur. Die Hoffnung wird auch durch Beziehungen genährt, durch Gemeinschaft, gleichgültig, ob die Gemeinschaft aktuell besteht oder auf einer alten Erinnerung an menschliche Sehnsüchte beruht, die von Menschen wie Mahatma Gandhi, Martin Luther King, Nelson Mandela und zahllosen anderen verkörpert wurde. In der Verzweiflung wenden wir uns nach innen. Die Hoffnung treibt uns in die Arme anderer Menschen.

Und dann wandte sich der Erzbischof an mich und gab dem Ganzen damit eine persönliche und eine universelle Wendung:»In vieler Hinsicht ist die Hoffnung das Gleiche wie die Liebe. Warum haben Sie Rachel einen Heiratsantrag gemacht? Warum dachten Sie, dass Ihre Beziehung halten würde? Sie wissen, dass Sie keine Garantie dafür hatten. Eine Menge Menschen waren anfangs genau so wahnsinnig verliebt wie Sie. Und ein paar Jahre später ließen sie sich scheiden. Doch Sie wussten in der Tiefe Ihres Wesens, dass Rachel die Richtige für Sie ist, und Rachel sagte auch: ›Das ist der Richtige für mich.‹ Und wie sich herausgestellt hat«, sagte der Erzbischof lachend, »haben Sie recht gehabt.«

EINSAMKEIT

Es ist nicht nötig, sich vorzustellen

» In der heutigen Gesellschaft fühlen sich die Menschen sehr einsam«, sagte der Dalai Lama, als wir unsere Diskussion nach dem Tee fortsetzten.

Wir sprachen über Einsamkeit und Entfremdung und ein paar beunruhigende Statistiken der letzten Zeit. Wie eine Studie der Soziologin Lynn Smith-Lovin herausfand, sank die Zahl der engen Freunde, die Menschen ihrer eigenen Aussage nach haben, von durchschnittlich drei auf zwei. Wir haben vielleicht Hunderte von Freunden auf Facebook, doch die Zahl unserer realen engen Freunde nimmt ab. Am besorgniserregendsten von allem mag vielleicht sein, dass einer von zehn Befragten sagte, er habe gar keine engen Freunde. »Nicht nur in Amerika, sondern auch in Indien sind die Leute in den großen Städten sehr beschäftigt«, fuhr der Dalai Lama fort. »Und wenngleich sie einander dem Gesicht oder sogar dem Namen nach oft schon jahrelang kennen, haben sie praktisch keine menschliche Verbindung mehr. Sie fühlen sich einsam, wenn etwas passiert, weil sie niemanden haben, den sie um Hilfe oder Unterstützung bitten könnten.«

Ich war als einer von zehn Millionen New Yorkern in Manhattan aufgewachsen und wusste genau, was der Dalai Lama meinte. Als Kind war ich den Leuten, die in unserem Stockwerk wohnten, nie wirklich begegnet. Ich hörte hin und wieder, wie die Tür hinter ihnen mit einem hohlen metallischen Klang ins Schloss fiel und der Schlüssel umgedreht wurde. Wenn wir sie sahen, während wir auf den Aufzug warteten, sagten wir kaum etwas und hielten den Blick abgewandt. Ich war immer verwirrt angesichts dieser bewussten Kontaktvermeidung und kam am Ende zu dem Schluss, dass es ein Selbstschutzmechanismus wegen der vielen auf engstem Raum zusammengepferchten Menschen gewesen sein muss.

»Auf dem Land haben die Bauern ein stärkeres Gemeinschaftsgefühl«, sagte der Dalai Lama. »Wenn dort ein Einzelner oder eine Familie ein Problem hat, haben sie das Gefühl, dass sie ihre Nachbarn um Hilfe bitten können. Diese Verantwortung haben wir auch in den großen Städten mit Millionen von Einwohnern noch füreinander, egal ob wir einander kennen oder nicht.«

Ich dachte an die verschlossenen Türen auf unserem Stockwerk des Apartmenthauses. Wie, fragte ich mich, konnten wir für Menschen eine Verantwortung haben, die wir noch nicht einmal kannten? Die verschlossenen Türen und die unsichtbaren Menschen dahinter waren wie eine ständige Erinnerung daran, dass wir nicht verbunden waren. Während der Dalai Lama sprach, fragte ich mich, ob die abgewandten Blicke meiner Kindheit beim Warten auf den Aufzug oder in der U-Bahn vielleicht der Scham zu verdanken waren, die man empfindet, wenn man sich körperlich nahe, aber emotional fern ist.

»Wir sind als Menschen alle eins«, kam der Dalai Lama auf eines seiner tiefgründigsten Themen zurück. »Es ist nicht nötig, sich vorzustellen. Alle haben ein menschliches Gesicht. Wenn wir einander sehen, wissen wir sofort, dass wir einen menschlichen Bruder oder eine menschliche Schwester vor uns haben.

Auch wenn wir den anderen nicht kennen, können wir lächeln und Hallo sagen.« Ich überlegte, wie oft ich eine andere Person angelächelt oder freundlich mit ihr gesprochen hatte, die mit mir auf den Aufzug wartete oder in der U-Bahn stand. Ja, manchmal löste mein Angebot eines menschlichen Kontakts Verwirrung aus, aber meistens war die Reaktion ein erleichtertes Lächeln, als seien wir aus einer Trance erwacht und hätten wieder zur Kenntnis genommen, dass zwischen uns eine menschliche Verbindung bestand.

»Unsere ganze Gesellschaft hat eine materialistische Kultur«, sagte der Dalai Lama. »Wer materialistisch lebt, hat keine Vorstellung von Freundschaft, keine Vorstellung von Liebe, nur Arbeit, vierundzwanzig Stunden am Tag, wie eine Maschine. Deshalb werden wir in der modernen Gesellschaft letztlich auch Teil einer großen, sich bewegenden Maschine.«

Der Dalai Lama benannte einen tiefen Schmerz in der Brust des modernen Lebens, und weil dieser Schmerz so allgemein sei, haben wir vergessen, dass er nicht normal ist. Ich dachte daran, was der Erzbischof über Ubuntu gesagt hatte, nämlich dass wir durch unsere Mitmenschen existieren, dass unsere Menschlichkeit an die Verbindung mit den anderen gebunden ist.

Der Dalai Lama hatte die buddhistische Erkenntnis erklärt, dass wir auf allen Ebenen interdependent sind: sozial, persönlich, subatomar. Er hatte oft betont, dass wir in völliger Abhängigkeit von anderen geboren werden und sterben und dass die Unabhängigkeit, die wir zwischen diesen beiden Ereignissen empfinden, ein Mythos ist.

»Wenn wir die zweitrangige Ebene der Unterschiede zu sehr hervorheben – mein Volk, meine Religion, meine Hautfarbe –, dann fallen die Unterschiede auf. Wie zurzeit in Afrika, wo zu stark betont wird, wer welchem Volk angehört. Sie sollten dort denken: Wir sind als Afrikaner alle eins. Außerdem sind sie alle als Menschen eins. Dasselbe gilt auch für die Religion: Schiiten oder Sunniten, Christen oder Muslime, wir alle sind als Menschen eins. Religionsunterschiede sind persönliche Angelegenheiten. Wenn wir uns durch Mitgefühl auf andere beziehen, ist die erste Ebene betroffen, die menschliche Ebene, nicht die zweitrangige Ebene der Unterschiede. Dann können wir sogar Mitgefühl für unseren Feind haben.

Wir haben alle das gleiche Potenzial für Zuneigung. Und jetzt entdecken die Wissenschaftler gerade, dass unsere grundlegende menschliche Natur mitfühlend ist. Das Problem besteht darin, dass unsere Kinder Schulen besuchen, in denen man ihnen nicht beibringt, diese tieferen menschlichen Werte zu kultivieren. Deshalb schläft ihr grundlegendes menschliches Potenzial ein.«

»Vielleicht«, fügte der Erzbischof hinzu, »sind unsere Synagogen, unsere Tempel und unsere Kirchen nicht so einladend, wie sie sein sollten. Ich halte es wirklich für nötig, dass diese Gemeinschaften viel mehr tun, damit die Einsamen zu ihnen kommen und teilhaben. Nicht auf eine aggressive Art oder um ihre Bilanzen zu verbessern oder ihre Gemeinschaften zu vergrößern, so wie es früher war, sondern so, dass sie sich wirklich für die Person interessieren, die zu ihnen kommt und dann erhält, was sie zuvor nicht hatte: menschliche Wärme und Gemeinschaft. Es gibt Programme, die das Ziel haben, diese Einsamkeit zu beenden.«

Wir sind oft allein, ohne uns einsam zu fühlen, und wir fühlen uns oft einsam, wenn wir nicht allein sind, etwa in einer Menschenmenge oder auf einem Fest, wo wir niemanden kennen. Offenbar ist die seelische Erfahrung von Einsamkeit etwas anderes als die körperliche Erfahrung, allein zu sein. Wir spüren oft Freude, wenn wir allein sind, nicht jedoch, wenn wir einsam sind. Nach unserer Teepause nahmen wir dieses Thema wieder auf.

»Eure Heiligkeit«, sagte ich. »Am Ende unserer letzten Sitzung haben wir über Einsamkeit gesprochen, und ich wollte zu dem Thema noch eine Frage stellen. Mönche verbringen viel Zeit allein. Was ist also der Unterschied zwischen allein sein und einsam sein?«

Der Dalai Lama blickte den Erzbischof an, um zu sehen, ob dieser antworten wollte.

»Nein, ich war nie ein Mönch, Mann. Du fängst an.«

»Mönche sondern sich von der materiellen Welt ab, und zwar nicht nur physisch, sondern auch mental. In seiner Religion«, sagte der Dalai Lama und zeigte auf den Erzbischof, »glauben die christlichen Mönche stets, dass sie sich im Licht Gottes befinden, und sie dienen Gott mit Hingabe. Wir können Gott nicht direkt berühren, also können wir nur Gottes Kindern dienen: der Menschheit. Deshalb sind wir nie wirklich einsam.

Es kommt stark auf die Einstellung an. Wer voller negativer Urteile und voller Wut ist, fühlt sich von den anderen Menschen getrennt. Er fühlt sich einsam. Wer jedoch ein offenes Herz hat und voller Vertrauen und Freundschaft ist, der fühlt sich nie einsam, selbst wenn er de facto allein ist und sogar wenn er das Leben eines Einsiedlers führt.«

»Es ist paradox, nicht?«, warf ich ein, als mir der Lama Tenzin einfiel. Er hatte uns, als wir auf dem Weg nach Dharamsala Krapfen gekauft hatten, gesagt, er wolle gern die traditionelle Zeit von etwas mehr als drei Jahren in einer Höhle leben. »Wir können drei Jahre, drei Monate und drei Tage in einer Höhle verbringen, ohne uns einsam zu fühlen, aber mitten in einer Menschenmenge können wir einsam sein.«

»Das ist richtig«, antwortete der Dalai Lama. »Es gibt mindestens sieben Milliarden Menschen, und die Zahl der fühlenden Wesen ist schier unbegrenzt. Wenn wir immer an die sieben Milliarden denken, werden wir uns nie einsam fühlen.

Das Einzige, was Glück bringt, ist Zuneigung und Warmherzigkeit. Sie schaffen wirklich innere Stärke und Selbstvertrauen, vermindern die Angst, fördern das Vertrauen und erzeugen Freundschaft. Wir sind soziale Wesen, und Kooperation ist für uns überlebensnotwendig. Aber Kooperation beruht absolut auf Vertrauen. Wo es Vertrauen gibt, kommen die Leute zusammen, ganze Nationen rücken zusammen. Wenn wir im Geist voller Mitgefühl sind und Warmherzigkeit pflegen, wird die ganze Atmosphäre um uns herum positiver und freundlicher. Wir sehen dann überall Freunde. Haben wir dagegen Angst und sind wir misstrauisch, gehen unsere Mitmenschen auf Abstand. Sie werden ebenfalls vorsichtig und argwöhnisch. Dann entsteht das Gefühl der Einsamkeit.

Warmherzige Menschen sind immer völlig entspannt. Angsterfüllte Menschen, die sich als etwas Besonderes fühlen, gehen automatisch auf emotionale Distanz. Sie schaffen damit die Basis für ein Gefühl der Entfremdung von den anderen und für ein Empfinden von Einsamkeit. Deshalb denke ich, selbst wenn ich vor einer großen Menschenmenge eine Rede halte, nie, dass ich etwas Besonderes bin, nämlich ›Seine Heiligkeit der Dalai Lama‹«, sagte er, wobei er sich über seinen Sonderstatus als hochverehrter Mann mokierte. »Ich betone immer, wenn ich andere Menschen treffe, dass wir alle als Menschen eins sind. Tausend Personen, ein menschliches Wesen. Zehntausend oder hunderttausend, ein und dasselbe menschliche Wesen: geistig, emotional und körperlich. Dann gibt es keine Barriere, nicht wahr? Dann bleibt mein Geist völlig ruhig und entspannt. Wenn ich zu sehr mit mir selbst beschäftigt bin und anfange, mich für etwas Besonderes zu halten, werde ich immer ängstlicher und nervöser.

Das Paradox besteht darin, dass der Antrieb für extreme Selbstbezogenheit das Streben nach dem eigenen Glück ist und dieses Streben genau das Gegenteil bewirkt. Wenn wir uns zu sehr auf uns selbst beziehen, werden wir von den anderen getrennt und entfremdet. Am Ende werden wir auch uns selbst entfremdet, weil das Bedürfnis nach Verbindung mit anderen ein so grundlegender Bestandteil unseres Menschseins ist.

Exzessive Selbstbezogenheit ist auch für die Gesundheit schlecht. Zu viel Furcht und Misstrauen und zu viel Selbstbezogenheit lösen Stress aus und führen zu hohem Blutdruck. Vor vielen Jahren war ich auf einer Konferenz medizinischer Wissenschaftler an der Columbia University in New York. Einer der Referenten sagte, Menschen, die überproportional häufig Pronomen der ersten Person benutzten – ›ich, ich, ich, mir, mir, mir, mein, mein, mein‹ –, trügen ein signifikant erhöhtes Risiko, einen Herzinfarkt zu erleiden. Er erklärte nicht warum, aber ich hatte das Gefühl, dass er richtig lag. Das ist eine wichtige Einsicht. Durch zu viel Selbstbezogenheit verengt sich unser Blickfeld, und dann erscheint uns selbst ein kleines Problem unverhältnismäßig groß und unerträglich.

Auch Furcht und Misstrauen sind durch zu viel Selbstbezogenheit verursacht. Sie führen dazu, dass wir stets von unseren Brüdern und Schwestern getrennt bleiben. Dadurch werden wir einsam und haben Schwierigkeiten, mit anderen zu kommunizieren. Schließlich gehören wir zu der Gemeinschaft, also müssen wir auch mit ihren Mitgliedern Umgang pflegen. Unsere Interessen und unsere Zukunft sind von anderen abhängig. Wie kann man ein glücklicher Mensch sein, wenn man sich von ihnen isoliert? Das bedeutet nur noch mehr Sorgen und noch mehr Stress. Manchmal sage ich, dass zu viel Selbstbezogenheit unsere innere Tür schließt und die Kommunikation mit anderen Menschen erschwert. Wenn wir um das Wohlergehen anderer bemüht sind, öffnet sich eine Tür in unserem Inneren, und wir können sehr leicht mit anderen kommunizieren.«

Der Dalai Lama sagte, wer mit Freundlichkeit und Mitgefühl an andere denke, sei niemals einsam. Ein offenes und warmes Herz sei das Gegengift für Einsamkeit. Es hat mich schon oft verblüfft, wie ich am einen Tag eine Straße hinunterlaufen kann und die Leute mit verurteilendem, kritischem Blick mustere und mich getrennt und einsam fühle. Und am nächsten Tag gehe ich denselben Weg mit einem offeneren Herzen und mehr Akzeptanz, und plötzlich erscheinen mir alle warm und freundlich. Es ist fast, als ob der innere Zustand meines Geistes und meines Herzens die materielle und soziale Welt um mich herum völlig verändern würde.

Dass es wichtig ist, warmherzig zu sein, wird durch Forschungsergebnisse der Sozialpsychologen Chen-bo Zhong und Shira Gabriel bestätigt. Sie fanden heraus, dass Menschen, die sich einsam oder sozial abgelehnt fühlen, im wahrsten Sinne des Wortes Wärme suchen, etwa indem sie eine warme Suppe essen. Der Dalai Lama und der Erzbischof sagten, dass wir diese Wärme schaffen können, indem wir einfach unsere Herzen öffnen und anderen Menschen unsere Aufmerksamkeit und Fürsorge angedeihen lassen.

»Herr Erzbischof, wollen Sie noch etwas dazu sagen? Ich weiß, dass Sie kein Mönch waren, aber wenn Sie beten und meditieren, verbringen Sie viel Zeit allein.«

»Natürlich spricht bei unserer Art von Gebet niemals einer allein zu einem allein«, erklärte der Erzbischof. »Unsere Vorstellung von Gott ist die eines einzigen Gottes, der zugleich eine Kameradschaft ist, eine Gemeinschaft, die Dreieinigkeit. Und wir sind als Ebenbild dieses Gottes geschaffen. Wer ein Christ wird, wird in eine Gemeinschaft aufgenommen. Deshalb ist er, auch wenn er sich zurückzieht, nicht allein.«

»Ist es ähnlich, wie der Dalai Lama sagt?«, fragte ich. »Wenn man sich verbindet, und sei es mit der Gemeinschaft von sieben Milliarden Menschen, fühlt man sich nicht einsam?«

»Ja, genau«, antwortete der Erzbischof. »Es ist eine Art Oxymoron, einsam zu sein. Aber ich kann gut verstehen, dass man sich entfremdet fühlt, wenn man sozusagen nicht die gleiche Wellenlänge hat. Und man sehnt sich nach dem Gefühl, in einer solidarischen Gemeinschaft zu sein. Ich glaube nicht, dass wir den Leuten helfen, indem wir ihnen Schuldgefühle suggerieren. Wir wollen so entgegenkommend wie möglich sein und ihnen sagen, dass ihre Erfahrung auch von vielen anderen Leuten so erlebt wird. Wir fühlen uns nicht absichtlich einsam. Ich glaube nicht, dass jemand sagt: ›Ich will einsam sein.‹ Das Gefühl ist einfach da. Man bekommt es, und zwar aus vielen Gründen.

Wir wollen, dass sich ein Mensch wirklich fühlt, wie er ist: einzigartig. Und dass er akzeptiert wird, wie er ist. Und wir wollen den Menschen helfen, dass sie sich öffnen. Ich kann sehr gut verstehen, welche unglaubliche Qual und welcher Schmerz es sein muss, wenn man wie in einem Raum eingesperrt ist, weil man Angst hat, zurückgewiesen zu werden, sobald man ihn verlässt. Und man hofft und betet, dass man eine Gemeinschaft findet, die einen aufnimmt und willkommen heißt. Es ist wunderbar zu beobachten, wenn sich Menschen, die gerade noch verschlossen waren, in der Wärme und Akzeptanz ihrer Mitmenschen wie eine prächtige Blume öffnen.«

Ich hatte aus dem Dialog gelernt, dass wir nicht zu warten brauchen, bis andere uns ihr Herz öffnen. Wenn wir es selbst tun, können wir uns ihnen verbunden fühlen, ob auf dem Gipfel eines Berges oder mitten in Manhattan.

NEID

Jetzt fährt dieser Kerl schon wieder
mit seinem Mercedes hier vorbei

» Niemand wacht morgens auf und sagt: ›Heute bin ich mal neidisch.‹ Es kommt ganz spontan«, sagte der Erzbischof und brach damit wieder einmal eine Lanze für die Natürlichkeit unserer Emotionen und für unser Selbstmitgefühl. »Ich meine, wir stehen auf und versuchen, gute Menschen zu sein, und dann fährt dieser Typ zum dritten Mal in einer Woche mit seinem Mercedes oder einem anderen sehr schönen Auto vorbei. Oje, wir strengen uns schon so an, nicht neidisch zu sein. Aber jedes Mal, wenn er vorbeifährt, kommt das Gefühl einfach in uns hoch.«

Sich mit anderen zu vergleichen ist tatsächlich menschlich. Es geht sogar über das Menschliche hinaus und reicht weit in die Tierwelt hinein. Wie der Dalai Lama gleich darauf bemerkte, können sogar Hunde, die friedlich miteinander fressen, die Größe ihrer Portionen vergleichen, und plötzlich kommt es zu einem Kampf mit gebleckten Zähnen und wildem Gebell. Nur bei den Menschen jedoch kann der Neid zu einer Quelle tiefer Unzufriedenheit werden. Laut einer Lehre des tibetischen Buddhismus wird durch ein ganz bestimmtes Beziehungsmuster im

Umgang mit anderen Menschen Leid verursacht, nämlich durch »Neid auf Höhergestellte, Konkurrenz unter Gleichgestellten und Verachtung von Geringeren«.

Allem Anschein nach sind wir alle mit einem angeborenen Gerechtigkeitsgefühl ausgestattet, weshalb uns jede Art von Ungleichheit sehr unbehaglich ist. Der niederländische Primatologe Frans de Waal hat ein Video von einem Experiment mit Kapuzineraffen, fernen Verwandten des Menschen, die in psychologischen Tests oft als dessen Stellvertreter benutzt werden. In dem Video, das sich viral im Netz verbreitet hat, gibt einer der grauen Affen dem Wissenschaftler, der den Versuch durchführt, einen Stein und bekommt eine Gurkenscheibe dafür. Der Affe ist damit ganz zufrieden und wiederholt den Tausch immer wieder, bis er sieht, dass sein Nachbar für die Übergabe des Steins eine Weintraube erhält. Für Kapuzineraffen ist eine Weintraube ein besseres, süßeres Nahrungsmittel als eine Gurke. Vielleicht auch für Menschen. Als der erste Affe sieht, dass sein Nachbar eine Weintraube bekommt, übergibt er seinen Stein erneut, eifriger als zuvor, und hebt in Erwartung der Traube gespannt den Kopf. Wie es der Versuch über soziales Vergleichen verlangt, bekommt er jedoch wieder nur eine Gurkenscheibe statt der Traube.

Der Affe mustert die Gurkenscheibe in seiner Hand, biegt ungläubig den Kopf zurück und wirft sie auf den Wissenschaftler. Dann rüttelt er wütend an den Stäben seines Käfigs. Das Video wurde in der Zeit der Protestaktionen von Occupy Wall Street bekannt, weil es so prägnant und genau zeigt, wie unser fundamentaler Gerechtigkeitsinstinkt funktioniert und warum Ungleichheit für eine Gesellschaft belastend und schädlich ist.

Der Erzbischof und der Dalai Lama sprachen in den Dialogen oft über die Notwendigkeit, etwas gegen die gesellschaftliche Ungleichheit zu tun. Aber selbst wenn wir die globalen

Dysbalancen sehr wirksam bekämpfen, wird es, wie der Erzbischof bemerkte, immer Menschen geben, die mehr besitzen oder erfolgreicher, begabter, schlauer oder hübscher sind als wir. Gewöhnlich vergleichen wir uns nicht wirklich mit dem Hedgefonds-Milliardär, dem genialen Wissenschaftler oder dem Supermodel, sondern mit Menschen aus unserem eigenen sozialen Umfeld. Wie eine alte Lebensweisheit richtig sagt: »Willst du arm sein, finde reiche Freunde. Willst du reich sein, finde arme.« Die Konkurrenz mit anderen Familien findet innerhalb eines Bezugssystems von etwa Gleichrangigen statt, sozusagen der eigenen »Peergroup«.

Jinpa erzählte mir, wie die USA in den Neunzigerjahren im Rahmen eines besonderen Hilfsprogramms für Flüchtlinge an etwa tausend Tibeter in Indien Greencards verteilten. Als diese Tibeter in den USA arbeiteten und ihren Familien in Tibet amerikanische Dollars schickten, wurden deren Nachbarn eifersüchtig, weil die Familien der Ausgewanderten plötzlich mehr Geld zur Verfügung hatten und ihre Häuser renovieren oder ihren Kindern Motorräder kaufen konnten. Die Familien ohne Angehörige in den Staaten waren nicht ärmer, sondern ihre Nachbarn nur reicher geworden.

Erkenntnissen der Glücksforschung zufolge sind »Vergleiche mit Bessergestellten« besonders abträglich für unser Wohlbefinden. Neid lässt keinen Raum für Freude. Das tibetische Wort für Neid ist *trakdok*, was »schwere oder angespannte Schultern« bedeutet. Und tatsächlich ist Neid ein verkniffenes Gefühl der Unzufriedenheit und des Ressentiments, gepaart mit Schuldgefühlen. Im Buddhismus gilt Neid als so zerstörerisch, dass er mit dem Biss einer Giftschlange verglichen wird. In der jüdisch-christlichen Tradition lautet eines der Zehn Gebote, dass man den Besitz seines Nachbarn nicht »begehren« soll.

Der Erzbischof und der Dalai Lama waren sich nicht darüber einig, wie man auf Neid reagieren sollte, wobei der Erzbischof für Akzeptanz und gegen Selbstverurteilung plädierte:»Ich meine, man hat wirklich keine große Kontrolle darüber. Meiner Ansicht nach sind wir viel zu oft hart gegen uns selbst. Wir vergessen, dass viele dieser Dinge uns alle universal betreffen. Ich hoffe, wir können den Leuten helfen, die Schuldgefühle loszuwerden, die sie so gut wie jedes Mal zusätzlich haben, weil Neid fast immer mit Schuldgefühlen verbunden ist. Ich will den Gotteskindern da draußen sagen, dass es nach Gottes Willen einfach Dinge an uns gibt, die wir nicht kontrollieren können.«

Dann jedoch bot der Erzbischof ein mächtiges Heilmittel an: Dankbarkeit.»Meiner Ansicht nach ist eine der besten Gegenmaßnahmen die alte Methode, die Dinge zu zählen, mit denen man gesegnet ist. Das klingt vielleicht nach dem altbackenen Ratschlag eines Großvaters, doch es hilft. Du hast vielleicht kein so großes Haus wie dieser Bursche, aber du wohnst auch nicht gerade in einer Hütte. Es kann wirklich helfen, dankbar zu sein für die Sachen, die man dennoch hat.«

Dann bot er noch ein weiteres Heilmittel an: Motivation.»Natürlich kann Neid auch ein Ansporn sein, oder etwa nicht? Er kann einen dazu bringen, dass man sagt: ›Okay, ich habe noch kein Auto und kein Haus wie dieser Typ, also arbeite ich daran, dass ich so etwas bekomme.‹« Wie der Erzbischof und der Dalai Lama schon gesagt hatten, schenken uns solche äußeren Ziele nicht unbedingt viel echte Freude und dauerhaftes Glück, doch ist es zweifellos besser, die eigene Lage zu verbessern, als andere um ihre zu beneiden.

Schließlich präsentierte der Erzbischof sein letztes und wirksamstes Heilmittel: die Neubewertung.»Das Allerbeste ist, wenn man sich die Frage stellen kann: ›Warum will ich eigentlich ein Haus mit sieben Zimmern, wo wir doch nur drei Personen sind?‹

Und dann können wir die Sache andersherum betrachten, nämlich im Zusammenhang mit dem Klimawandel wegen unseres galoppierenden Konsums, der einfach katastrophal für die Umwelt ist. Also kaufen wir uns lieber ein kleines Elektroauto und sagen: ›Nein, so eine riesige Luxuskarosse brauche ich nicht.‹ Und so wird aus dem ›Feind‹ plötzlich ein ›Verbündeter‹.«

Jinpa übersetzte dem Dalai Lama, was der Erzbischof gesagt hatte.

»Das ist genau das, was ich gesagt habe«, bestätigte Tutu lachend.

»Ein Glück, dass du kein Tibetisch verstehst«, versetzte der Dalai Lama mit einem kleinen Lächeln. Und dann erlebte ich, was die beiden bei den Dialogen immer taten, wenn sie sich uneinig waren: Sie bekräftigten ihre freundschaftliche Beziehung und machten dem anderen ein Kompliment. Ich musste an die Beobachtung der Beziehungswissenschaftler John Gottman und Julie Schwartz denken, dass sich erfolgreich absolvierte Konflikte durch einen »weichen Beginn« oder einen vorsichtigen Eintritt in den Bereich der Uneinigkeit auszeichnen.

»Also, ich finde die Erklärung meines spirituellen Bruders wundervoll, wirklich wundervoll. In dem Augenblick, da wir neidisch oder eifersüchtig werden, verlieren wir unseren geistigen Frieden, nicht wahr? Eifersucht zerstört also tatsächlich unseren Seelenfrieden. Und sie kann zerstörerisch für eine Beziehung sein. Selbst bei einem guten Freund ist es sehr schädlich für die Eintracht, wenn wir eifersüchtig werden. Auch für eine Ehe ist jede Form von Eifersucht sehr abträglich. Wir können es sogar bei Hunden beobachten: Sie fressen friedlich und zufrieden miteinander, aber plötzlich wird einer auf etwas neidisch, was der andere hat, und schon bricht ein Kampf aus.

Es ist wichtig, alle Emotionen zu pflegen, die Freude und inneren Frieden erzeugen. Wir müssen lernen, alle Emotionen, die dieses Glück und diesen inneren Frieden stören, von Anfang an zu vermeiden.

Meiner Ansicht nach ist es ein Fehler, all die negativen Gefühle wie Wut oder Eifersucht als normale Elemente unseres Geistes zu betrachten, als etwas, wogegen wir nicht viel unternehmen können. Zu viele negative Emotionen zerstören unseren inneren Frieden und unsere Gesundheit, und sie führen zu Schwierigkeiten in unserer Familie, mit unseren Freunden und in unserer Gemeinschaft.

Neid entsteht oft, weil wir zu stark auf materielle Besitztümer und nicht auf wahre innere Werte konzentriert sind. Wenn wir uns auf Erfahrung oder Wissen konzentrieren, entsteht viel weniger Neid.

Am wichtigsten ist es jedoch, ein Gefühl für das Wohlbefinden des anderen zu entwickeln. Wenn wir ihm mit echter Freundlichkeit oder wahrem Mitgefühl begegnen, sind wir in der Lage, uns darüber zu freuen, wenn er etwas bekommt oder Erfolg hat. Ein Mensch, der aus Überzeugung Mitgefühl übt und dem das Wohlergehen seiner Mitmenschen wirklich am Herzen liegt, wird sich über ihr Glück freuen und glücklich sein, wenn sie bekommen, was sie sich gewünscht haben.«

Der Dalai Lama beschrieb das buddhistische Konzept der Mudita, das oft als »Mitfreude« übersetzt wird und als Gegenmittel des Neids gilt. Mudita ist im Buddhismus so wichtig, dass sie als eine der »vier Unermesslichen« gilt, als einer der Zustände, die man unbegrenzt pflegen kann. Die anderen drei sind liebende Güte, Mitgefühl und Gleichmut.

Jinpa hatte erklärt, wie Mudita funktioniert: Wenn jemand etwas besitzt, das wir gern hätten, etwa ein größeres Haus, können wir uns bewusst über sein Glück freuen, indem wir uns Folgendes sagen: »Gut für ihn. Genau wie ich will er glücklich sein. Auch er will Erfolg haben. Auch er will für seine Familie sorgen.

Ich wünsche ihm, dass er glücklich ist. Ich gratuliere ihm dazu und gönne ihm, dass er noch mehr Erfolg hat.« Mudita beruht auf der Erkenntnis, dass das Leben kein Nullsummenspiel ist, kein Kuchen, von dem wir weniger bekommen, wenn andere ein größeres Stück erhalten. Mudita beruht darauf, dass Freude eine grenzenlose Ressource ist.

Mudita ist auch das Gegenteil von Schadenfreude. Schadenfreude geht von einem permanenten Kampf aller gegen alle aus: Wenn ein anderer Erfolg hat oder etwas erreicht, werden wir irgendwie herabgesetzt, werden weniger erfolgreich, weniger akzeptabel, weniger liebenswert. Schadenfreude ist eine natürliche Folge von Neid. Mudita hingegen ist eine natürliche Folge von Mitgefühl.

Mudita beruht auf der Anerkennung unserer Verflechtung mit unseren Mitmenschen, also auf Ubuntu. Der Erzbischof erzählt oft, dass man sich in afrikanischen Dörfern mit der Frage »Wie geht es uns?« begrüßt. Sie beruht darauf, dass die Erfolge oder das Glück der anderen auf eine sehr reale Weise unsere eigenen sind. Der Erzbischof spricht bewundernd von der erstaunlichen Schönheit und Begabung, die wir Menschen haben. »Schaut nur, wie wunderschön ihr alle seid«, sagt er häufig, wenn er zu einer Menschenmenge spricht. Leider wollen die meisten von uns jedoch die anderen auf ihre eigene Größe zurechtschneiden, und wir sehen uns selbst als schrecklich klein und schwach. Wenn wir uns dagegen an unsere Interdependenz erinnern, entdecken wir, dass wir alle unglaublich groß und stark sind.

»Es gibt eine alte Geschichte aus der Zeit des Buddha«, sagte der Dalai Lama. »Eines Tages lud ein König den Buddha und seine Mönche zum Mittagessen ein. Auf seinem Weg zum Palast kam der Buddha an einem Bettler vorbei, der den König pries und lächelnd von der Schönheit des Palastes sprach. Nachdem die Diener des Königs dem Buddha und seiner Schar Mönche ein großes Essen mit vielen Gängen serviert hatten, sprach der Buddha ein Gebet, bei dem er das Verdienst oder das gute Karma des Mahls jemandem widmete. Anstatt jedoch, wie es üblich gewesen wäre, den Gastgeber zu bedenken, der ihn und seine Schar so großzügig bewirtet hatte, widmete er es dem Bettler, der draußen stand. Schockiert fragte einer der älteren Mönche, warum er in seinem Widmungsgebet den Bettler gewählt habe. Der Buddha antwortete, der König sei stolz darauf, mit seinem Königreich zu prahlen. Dagegen gelinge es dem besitzlosen Bettler, sich über das Glück des Königs zu freuen. Deshalb habe der Bettler mehr Wert geschaffen als der König. In Thailand gibt es bis heute diese Tradition der Widmung für das Verdienst, ein Essen gespendet zu haben. Bei meinem Besuch dort in den frühen Siebzigerjahren hatte ich die Ehre, an einem solchen Mahl teilzunehmen, bei dem einer der älteren Mönche betete und die Widmung aussprach. Die Freude über das Glück anderer Menschen bewirkt also viel Positives.«

»Wie«, fragte ich den Dalai Lama, »pflegen die Leute Mudita?«

»Zunächst einmal sollten wir unsere Gemeinschaft als Menschheit anerkennen. Es geht um unsere Brüder und Schwestern, die das gleiche Recht auf ein gutes Leben haben wie wir und die genauso gern glücklich sein wollen. Das ist nichts Spirituelles. Es entspricht einfach dem gesunden Menschenverstand. Wir gehören zur selben Gesellschaft. Wir gehören zur selben Menschheit. Wenn die Menschheit glücklich ist, sind wir auch glücklich. Wenn die Menschheit in Frieden lebt, leben auch wir in Frieden. Genau wie es uns besser geht, wenn unsere Familie glücklich ist.

Wenn wir ein ausgeprägtes Gefühl des ›Ich und die anderen‹ haben, ist es schwer, Mudita zu praktizieren. Wir müssen ein Gefühl für das ›Wir‹ entwickeln. Wer es schafft, ein solches Gefühl für unsere gemeinsame Menschlichkeit und das Einssein der Menschheit zu entwickeln, wird automatisch wollen, dass die anderen nicht leiden und dass sie glücklich sind. Das Streben nach Glück ist ein Naturinstinkt, den alle Menschen gemeinsam haben. Wieder einmal geht es schlicht und einfach um die Anteilnahme am Wohl des anderen.«

»Es ist klar, dass Neid keine Tugend ist«, sagte der Erzbischof, wie immer besorgt, dass unser Streben nach Entwicklung mit Selbstvorwürfen einhergehen könnte. »Aber ich hoffe, dass wir niemandem wegen einer spontanen Regung Schuldgefühle aufbürden. Man kann nicht viel dagegen tun, dass das Gefühl auftritt, aber man kann sich dagegen wehren, wenn es da ist.«

»Wie bei einer körperlichen Krankheit«, insistierte der Dalai Lama, »ist auch in diesem Fall Vorbeugung das Beste. Wenn eine Krankheit erst ausgebrochen ist, hat man keine andere Wahl mehr, als Medizin zu nehmen. Ähnlich verhält es sich, wenn eine Person eine starke negative Emotion wie Wut oder Eifersucht entwickelt: Sie ist dann in dem Moment nur sehr schwer zu bekämpfen. Deshalb ist es das Beste, wenn wir unseren Geist durch Übung pflegen, damit wir lernen, schon das Aufkommen der negativen Gefühle zu verhindern. Zum Beispiel sind die wichtigsten Quellen von Wut Frustration und Unzufriedenheit. Wenn eine Emotion wie Wut erst einmal voll entfaltet ist, werden wir feststellen, dass sie sehr schwer zu unterdrücken ist, selbst wenn wir unsere Erfahrung und unser Wissen einsetzen. An diesem Punkt ist sie wie eine Flut. Während des Monsuns ist es zu spät, um Überschwemmungen zu verhindern. Wir müssen schon im Frühling prüfen, was die Flut verursacht, und Hochwasserschutzmauern bauen, um die Katastrophe zu verhindern.

Ähnlich müssen wir auch für unsere geistige Gesundheit vorbeugend Schutzmaßnahmen einüben. Je früher wir damit beginnen, umso einfacher und effektiver ist es. Wenn wir schon krank sind, können wir uns kaum mehr an den Rat des Doktors erinnern. Ich glaube, kein Arzt würde sagen: ›Je größer deine Wut, umso gesünder bist du.‹ Oder sagt das dein Doktor?«

»Nein«, sagte der Erzbischof.

»Ärzte raten einem immer, sich zu entspannen«, sagte der Dalai Lama. »Entspannung führt zu einem ruhigen Geist. Zu viel Aufregung ist schlecht, denn sie zerstört die Entspannung. Auch zu viel Anhaftung stört den geistigen Frieden. Wir können ein tolles Haus mit einem schönen Schlafzimmer und einem luxuriösen Bad haben und entspannende Musik laufen lassen, aber wenn wir voller Wut sind, voller Eifersucht und voller Anhaftung, können wir uns auf keinen Fall entspannen. Im Gegensatz dazu können wir auf einem Stein sitzen und gar nichts haben, und wenn unser Geist völlig friedlich ist, sind wir dennoch entspannt.«

Jinpa erzählte mir von einem denkwürdigen Vers in einem bekannten Text des ersten Panchen Lama – einem wunderschönen Gebet, das er benutzt, um Mudita zu üben:

Was das Leiden betrifft, so wünsche ich nicht das Geringste.
Was das Glück betrifft, so bin ich nie zufrieden.
In dieser Beziehung gibt es keinen Unterschied zwischen den anderen und mir.
Segne mich, damit ich mich am Glück des anderen freuen kann.

LEIDEN UND SCHICKSALSSCHLÄGE

Schwierigkeiten überstehen

» E s gibt ein tibetisches Sprichwort, dem zufolge sich Schick-salsschläge in Chancen verwandeln können«, sagte der Dalai Lama auf meine Frage hin, wie es möglich sei, sogar in Zeiten der Leiden und Schicksalsschläge Freude zu empfinden. »Selbst eine tragische Situation kann zur Chance werden. Nach einem weiteren tibetischen Sprichwort sind es tatsächlich die schmerzlichen Erfahrungen, die ein Licht auf das Wesen des Glücks werfen, weil sie einen scharfen Kontrast zu den erfreulichen Erfahrungen bilden.

Wir können das an einer ganzen Generation sehen, die wie du schwere Schicksalsschläge erlitten hat, Erzbischof«, sagte der Dalai Lama. »Als du deine Freiheit erlangt hast, warst du wirklich froh. Die neue, später geborene Generation von heute kennt die wahre Freude über die Freiheit nicht und beschwert sich mehr.«

Ich erinnerte mich daran, wie die Leute bei den ersten demokratischen Wahlen in Südafrika 1994 viele Stunden lang Schlange standen, um ihre Stimme abzugeben. Die Schlangen waren kilometerlang. Ich weiß noch, dass ich mich damals angesichts einer US-amerikanischen Wahlbeteiligung von unter sechzig

Prozent fragte, wie lange diese Wertschätzung für das Wahlrecht und die Freude darüber wohl andauern würden und wie es wohl möglich wäre, bei den Amerikanern, denen das Wahlrecht nie verwehrt worden war, die Begeisterung wieder zu wecken

»Ich glaube, in Europa ist es genauso«, fuhr der Dalai Lama fort. »Die ältere Generation hat wirklich schwere Zeiten durchgemacht. Sie wurde durch diese schmerzlichen Erfahrungen abgehärtet und gestärkt. Die jüngere Generation, die diese Erfahrungen nicht gemacht hat, tendiert dazu, mehr zu klagen. Das zeigt, dass das tibetische Sprichwort wirklich wahr ist: Dank dem Leiden weiß man die Freude zu schätzen.«

Als der Dalai Lama das sagte, musste ich daran denken, dass wir aus unseren elterlichen Instinkten heraus fast alles tun, um unsere Kinder vor Schmerz und Leid zu bewahren, und sie dadurch ihrer Fähigkeit berauben, zu wachsen und aus Schicksalsschlägen zu lernen. Ich erinnerte daran, dass die Psychologin und Auschwitz-Überlebende Edith Eva Eger gesagt hatte, die verwöhnten, verzogenen Kinder seien in Auschwitz als Erste ums Leben gekommen. Sie warteten darauf, dass andere sie retteten, und als niemand kam, gaben sie auf. Sie hatten nicht gelernt, wie man sich selbst helfen könnte.

»Viele Menschen betrachten das Leiden als ein Problem«, sagte der Dalai Lama. »In Wirklichkeit ist es eine Chance, die sie vom Schicksal bekommen. Trotz Schwierigkeiten und Leiden können sie fest bleiben und ihre Fassung bewahren.«

Ich verstand, was der Dalai Lama sagte, aber wie können wir unser Leiden tatsächlich begrüßen und es als eine Chance betrachten, wenn wir mittendrin stecken? Bestimmt war das leichter gesagt als getan. Jinpa hatte erwähnt, dass wir laut der tibetischen spirituellen Lehre des »Sieben-Punkte-Geistestrainings« drei Arten von Menschen besondere Aufmerksamkeit schenken sollten, weil sie eine besondere Herausforderung darstellen: den

Mitgliedern unserer Familie, unseren Lehrern und unseren Feinden. »Drei Arten von Objekten, drei Gifte und drei Wurzeln des Heilsamen.« Jinpa erklärte mir die Bedeutung dieser geheimnisvollen und faszinierenden Wendung folgendermaßen: »Häufig ist es unser täglicher Umgang mit diesen ›drei Objekten‹, bei dem die drei Gifte Anhaftung, Wut und Wahn entstehen, die den Kern von so viel Leiden bilden. Durch spirituelles Training haben wir die Chance, unseren Umgang mit unserer Familie, unseren Lehrern und unseren Feinden für die Entwicklung der drei Wurzeln des Heilsamen zu nutzen: Nichtanhaftung, Mitgefühl und Weisheit.«

»Viele Tibeter«, sagte der Dalai Lama, »saßen jahrelang in chinesischen Gulags: Arbeitslagern, wo sie gefoltert wurden und Zwangsarbeit leisten mussten. Das, sagten mir einige, sei ein Prüfstein für ihren wahren Charakter und ihre innere Stärke gewesen. Manche verloren die Hoffnung, andere hielten durch. Der Bildungsstand hatte wenig mit dem Überleben zu tun. Am Ende war es der innere Geist oder die Warmherzigkeit, die den Ausschlag gaben.«

Ich hatte erwartet, dass der Dalai Lama sagen würde, wilde Entschlossenheit sei der entscheidende Faktor. Es war faszinierend, dass einige die Härten der Lager seiner Ansicht nach dank ihrem inneren Geist oder ihrer Warmherzigkeit durchgestanden hatten.

Der Erzbischof reagierte jetzt auf den Dalai Lama, indem er an eine Frage anknüpfte, die ich zu Beginn des Dialogs gestellt hatte. Uns war von Anfang an klar gewesen, dass das Buch von Freude im Angesicht der unvermeidlichen Leiden des Lebens handeln sollte und nicht von irgendeiner abstrakten oder erstrebten Theorie. Wir wollten wissen, wie wir in den schwierigsten Momenten unseres Lebens unsere Freude erhalten können und nicht nur, wenn alles, um den Erzbischof zu zitieren, »ganz prima« ist. »Er fragt«, sagte der Erzbischof, »wie wir Menschen helfen können, die wirklich Freude empfinden wollen, die wirklich erleben wollen, dass die Welt ein besserer Ort wird. Sie schauen sich die Welt an und sehen die grauenhaften Probleme, die es gibt. Und sie haben auch in ihrem Leben mit ganz außergewöhnlichen Schicksalsschlägen zu kämpfen. Wie kann man noch Freude empfinden, wenn man diese Probleme sieht und vor solchen Herausforderungen steht? Es gibt wirklich sehr, sehr viele Menschen auf der Welt, die gut und voller Freude sein wollen, so wie du. Ich meine, wie sollen sie in all dem Chaos diese Ruhe finden? Und ja, ich finde, du bist das überzeugendste Argument. Aber die Leute wollen, dass wir dieses Argument in eine Sprache übersetzen, die sie verstehen können.«

Und dann fühlte sich der Erzbischof offenbar dazu inspiriert, seine Frage selbst zu beantworten, und er sagte:»Wir wollen ihnen Folgendes sagen: Ihr werdet in dem Augenblick von der Freude überrascht, in dem ihr aufhört, zu selbstverliebt zu sein. Natürlich sollt ihr in einem bestimmten Ausmaß selbstverliebt sein, denn der Herr, dem ich folge, sagt, um die Heilige Schrift zu zitieren: ›Liebe deinen Nächsten wie …‹«

»… dich«, beendete der Dalai Lama das berühmte Gebot.

»Ja«, sagte der Erzbischof,»dich selbst. Liebe andere wie dich selbst.«

»Genau«, sagte der Dalai Lama und nickte zustimmend.

»Wir müssen uns für diese anderen das Beste wünschen, genau wie wir uns für uns selbst das Beste wünschen«, übersetzte der Erzbischof das Bibelwort in eine moderne Sprache.

»Sehr richtig«, sagte der Dalai Lama.

»Die Leute schauen dich an, und sie sehen einen wundervollen Guru oder Lehrer in dir, und nicht nur einen Lehrer, sondern den Inbegriff des Lehrers. Und sie sehnen sich danach, die gleiche Ruhe und Freude zu haben, auch dann, wenn sie genau wie du unzählige Enttäuschungen erlebt haben.«

»Ich glaube, es lohnt sich, das genauer zu erörtern«, sagte der Dalai Lama. »In Wirklichkeit braucht unsere geistige Entwicklung nämlich genau wie unsere körperliche Entwicklung Zeit: Minute für Minute, Tag für Tag, Monat für Monat, Jahr für Jahr, Jahrzehnt für Jahrzehnt. Vielleicht sollte ich eine Geschichte aus meinem eigenen Leben erzählen.

Als ich sechzehn war, verlor ich in einem doppelten Sinn meine Freiheit. Der Dalai Lama vor mir hatte erst mit achtzehn politische Verantwortung übernommen, aber in meinem Fall baten mich die Leute schon früh, Regierungschef zu werden. Die Lage war nämlich sehr ernst, weil die Chinesen den östlichen Teil Tibets schon besetzt hatten. Als die chinesische Staatsgewalt Lhasa erreichte, wurde die Lage noch schwieriger, und ich verlor meine Freiheit auf die zweite Art, weil die Chinesen meinen Handlungsspielraum stark einschränkten.

Die politische Verantwortung war außerdem sehr schlecht für meine Studien. Als ich an den wichtigsten Klosteruniversitäten in der Umgebung von Lhasa in Zentraltibet meine Prüfungen für den Geshe ablegte, mussten die tibetischen Soldaten in den Bergen der Umgebung Wache stehen. Dann stand mein letztes Examen im Hof des zentralen Tempels in Lhasa bevor. Es herrschte Besorgnis wegen des chinesischen Militärs, und einige tibetische Regierungsbeamte wollten das Examen an einen anderen Ort verlegen, weil sie den Tempel für zu gefährlich hielten. Aber ich sagte, dass ich das nicht für nötig hielte. Während der Diskussion jedoch hatte ich viel Angst und Sorge nicht nur wegen meiner eigenen Sicherheit, sondern auch wegen der meines Volkes.

Als ich schließlich im März 1959 mit vierundzwanzig Jahren nach Indien floh, verlor ich mein Land. Auf eine Art war ich darüber sehr traurig, insbesondere weil das Überleben der tibetischen Nation mit ihrem einzigartigen kulturellen Erbe auf dem Spiel steht. Die tibetische Kultur existiert seit zehntausend

Jahren, einige Gebiete des tibetischen Hochlands sind schon seit dreißigtausend Jahren von Menschen bewohnt, und heute befindet sich Tibet in der schwersten Krise seiner gesamten Geschichte als Nation. Während der Kulturrevolution schworen einige chinesische Funktionäre einen Eid, die tibetische Sprache in den folgenden fünfzehn Jahren auszurotten. Also verbrannten sie die dreihundert Bände des tibetischen Kanons aus dem Indischen übersetzter Schriften und mehrere Tausend von den Tibetern selbst geschriebene Bücher. Man erzählte mir, dass die Bücher ein oder zwei Wochen lang brannten. Unsere Statuen und unsere Klöster wurden zerstört. Die Lage war also wirklich sehr ernst.

Und als wir 1959 als Flüchtlinge nach Indien kamen, waren wir Fremde an einem neuen Ort. Wie das tibetische Sprichwort lautet: ›Das Einzige, was uns vertraut war, waren Himmel und Erde.‹ Doch wir erhielten sehr viel Hilfe von der indischen Regierung und mehreren internationalen Organisationen, auch einigen christlichen. Sie bauten die tibetische Gemeinde wieder auf, sodass wir unsere Kultur, unsere Sprache und unser Wissen am Leben erhalten konnten. Es gab also viele Schwierigkeiten und eine Menge Probleme, aber wenn man seine Arbeit macht und gewisse Erfolge hat, dann ist die Freude umso größer, je größer die Probleme sind. Nicht wahr?«, wandte er sich an den Erzbischof.

»Ja«, sagte der Erzbischof, offensichtlich bewegt von den Leiden, die der Dalai Lama durchgestanden hatte.

»Du siehst, wenn man keine Schwierigkeiten hat und immer entspannt ist, beschwert man sich mehr«, sagte der Dalai Lama und lachte über das Paradox, dass wir im Angesicht großer Not mehr Freude empfinden können, als wenn das Leben einfach und ereignislos zu sein scheint.

Der Erzbischof lachte ebenfalls. Offenbar beruhte die Freude auf einer seltsamen alchemistischen Macht des Geistes über die

Materie. Wie bei der Traurigkeit führte der Weg zur Freude offenbar auch bei Leid und Schicksalsschlägen nicht von diesen fort, sondern mitten durch sie hindurch. »Schönes entsteht nicht ohne ein wenig Leiden«, hatte der Erzbischof einmal gesagt. Jinpa berichtete, dass der Dalai Lama in seinem Exil oft eine Chance sah. »Seine Heiligkeit sagt häufig, dass man dem Leben näherkommt, wenn man zum Flüchtling wird«, sagte er, wobei er sich zweifellos auch auf seine eigene Erfahrung bezog. »Es gibt dann keinen Raum mehr für Verstellung, und man kommt der Wahrheit näher.«

»Herr Erzbischof«, sagte ich, »vielleicht könnten wir uns einen Augenblick Ihnen zuwenden. Der Dalai Lama sagt, wir würden mehr Freude spüren, wenn wir uns gegen Widerstände durchgesetzt haben ...« Ich unterbrach mich, als ich sah, dass der Erzbischof den Dalai Lama verwundert anschaute.

»Ich komme mir wirklich ganz klein vor, wenn ich Seiner Heiligkeit zuhöre«, sagte er, »weil ich anderen gegenüber schon so oft über seine Heiterkeit, seine Ruhe und seine Freude gesprochen habe. Wir hätten vermutlich gesagt, dass sich diese positiven Eigenschaften *trotz* aller Schicksalsschläge entwickelt haben, aber er sagt offenbar, dass dies *wegen* der Schicksalsschläge so gekommen sei.« Der Erzbischof hatte eine Hand des Dalai Lama ergriffen und tätschelte und rieb liebevoll seine Handfläche.

»Das steigert nur noch meine persönliche Bewunderung für ihn. Es kommt mir fast pervers vor, aber man ist fast versucht zu sagen: Gott sei Dank, dass die Chinesen Tibet besetzt haben. Ja, weil ich nämlich nicht glaube, dass wir sonst den gleichen Kontakt gehabt und schon gar nicht diese enge Freundschaft entwickelt hätten.« Und dann, als ihm die tragische Ironie der Geschichte erst richtig bewusst wurde, lachte er laut. »Du hättest wahrscheinlich nicht den Nobelpreis bekommen.« Der Dalai Lama lachte jetzt auch, als sie sich über die begehrten Preise lustig machten in der Erkenntnis, dass wir letztlich nie wissen, was aus unseren Leiden und Schicksalsschlägen Gutes oder Schlechtes entspringt.

Tutu meinte natürlich nicht, dass der Friedensnobelpreis oder die Freundschaft zwischen ihm und dem Dalai Lama in irgendeiner Weise die von der chinesischen Invasion verursachten Leiden von Millionen Menschen gerechtfertigt hätten. Aber zynischerweise war es wirklich so, dass der Dalai Lama sicher nie zu einem globalen spirituellen Führer geworden wäre, wenn ihn die Chinesen nicht aus seinem weltabgeschiedenen Königreich verjagt hätten.

Das erinnert an die berühmte chinesische Geschichte über den Bauern, dem das Pferd davonläuft. Seine Nachbarn bedauern ihn wegen seines Pechs. Der Bauer entgegnet ihnen, niemand könne wissen, was gut und was schlecht sei. Als das Pferd mit einem wilden Hengst zurückkehrt, beglückwünschen sie den Bauern zu seinem Glück. Der antwortet abermals, niemand könne wissen, was gut und was schlecht sei. Dann bricht sich der Sohn des Bauern bei dem Versuch, den Hengst zu zähmen, den Fuß, und die Nachbarn sind sich ganz sicher, dass der Bauer ein Pechvogel ist. Er sagt auch diesmal, dass das niemand wissen könne. Schließlich bricht ein Krieg aus, und alle gesunden jungen Männer werden zum Kriegsdienst eingezogen, nur der Sohn mit dem gebrochenen Fuß bleibt verschont.

»Doch kommen wir auf Ihre Frage zurück«, sagte der Erzbischof an mich gewandt. »Ich musste, während der Dalai Lama sprach, an etwas sehr Persönliches denken, das ich aber verallgemeinern will. Mir ist Nelson Mandela eingefallen. Er war wie schon gesagt noch sehr jung und sehr zornig, als er ins Gefängnis kam. Und er war bekanntlich der Oberbefehlshaber des militärischen Flügels des ANC. Er glaubte fest daran, dass der Feind vernichtet werden müsse, und er und seine Gefährten wurden in einem alles andere als rechtsstaatlichen Gerichtsverfahren verurteilt. Der aggressive und zornige Mann kommt ins Gefängnis. Er wird nach Robben Island gebracht und wie die meisten seiner Mitgefangenen misshandelt. Wenn man heute seine Zelle besichtigt, steht dort ein Bett. Er hatte kein Bett. Die Gefangenen mussten auf dem Boden schlafen, ohne Matratze, nur mit einem dünnen kleinen Ding.« Der Erzbischof zeigt mit Daumen und Zeigefinger, wie klein das Ding war, um die Unbequemlichkeit, den Schmerz und die Leiden zu betonen, die die Gefangenen sogar im Schlaf erdulden mussten.

»Das waren kultivierte, gebildete Leute. Was tun sie? Was müssen sie tun? Sie werden zur Arbeit in den Steinbruch geschickt. Und das mit völlig ungeeigneter Kleidung. Nelson Mandela und alle anderen trugen Shorts, sogar im Winter. Sie mussten fast sinnlose Arbeiten machen: Steine klopfen und Postsäcke nähen. Er ist ein hoch qualifizierter Rechtsanwalt. Da sitzt er und näht.«

Bei einem Besuch auf Robben Island zeigte uns Achmed Kathrada, einer von Mandelas Kollegen und Mitgefangenen, die unterschiedlichen Rationen, die die Gefangenen je nach Rasse erhielten, eine tägliche Erinnerung an den obsessiven rassistischen Faschismus, den sie bekämpften: »Sechs Unzen Fleisch für Farbige/Asiaten und fünf Unzen für Bantus (Schwarze); eine Unze Marmelade oder Sirup für Farbige/Asiaten und nichts für Bantus.«

»Ich meine, das muss ihn schrecklich frustriert und wirklich sehr wütend gemacht haben. Gott war gut und sagte: ›Du bleibst jetzt siebenundzwanzig Jahre da drin.‹ Und als er nach siebenundzwanzig Jahren herauskommt, ist er ein Mensch von immenser Großzügigkeit, weil ihm sein Leiden auf eine ganz außergewöhnliche Weise geholfen hat zu wachsen. Sie dachten, es würde ihn brechen, doch es half ihm. Es half ihm, den Standpunkt der anderen zu sehen. Nach siebenundzwanzig Jahren verlässt er die Haft großzügig und fürsorglich und ist bereit, seinem einstigen Feind zu vertrauen.«

»Und wie hat er das geschafft?«, fragte ich. »Ich meine, glauben Sie, er sah, dass ihn das Leiden nicht bitter, sondern edel gemacht hatte?«

»Er hat es nicht gesehen. Es ist passiert.«

»Und warum ist es bei ihm geschehen? Bei anderen war es nämlich nicht so.«

»Ja natürlich, manche Leute macht das verbittert.« Der Erzbischof hatte mir einmal erklärt, dass Leiden entweder veredeln oder verbittern kann und der Unterschied davon abhängt, ob wir einen Sinn in unserem Leiden finden. Wenn das Leiden sinnlos erscheint, kann es leicht geschehen, dass man bitter wird. Wer jedoch nur ein Quäntchen Sinn oder Erlösung in seinem Leiden findet, den kann es veredeln, wie es Nelson Mandela veredelt hat.

»Wir haben schon oft erfahren«, fuhr der Erzbischof fort, »dass es einer gewissen Herabsetzung, einer Frustration bedarf, damit unsere geistige Großzügigkeit wächst. Vielleicht ist das nicht immer so, aber es gibt nur sehr wenige Leben, die einfach von Anfang bis Ende glattlaufen. Sie müssen veredelt werden.«

»Was muss veredelt werden?«

»Unsere fast natürliche Antwort ist: Wenn ich geschlagen werde, reagiere ich beinah instinktiv damit, dass ich zurückschlage. Wer veredelt ist, will herausfinden, was den anderen zu seiner Tat getrieben hat. Also versetzt er sich in den anderen hinein. Deshalb ist es beinah ein Axiom, dass sich ein großzügiger Geist nur entwickelt, wenn er durch Rückschläge von der Schlacke befreit worden ist.

Entschlackt werden und lernen, sich in einen anderen hineinzuversetzen«, fuhr der Erzbischof fort. »Offenbar ist es fast unvermeidlich, dass wir nur dann geistige Großzügigkeit entwickeln, wenn wir vielleicht nicht unbedingt leiden, aber doch enttäuscht werden, also etwas erleben, was uns daran hindern will, den eingeschlagenen Weg fortzusetzen. Wir bewegen uns nicht so leicht geradeaus. Manche Dinge zwingen uns, den Kurs zu ändern und ihn wiederzufinden.« Der Erzbischof gestikulierte mit seiner zarten, gebrechlichen rechten Hand, die gelähmt war, seit er Kinderlähmung gehabt hatte, eine sichtbare Erinnerung an die Leiden, die er schon als kleiner Junge durchstehen musste.

»Vermutlich ist es ähnlich wie bei den Muskeln«, fuhr er fort. »Ich meine, wenn wir starke Muskeln haben wollen, müssen wir sie trainieren, Widerstände mit ihnen überwinden, dann wachsen sie. Wenn sie untätig bleiben, wachsen sie nicht. Wir können unseren Brustumfang nicht im Lehnstuhl vergrößern. Wir müssen Berge erklimmen. In einem bestimmten Ausmaß müssen wir gegen unsere Veranlagung handeln. Wir haben das natürliche Bedürfnis, sitzen zu bleiben. Aber wenn wir das tun und zum Stubenhocker werden, hat das seine Folgen. Und was für den Körper gilt, ist auch für den Geist wahr. Tief in unserem Inneren wächst unsere Menschenfreundlichkeit, wenn sie auf die Probe gestellt wird.«

»Genau so ist es«, stimmte der Dalai Lama zu. Er wiegte sich im Sitzen vor und zurück und hin und her und blickte nachdenklich auf seine aneinandergelegten Hände.

»Das erinnert mich an einen Freund, der mir erzählte, wie ihn die Chinesen nach meiner Flucht aus Tibet ins Lager gesteckt hatten. An dem Abend, als ich aus dem Norbulingka-Palast floh, ging ich in die Kapelle, um mich von ihr zu verabschieden, weil ich wusste, dass ich sie vermutlich nie wiedersehen würde. Mein Freund, damals schon ein führender Mönch im Namgyal-Kloster, war in der Kapelle. Lopon-la, wie er von den anderen Mönchen liebevoll genannt wird, wusste nicht, dass ich es war, der in die Kapelle kam, denn mein Besuch war absolut geheim. Sobald ich den Palast verlassen hatte, begann der chinesische Beschuss. Sie verhafteten viele Menschen, und etwa hundertdreißig wurden in ein sehr weit entferntes Gebiet verbannt, wie unter Stalins Herrschaft, als die Leute nach Sibirien kamen. Nach achtzehn Jahren Zwangsarbeit gelang es Lopon-la, nach Indien zu entkommen, und er berichtete mir, was er in dem Arbeitslager erlebt hatte.

Es gab keine Schuhe, nicht einmal an den allerkältesten Tagen. Manchmal war es so kalt, dass die Spucke als Eisklumpen auf dem Boden landete, wenn man ausspie. Die Gefangenen waren immer hungrig. Eines Tages war mein Freund so hungrig, dass er versuchte, die Leiche eines toten Gefangenen zu essen, doch das Fleisch war so hart gefroren, dass er es nicht kauen konnte.

In der ganzen Zeit wurden die Gefangenen gefoltert. Es gibt sowjetische, japanische und chinesische Foltermethoden, und in dem Lager wurden alle drei zu einer extrem grausamen Art von Folter kombiniert.

Als Lopon-la das Lager verließ, hatten nur zwanzig Menschen überlebt. Wie er berichtete, hatte er in den achtzehn Jahren seiner Haft einige wirkliche Gefahren überstanden. Ich dachte natürlich, dass er in Lebensgefahr geschwebt hatte.

Er sagte jedoch, er sei in Gefahr gewesen ... sein Mitgefühl für die chinesischen Wärter zu verlieren.«

Jemand rang hörbar nach Luft, als wir die erstaunliche Auskunft bekamen, dass die größte Gefahr für den Mann war, sein Mitgefühl, sein Herz, seine Menschlichkeit zu verlieren.

»Er lebt heute noch mit siebenundneunzig, und sein Verstand ist immer noch in einem sehr guten Zustand, scharf und gesund. Wie du schon sagtest, wurde seine Fähigkeit zum Mitgefühl, seine menschlichen Qualitäten, durch seine Spiritualität und seine

Erfahrungen verstärkt. Mehrere Tibeter berichteten mir, dass die vielen Jahre in einem chinesischen Arbeitslager ihre beste Zeit für spirituelle Übungen waren und sie in der Zeit im Gulag geduldiger und mitfühlender wurden. Einer meiner Leibärzte, Dr. Tenzin Choedrak, dem es auch erst Jahre später gelang, nach Indien zu kommen, war ein cleverer Mensch. Er durfte im Lager keine Gebetskette besitzen und wurde gezwungen, das Rote Buch des Vorsitzenden Mao zu lesen. Also benutzte er die Silben der Wörter in dem Buch als ›Rosenkranz‹ und sprach buddhistische Gebete, während die chinesischen Wärter annahmen, er studiere eifrig Maos Buch.

Wie du gesagt hast, ist es normal, dass man genau wie Nelson Mandela große Probleme hat, wenn man inhaftiert wird. Aber durch diese Erfahrungen kann man mit der richtigen Art zu denken große innere Stärke gewinnen. Deshalb ist dieses Denken meiner Ansicht nach sehr nützlich, insbesondere wenn wir Schwierigkeiten bewältigen müssen.«

Ich war ganz verblüfft darüber, was der Dalai Lama über »Schwierigkeiten bewältigen« sagte. Wir haben oft das Gefühl, dass das Leiden uns verschlingt oder niemals enden wird, aber wenn wir uns klarmachen, dass auch das Leiden vorübergeht oder, wie die Buddhisten sagen, vergänglich ist, können wir es leichter durchstehen und vielleicht sogar erkennen, was wir daraus zu lernen vermögen, wir können einen Sinn darin finden, damit wir großmütiger und nicht verbittert daraus hervorgehen. Die Tiefe des Leidens kann zu einem Hochgefühl der Freude führen.

Der buddhistische Mönch und Gelehrte Shantideva beschrieb die Tugenden des Leidens. Durch die Schmerzen schwindet unsere Arroganz. Außerdem weckt das Leiden Mitgefühl für alle anderen Leidenden, und weil wir Erfahrung mit dem Leid haben, vermeiden wir Handlungen, die anderen schaden. Lopon-la

. und Dr. Choedrak kannten diese Lehren von Shantideva und wandten sie vermutlich in den Jahren ihrer Gefangenschaft und ihres scheinbar endlosen Leidens an, um einem Zustand, der ihnen manchmal wie sinnlose Agonie erscheinen musste, letztlich Sinn abzugewinnen.

Der Dalai Lama und der Erzbischof betonten, dass ein gewisses Maß an Duldung und Akzeptanz sehr wichtig sei, ebenso wie die Erkenntnis, dass von solcher Unbill nicht nur wir, sondern alle Menschen betroffen sein können, auch ohne dass wir etwas falsch gemacht hätten. Im Jahr vor den Dialogen fiel mein Vater eine Treppe hinunter und erlitt ein Schädel-Hirn-Trauma. Die Ärzte sagten, bei einem gebrochenen Knochen wisse man genau, wie lang der Heilungsprozess dauere, aber beim Gehirn wisse man nie, wie viel Zeit die Genesung erfordere und ob die Heilung vollständig sein werde. Mein Vater war mehr als einen Monat mit einer Bewusstseinstrübung auf der Intensivstation sowie in der Reha, wir machten uns große Sorgen, ob er je wieder zu seinem alten Selbst mit dem großen Verstand und dem weiten Herzen zurückfinden würde. Ich werde nie den ersten Telefonanruf vergessen, den ich von ihm aus dem Krankenhaus erhielt, denn wir wussten nicht, ob er je wieder in der Lage sein würde, bewusst zu kommunizieren.

Mein Bruder sagte, als er meinen Vater besuchte: »Es tut mir schrecklich leid, dass du diese schlimme Erfahrung machen musstest.« Mein Vater antwortete: »Ach, das braucht es nicht. Das gehört alles zu meinem Lehrplan.«

KRANKHEIT UND TODESFURCHT
Lieber möchte ich in die Hölle kommen

Die Reise war sozusagen von Beerdigungen begleitet. Wir mussten unsere Flugpläne nach Indien und zurück zweimal ändern, weil gute Freude von Erzbischof Tutu starben. Obwohl die beiden Dahingeschiedenen ein langes, gutes Leben gelebt hatten, waren die Beerdigungen dennoch eine passende Erinnerung an den Tod und daran, dass wir alle nur eine begrenzte Zeit auf Erden haben. Gewiss sind Krankheit und Sterblichkeit zwei der großen Wahrheiten und Quellen des Leidens in unserem Leben.

»Pass bloß auf, viele von meinen Freunden sterben«, sagte der Erzbischof, als wir gerade auf dem Flughafen angekommen waren, und drohte dem Dalai Lama mit dem Finger. Dann berichtete er, was für ein großer Mann Philip Potter, einer der Verstorbenen, gewesen war. »Er war der erste schwarze Generalsekretär des Weltkirchenrats«, sagte er. Doch bei dem Erzbischof waren Heiligkeit und Ungezwungenheit, Tod und Leben enge Tischgesellen, und so machte er sogar im Gedenken an seinen toten Freund noch einen Witz.

»Er war ein sehr eindrucksvoller Mann, viel größer als du und ich. Ich hab mir seinen Sarg angeschaut. Ein Riesending! Wir hätten beide reingepasst. Ich wäre in den Himmel gekommen, und wohin hätte es dich wohl verschlagen?«

»Höchstwahrscheinlich in die Hölle«, antwortete der Dalai Lama.

Das Gespräch über den Tod und darüber, wer in den Himmel und wer in die Hölle käme, war in der ganzen Woche ein ständiger Quell der Heiterkeit, wenn sich die beiden über die gegensätzlichen Traditionen und Glaubenssätze ihrer Religionen lustig machten.

Ich bat sie, persönlicher über die Themen Krankheit und Tod zu sprechen. »Was denken Sie über Ihren eigenen Tod? Sie sind beide in Ihren Achtzigern, und er ist eine Realität oder zumindest eine Möglichkeit – hoffentlich in ferner Zukunft.«

»Sehr höflich«, sagte der Dalai Lama lachend.

»Na ja, für ihn ist es nicht so schlimm«, sagte der Erzbischof und deutete auf den Dalai Lama, »weil es für ihn eine Reinkarnation gibt.«

»Das mit der Reinkarnation ist so eine Sache«, sagte der Dalai Lama. »Ich weiß nicht genau, wo ich wiedergeboren werde, das ist eine große Unsicherheit. Du dagegen bist ganz sicher, dass du in den Himmel kommst.«

»Die Chinesen sagen, sie würden entscheiden, wo du wiedergeboren wirst, also solltest du nett zu ihnen sein«, meinte der Erzbischof.

Dann blickte er zu Boden und schien sich ernsthaft über die eigene Sterblichkeit Gedanken zu machen. »Ich würde sagen, dass mir der Gedanke an meinen Tod lange Zeit ganz schön viel Angst gemacht hat«, sagte er dann.

»Ich hatte ja mehrere beinah tödliche Krankheiten. Als kleiner Junge hatte ich Kinderlähmung, und angeblich war mein Vater schon losgegangen, um Holz für meinen Sarg zu kaufen – und meine Mutter kaufte sich schwarze Kleider, weil alle dachten, es ginge zu Ende mit mir. Als Teenager bekam ich Tuberkulose und kam in ein TB-Krankenhaus, wo ich merkte, dass fast alle Patienten, die Blut zu husten anfingen, irgendwann auf einer Bahre in die Leichenhalle gebracht wurden. Ich muss etwa fünfzehn gewesen sein, als ich ebenfalls Blut zu husten begann. Ich saß da und hatte vor mir einen Behälter, und jedes Mal, wenn ich hustete, kam Blut. Ich sagte: ›Gott, wenn du willst, dass der Vorhang jetzt fällt, bin ich einverstanden.‹ Ich muss zugeben, dass ich überrascht war angesichts der Ruhe und des Friedens, die über mich kamen. Und ihr wisst natürlich, dass ich nicht auf der Bahre in die Leichenhalle gebracht wurde. Wesentlich später, als wir beide schon viele Jahre Erzbischöfe waren, traf ich Trevor Huddleston wieder. Er hatte mich damals monatelang jede Woche im Krankenhaus besucht. Er gestand mir, dass ihm damals ein Arzt sagte: ›Ihr junger Freund‹, damit war ich gemeint, ›wird es nicht schaffen.‹ Na ja, offenbar habe ich seither doch noch ein bisschen was geschafft.«

Ich musste oft darüber nachdenken, welche Stärke der Erzbischof aus seinen frühen Krankheiten und Siegen über den Tod gewonnen hatte. Krankheiten gehören zu den häufigsten Schicksalsschlägen, und sie sind eine der häufigsten Quellen des Leidens, mit denen wir konfrontiert sind. Dennoch können Menschen wie mein Vater auch darin einen Sinn erkennen und spirituelles Wachstum finden. Sie sind wahrscheinlich eines der meistgenannten Motive, warum jemand sein Leben neu bewertet und ändert.

Tatsächlich ist es fast schon ein Gemeinplatz, dass Menschen mit ernsten oder lebensbedrohlichen Krankheiten jeden Moment ihres Lebens zu schätzen beginnen und dadurch lebendiger werden. Krankheit kann ganz bestimmt ein profunder Weg zu Wachstum und Heilung sein. Vor vielen Jahren schrieb ich einmal ein Buch gemeinsam mit einem Arzt, der mit schwer kranken und sterbenden Patienten arbeitete. Er sah einen grundlegenden Unterschied zwischen körperlicher und spiritueller Heilung. Eine körperliche Wiederherstellung ist nicht immer möglich. Eine spirituelle Heilung dagegen bedeutet, dass Ganzheit erreicht wird. Sie ist unabhängig davon, ob die körperliche Krankheit kurierbar ist.

Der Erzbischof sagte, er wolle kremiert werden, um Platz zu sparen, und er wünsche sich ein einfaches Begräbnis, um seinen Landsleuten, bei denen teure Särge und Feiern üblich seien, ein Beispiel zu geben. Selbst im Tod kann ein moralischer Führer durch seine Entscheidungen noch ein Vorbild sein. Dann wandte er sich an mich und sagte: »Der Tod ist eine Tatsache des Lebens. Sie werden sterben. Tatsächlich ist es eine wunderbare Sache, schon zu Lebzeiten sein Testament zu machen und zu bestimmen, was passieren soll, wenn das Ende kommt. Es ist nicht morbid. Es heißt, es sei eine Tatsache des Lebens. Ich habe selbst eine ganze Reihe von Beerdigungen begleitet und inzwischen ein Stadium erreicht, in dem ich mir sage: ›Ach übrigens, da kommst du auch hin. Das könntest jetzt leicht du sein.‹ Natürlich gibt es eine Art Nostalgie für die Dinge, die man hatte und vermissen wird. Ich werde meine Familie vermissen. Ich werde den Menschen vermissen, der diese letzten sechzig Jahre meine Partnerin gewesen ist. Ich werde vieles vermissen. Aber der christlichen Tradition zufolge, zu der ich gehöre, werde ich in ein reichhaltigeres Leben eintreten.

Das ist großartig. Ich meine, stellen Sie sich vor, was wäre, wenn wir nicht stürben. Unsere arme Welt würde die Last nicht tragen können. Sie ist jetzt schon nicht in der Lage, die Last von sieben Milliarden Menschen zu tragen. Ich hatte einen Anfang, ich hatte eine Mitte, und ich werde ein Ende haben. Das hat eine hübsche Symmetrie. Eine Symmetrie«, lachte er, verweilte ein wenig bei dem Wort und wiederholte es noch einmal: »Symmetrie.«

Er fuhr fort: »Stellt euch vor, wie viele Menschen die Welt tragen müsste, wenn wir unsterblich wären. Ich hoffe, was ich in Hinblick auf den Himmel glaube, ist wirklich wahr: dass ich meine Lieben wiedersehe, meine Eltern, meinen älteren Bruder, den ich nicht kenne, weil er schon als Säugling starb. Ich werde vielen wundervollen Gerechten begegnen. Ich will den heiligen Augustinus kennenlernen. Ich will den heiligen Thomas von Aquin kennenlernen und die Menschen, die uns so viel über das Beten gelehrt haben.

Weil Gott Gott ist, weil Gott ewig ist, weil keiner von uns Menschen die Unendlichkeit, die Gott ist, je ergründen wird, wird der Himmel für immer ein Ort der neuen Entdeckungen sein.« Der Erzbischof hatte die Augen in die Ferne gerichtet. »Ich werde sagen: ›O Gott, du bist so wunderbar.‹«

Er verfiel in Schweigen.

Vielleicht sind der Tod und die Angst vor ihm die größte Herausforderung für die Freude. Nun, wenn wir erst gestorben sind, wird das nicht mehr so wichtig sein, doch es ist die Furcht vor dem Nahen des Todes, vor dem Leiden, das ihm vorangeht, und letztlich die Angst davor, in Vergessenheit zu geraten und unsere Persönlichkeit zu verlieren, die uns Angst macht. Viele Psychologen sagen, die Todesangst liege allen anderen Ängsten zugrunde, und viele Religionshistoriker vertreten die Ansicht, dass die Religion entstand, um das Geheimnis des Todes zu lösen. Das moderne Leben hält die Angst vor dem Tod im Zaum, weil wir mit den sehr Alten oder Kranken gar nichts mehr zu tun haben und weil Krankheit, Gebrechlichkeit und Tod durch Anstaltsmauern aus unserem Alltag ausgesperrt sind.

Nach einer kurzen Pause begann der Dalai Lama zu sprechen: »Ich glaube, der menschliche Geist ist seit Tausenden von Jahren neugierig auf den Tod, und viele Traditionen haben zahlreiche Ideen und Vorstellungen, was nach dem Ableben passieren wird. Der Himmel ist, wie du erwähnt hast, eine wunderbare Auffassung. Auch der Shintoismus in Japan hat die Vorstellung, dass wir nach dem Tod automatisch in den Himmel kommen, wo alle Vorfahren auf uns warten.

Viele Menschen haben wirklich sehr große Angst, wenn sie an den Tod denken. In der Regel sage ich ihnen, dass wir ihn als Teil unseres Lebens akzeptieren sollten. Es gibt, wie du gesagt hast, einen Anfang und ein Ende. Und wenn wir akzeptieren, dass dieses Ende normal ist und es früher oder später kommen wird, verändert sich unsere Einstellung. Manche Leute sind verlegen, wenn man sie nach ihrem Alter fragt, und tun so, als seien sie immer noch jung. Das ist albern, ein Selbstbetrug. Wir sollten realistisch sein.«

»Sehr richtig«, sagte der Erzbischof zustimmend.

»Wenn jemand krank ist«, fuhr der Dalai Lama fort, »ist es viel besser, wenn er akzeptiert, dass er eine Krankheit hat, und sich medizinisch behandeln lässt, als wenn er so tut, als hätte er nichts, und sich selbst betrügt.«

Wir hatten arrangiert, dass Yeshi Dhonden, einer der Ärzte des Dalai Lama, sich den Erzbischof ansah, solange dieser in Dharamsala weilte. Rachel ist eine integrative Ärztin, und sie wollte gern wissen, ob der verehrte Heiler nützliche Empfehlungen für den Erzbischof hatte, dessen Prostatakrebs wieder zurückgekommen war.

Es ist ein erstaunlicher Zufall, dass Dr. Dhonden geholfen hatte, meine Mutter vom Blutkrebs zu heilen, als er vor vielen Jahrzehnten New York besuchte. Ich war damals noch in der Highschool. Man hatte mir gesagt, Dr. Dhonden sei gestorben, als ich im Januar zur Vorbereitung von Erzbischof Tutus Besuch in Dharamsala gewesen war. Nun jedoch hörte ich, dass er noch lebte und fast neunzig war. Ich freute mich sehr, ihn zu treffen und ihm dafür danken zu können, dass er meiner Mutter das

Leben gerettet hatte. Und ich war gespannt, ob er dem Erzbischof helfen könnte.

Er kam ins Schlafzimmer des Erzbischofs im Hotel. Mit seinem kahlen Kopf und den großen Ohren sah er ein bisschen aus wie Yoda aus dem »Krieg der Sterne«. Sein Gesicht war ausdruckslos, und seine Hände wirkten zugleich kräftig und feinfühlig, als er dem Erzbischof den Puls fühlte. Tutu lag auf seinem großen Doppelbett. Vor den Fenstern zogen sich die mit Eichen und immergrünen Pflanzen bewachsenen steilen Hänge von Dharamsala in die Täler hinab, die in eine riesige Ebene mündeten.

Dr. Dhonden beschrieb Gesundheitsprobleme, die der Erzbischof Jahrzehnte zuvor gehabt hatte und die zu seinem Prostatakrebs geführt hatten. Seine Worte wurden von einem Dolmetscher übersetzt, und Rachel, die mit vielen medizinischen Systemen vertraut ist, erklärte dem Erzbischof, was der Arzt sagte, auf eine Art, die auch bei einem modernen medizinischen Verständnis des Körpers Sinn machte. Der Bischof schaute sie zunächst zweifelnd und dann erstaunt an.

Nach einer fünfzehnminütigen Untersuchung zeigte Dr. Dhonden auf die Dose Diät-Cola auf Tutus Nachttisch. Der Erzbischof hat seinen früheren Lieblingsdrink Cola mit Rum aufgegeben, trinkt aber immer noch recht gern kalorienfreie Cola, worauf er umgestiegen ist, um seinen Zuckerkonsum zu reduzieren. Gemäß Dr. Dhonden war auch dieses Getränk schlecht für seine Gesundheit, und er solle künftig darauf verzichten.

Als das dem Erzbischof übersetzt wurde, stieg er ziemlich hurtig aus dem Bett, wedelte scherzhaft mit den Händen und sagte: »Ich glaube, Sie müssen jetzt gehen.«

Rachel sagte, sie versuche schon seit Jahren, ihm die Cola abzugewöhnen, aber mit vierundachtzig dürfe er essen und trinken, was er wolle. Dr. Dhonden gab noch ein paar zusätzliche Empfehlungen, man schoss Fotos von dem berühmten Arzt und dem berühmten Patienten, und dann ging der gute Doktor.

»Als praktizierender Buddhist«, setzte der Dalai Lama das Gespräch fort, »nehme ich die erste Lehre des Buddha über die Unvermeidlichkeit des Leidens und die Vergänglichkeit unserer Existenz natürlich ernst. Auch die letzte Lehre des Buddha kurz vor seinem Tod endet mit der Wahrheit, dass alles Geschaffene vergänglich ist, wenn er uns daran erinnert, dass es das Wesen aller Dinge ist, einen Anfang und ein Ende zu haben. Der Buddha sagt, dass nichts von Dauer ist. Deshalb ist es wichtig, dass wir bei unseren täglichen Meditationsübungen den Gedanken an die eigene Sterblichkeit mit einschließen. Es gibt zwei Ebenen der Vergänglichkeit. Auf der gröberen Ebene ist das Leben ständiger Veränderung unterworfen, und Dinge hören auf zu existieren, uns eingeschlossen. Auf der subtileren Ebene ändert sich in jedem einzelnen Augenblick alles, was der Wissenschaft zufolge sogar auf der atomaren und der subatomaren Ebene der Fall ist. Unser Körper ändert sich ständig, und dasselbe gilt auch für unseren Geist. Alles ist in einem ständigen Veränderungsprozess, nichts ist statisch, und nichts besteht ewig. Tatsächlich sind es dem Buddha zufolge genau die Gründe, aus denen zum Beispiel unser Leben entsteht, die auch die Saat für sein Ende legen oder für den Mechanismus, durch den sich dieses Ende vollzieht. Die Erkenntnis dieser Wahrheit ist ein sehr wichtiges Element beim Nachdenken über die Vergänglichkeit.

Dann stelle ich die Frage, warum alles vergänglich ist, und die Antwort lautet: ›Wegen der Interdependenz‹ – nichts existiert unabhängig. Diese Art von Betrachtung gehört zu meiner täglichen Meditationspraxis. Sie dient tatsächlich als Vorbereitung auf den Tod, auf den Zustand direkt danach und dann auf die Wiedergeburt. Bei einer effektiven Meditation sollte man also über diese Dinge nachdenken und sich den Prozess des Todes bildhaft vorstellen.

Schließlich hast du, glaube ich, angesprochen, dass wir alten Leute uns auf den Tod vorbereiten sollten und dass es wichtig sei, Platz für künftige Generationen zu machen. Es ist wichtig, daran zu denken, dass früher oder später der Tod kommt und wir unser Leben deshalb sinnvoll gestalten müssen. Ich glaube, die maximale Lebenszeit beträgt etwa hundert Jahre. Im Vergleich zur Geschichte der Menschheit ist das eine recht kurze Zeitspanne. Wenn wir diese kurze Zeit dazu verwenden, um auf diesem Planeten noch mehr Probleme zu schaffen, ist unser Leben sinnlos. Wenn wir eine Million Jahre leben könnten, *dann* wäre es vielleicht sinnvoll, ein paar Probleme zu schaffen. Aber unser Leben ist begrenzt. Wir sind nur Gäste auf diesem Planeten, Besucher, die nur kurz bleiben, also sollten wir unsere Tage weise nutzen, um unsere Welt für alle ein wenig besser zu machen.«

Jinpa rief eine wichtige Aussage eines der alten tibetischen Lehrmeister in Erinnerung. Ihm zufolge besteht der wahre Maßstab der spirituellen Entwicklung darin, wie man sich der Tatsache der eigenen Sterblichkeit stellt. Am besten ist es, wenn man sich dem Tod mit Freude nähern kann; am zweitbesten, wenn man es ohne Furcht tut, und am drittbesten, wenn man wenigstens kein Bedauern empfindet.

»Ich habe schon von der Nacht berichtet, in der wir aus dem Norbulingka-Palast geflohen sind«, sagte der Dalai Lama, der sich nun wieder seinen eigenen Erfahrungen mit Todesangst zuwandte. »Für mich war das die furchterregendste Nacht meines Lebens, die Nacht des 17. März 1959. Damals war wirklich mein Leben in Gefahr. Ich weiß immer noch, wie hellwach ich geistig war, während ich den Palast verkleidet verließ. Alle meine Anstrengungen, die Situation in Lhasa zu beruhigen, waren gescheitert. Eine riesige Menge von Tibetern hatte sich vor dem Palast versammelt, um jeden Versuch des chinesischen Militärs, mich mitzunehmen, zu blockieren. Ich hatte mein Bestes versucht, aber sowohl die chinesische als auch die tibetische Seite hatte hartnäckig auf ihrer Position beharrt. Natürlich waren mir die Tibeter zutiefst ergeben und versuchten, mich zu schützen.« Der Dalai Lama machte eine Pause und sah nachdenklich aus, als er an die Ergebenheit seiner Landsleute und ihre Selbstaufopferung für seine Sicherheit dachte.

Die spontane Versammlung der Tibeter vor dem Norbulingka-Palast war tatsächlich der Höhepunkt eines tagelangen Aufstands des tibetischen Volkes gegen die Besetzung Tibets durch die chinesischen Kommunisten gewesen, der am 10. März 1959 begonnen hatte. Es musste etwas geschehen. Die Lage war explosiv, und der Dalai Lama wusste, dass sie nur mit einem Massaker enden konnte.

»Also wurde in dieser Nacht, am 17. März, der Plan für meine Flucht durchgeführt. Wir gingen nachts los und bewegten uns verkleidet auf einer Straße, die einen Fluss entlangführte. An seinem anderen Ufer war ein Lager des chinesischen Militärs. Wir konnten die Posten sehen. Keiner in unserer Gruppe durfte eine Taschenlampe benutzen, und wir versuchten, den Hufschlag der Pferde zu dämpfen. Dennoch war es gefährlich. Wenn sie uns gesehen und das Feuer eröffnet hätten, wären wir erledigt gewesen.

Doch als praktizierender Buddhist dachte ich an eine recht strenge Ermahnung Shantidevas: Wenn es möglich ist, eine Lage zu ändern, dann sollte man nicht zu viel Trauer, zu viel Angst oder zu viel Zorn empfinden, sondern versuchen, sie zu ändern. Kann man dagegen nichts tun, um die Lage zu ändern, besteht keine Notwendigkeit, Angst, Trauer oder Zorn zu empfinden. Also sagte ich in jenem Moment, dass es auch in Ordnung wäre, wenn mir etwas passierte.

Man stellt sich den Fakten, der Realität. Und ein Fluchtversuch war die beste mögliche Reaktion auf diese Realität gewesen. Tatsächlich gehört Angst zum Wesen des Menschen; sie ist eine natürliche Reaktion angesichts der Gefahr. Wer jedoch Mut besitzt, kann auf wirkliche Gefahren furchtloser und realistischer reagieren. Lässt man dagegen seiner Fantasie freien Lauf, verschlimmert man dadurch die Lage und vergrößert die Angst.

Viele Menschen auf der Erde haben Angst, in die Hölle zu kommen, doch das ist nicht sehr nützlich. Es besteht keine Notwendigkeit, sich zu fürchten. Wenn wir uns, solange wir auf der Erde sind, über die Hölle und den Tod und über all die anderen Dinge Sorgen machen, die schiefgehen könnten, werden wir viel Angst haben und nie Freude und Glück finden. Wenn wir Angst vor der Hölle haben, müssen wir unserem Leben einen Sinn geben, insbesondere, indem wir anderen helfen.

Deshalb«, schloss der Dalai Lama und tätschelte dem Erzbischof spielerisch das Handgelenk, »möchte ich lieber in die Hölle als in den Himmel kommen. In der Hölle kann ich mehr Probleme lösen. Ich kann dort mehr Menschen helfen.«

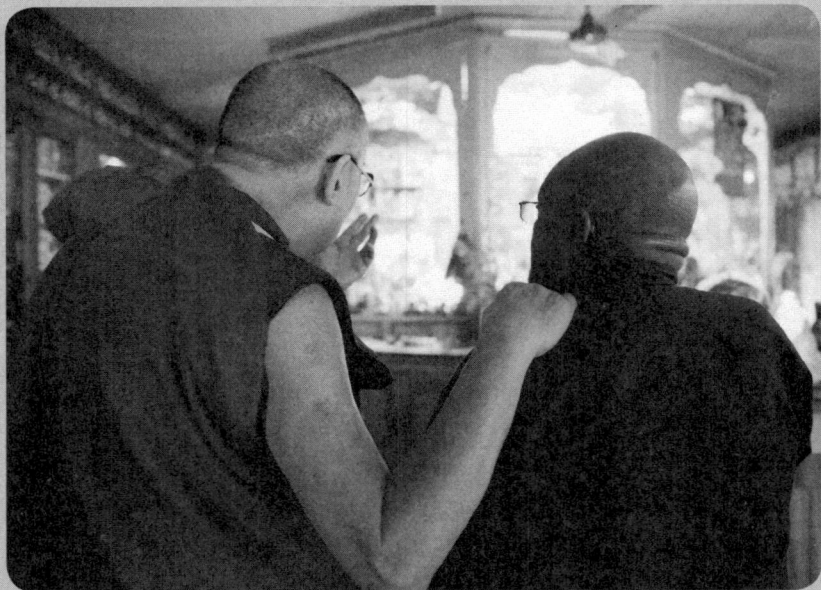

MEDITATION

Jetzt verrate ich euch ein Geheimnis

Wir erreichten den Gebäudekomplex des Dalai Lama am frühen Morgen, eben erwachte das klare Licht der Bergregion. Wir alle mussten einen gründlichen Sicherheitscheck über uns ergehen lassen, was uns daran erinnerte, dass nicht alle dem Dalai Lama dieselbe Liebe entgegenbringen wie er ihnen. Ich hatte mir schon vorgenommen, das Abtasten, wie man es auch von Flughäfen kennt, eher als kleine Massage und nicht so sehr als Eingriff in meine Privatsphäre und Unterstellung böser Absichten zu begreifen. Ich spürte immer mehr, wie sehr sich die Wirklichkeit durch die eigene Sichtweise beeinflussen ließ.

Bis zum Wohngebäude des Dalai Lama war es nicht weit. Später sagten uns Leute, die schon seit dreißig Jahren für den Dalai Lama arbeiteten, dort seien sie noch nie gewesen. Dies war seine Zuflucht, einer von wenigen Orten, an denen der stets in der Öffentlichkeit stehende Mann für sich sein konnte. Für uns war es eine ganz besondere Ehre, in dem Allerheiligsten empfangen zu werden.

Das gelbe Betongebäude mit seinem grünen Dach gleicht vielen anderen Häusern in Dharamsala. Durch Doppeltüren und

großzügig verglaste Wände fällt viel Tageslicht herein. Der Dach-
balkon ist wie für Frühgymnastik geschaffen und bietet dem Dalai
Lama einen wunderschönen Blick auf sein geschätztes Gewächs-
haus voller purpurner, rosafarbener und weißer Rittersporne und
goldgelber Ringelblumen, die wie winzige Sonnen erstrahlen. Von
dort schweift der Blick südwärts über die fruchtbaren grünen
Ebenen Indiens, in der Gegenrichtung hinauf zu den jahraus,
jahrein weiß vergletscherten Riesen des Dhauladhar-Gebirges.
Die Großartigkeit des Potala seiner Jugend mag diesem Anblick
fehlen, doch entschädigt er mit einer Eleganz und Wärme, die
dem Palast in Lhasa mit seinen tausend leeren, von Geistern
heimgesuchten Zimmern gefehlt haben dürfte.

Wir folgten dem Dalai Lama und dem Erzbischof ins Haus,
während immer mehr Licht durch die Sprossenfenster herein-
strömte. Die Vorhänge waren mit Kordeln zur Seite gerafft, und
die Decke war schwarz und rot gestrichen. Im Flur hingen bunte
Thangkas; der Vorraum war eingeengt durch zahlreiche Bücher-
regale, die vor heiligen Werken mit goldenem Einband über-
quollen.

»Nun, dies ist mein, wie sagt man, Wohnzimmer, ein Gebets-
raum«, erklärte der Dalai Lama. Bei jemandem, der so viel Zeit
mit Gebet und Meditation zubringt, scheint eine solche Verbindung durchaus passend. Unser Blick fiel auf einen großen, hell
erleuchteten, verglasten Altar mit einer etwas ausgezehrt wir-
kenden Buddhastatue im Inneren. An den Seiten des Möbels,
das in einem amerikanischen oder europäischen Haushalt wohl
Silber oder Porzellan enthalten würde, waren heilige tibetische
Texte zu sehen, die wie rechteckige Blöcke aussahen. Ein Tablet
auf der Anrichte zeigte das Zifferblatt einer Uhr, die zu den vollen Stunden läutete.

Als wir eintraten, sahen wir einen noch größeren Altar, auch
dieser in Glas eingefasst. »Hier, diese Statue«, sagte der Dalai

Lama und führte Tutu zur großen Buddhastatue in der Mitte, »stammt aus dem siebten Jahrhundert. – Stimmt das?«, fragte der Dalai Lama, an Jinpa gewandt.

»Richtig, siebtes Jahrhundert«, bestätigte Jinpa.

»Er gehörte dem Kloster an, in dem diese Statue einst stand«, sagte der Dalai Lama und deutete auf Jinpa. Die Buddhastatue namens »Kyirong Jowo«, was so viel bedeutet wie »der Bruder von Kyirong«, zählt zu den wertvollsten religiösen Schätzen des tibetischen Volkes. Sie war in eine traditionelle tibetische Robe gekleidet und trug eine juwelenbesetzte Goldkrone. Sie war umgeben von Dutzenden kleinerer Buddhas sowie anderer heiliger Figuren und von weißen und purpurroten Orchideen eingerahmt. Sie war aus Sandelholz geschnitzt und golden bemalt. Die Augen lagen weit auseinander, mit feinen Augenbrauen, die Lippen gebogen und das ganze Gesicht von heiterem Ausdruck. Der rechte Arm war ausgestreckt, und die Handfläche wies in einer Geste der Gastfreundschaft, Zustimmung und Großzügigkeit nach oben.

»Wunderbar!«, sagte der Erzbischof.

»Ursprünglich gab es zwei ähnliche Statuen, die aus ein und demselben Stück Sandelholz geschnitzt waren. Und seit der Zeit des fünften Dalai Lama stand eine im Potala«, erklärte der Dalai Lama. Der »Große Fünfte«, wie er häufig genannt wird, lebte im siebzehnten Jahrhundert, machte den ständigen Bürgerkriegen ein Ende und vereinigte Zentraltibet. Er ist gewissermaßen der Karl der Große von Tibet – eigentlich Karl der Große und Papst in einer Person. »Eine Statue stand im Potala«, fuhr er fort, »aber diese hier stand in Westtibet. Sie waren wie Brüder, wie Zwillinge. Als dann die chinesische Armee den Potala zerstörte, wurde der eine getötet.« Vielleicht hatte er sich versprochen, aber die Art, wie der Dalai Lama die Statue als Person ansprach und ihren Tod beschrieb, war sehr ergreifend. »Die Mönche aus

Westtibet konnten diesen hier nach Indien schmuggeln. Da ergab sich die Frage, ob er die Mönche dieses Klosters nach Südindien begleiten sollte, wo man sie ansiedelte, oder hier bei mir bleiben würde. Ich habe dazu Nachforschungen mysteriöser Art angestellt – Zeichendeutungen, wie es sie bei euch in der afrikanischen Kultur wohl auch gibt. Und diese Statue, wie sagt man?«

Er besprach sich auf Tibetisch mit Jinpa, der dann übersetzte: »Die Zeichendeutung ergab, dass die Statue es vorzog, bei dem zu bleiben, der berühmter ist.«

Alle lachten.

»Jetzt verrate ich euch ein Geheimnis, etwas sehr Außergewöhnliches. Jeden Morgen, müsst ihr wissen, bete ich zu dieser Statue. Und dabei sehe ich, dass ihr Gesichtsausdruck wechselt.« Der Dalai Lama blickte verschmitzt drein, und es war nicht ganz klar, ob er Tutu an der Nase herumführte.

»*Wirklich?*«, meinte der Erzbischof und versuchte, nicht allzu ungläubig zu klingen. Der Dalai Lama wiegte den Kopf hin und her, als würde er sagen: »Vielleicht, vielleicht auch nicht.« Dann fragte Tutu: »Lächelt sie auch?«

»Ja, genau wie du, wirklich!«, antwortete der Dalai Lama, beugte sich vor und berührte die Stirn des Erzbischofs mit der seinen. Dann hob er den Zeigefinger und merkte rasch an: »Oh, aber nicht wie bei deinen Augen, so groß und rund.« Der Dalai Lama riss die Augen weit auf, was Überraschung, Furcht oder Wut bedeuten konnte. »Also gut, jetzt zu unserer Sitzung.«

Auf dem Weg zu seinem Platz blieb er allerdings vor einem anderen Altar in der Mitte des Raums stehen.

Auf dem runden Tisch stand ein sehr lebensnahes Kruzifix aus weißem Marmor mit schwarzen Nägeln, die aus den Handflächen ragten. Dort stand auch eine Madonnenstatue. »Dies hier ist eine schwarze Madonna aus Mexiko.« Die Madonna trug eine goldene Robe und Krone und hielt eine goldene Weltkugel in den Händen. Auf ihrem Schoß saß ein kleines Jesuskind.

»Maria ist das Symbol der Liebe«, sagte der Dalai Lama und zeigte auf die Statue, die ebenso wie der Sandelholz-Buddha ihre Handfläche geöffnet hielt. »Sie ist wunderbar.«

Dort stand auch ein tiefblauer Globus auf einem goldenen Ständer, vielleicht ein anderes heiliges Symbol und ein greifbares Zeichen für die buddhistische Überzeugung, dass alles miteinander in Verbindung steht. Die Gebete und die Sorge des Dalai Lama schlossen – ebenso wie die des Erzbischofs – die ganze Welt mit ein.

Der Dalai Lama führte Tutu zu einem dick gepolsterten beigefarbenen Sessel mit hoher Lehne. Tutu trug ein marineblaues tibetisches Hemd mit einem Knopf nahe der Schulter, der das Hemd wie eine gut sitzende Tasche wirken ließ, in die man den Erzbischof gesteckt hatte. Es war von Lama Tenzins Vater, einem versierten Schneider, eigens als Geschenk für den Erzbischof angefertigt worden. Tutu nahm Platz und verschwand fast in dem großen Sessel.

Wir Übrigen setzten uns auf den Boden, und der Dalai Lama fragte uns, ob wir lieber Stühle hätten, aber wir antworteten, dass wir ganz zufrieden seien.

»Früher bin ich auch auf dem Boden gesessen«, sagte der Dalai Lama. »Aber dann bekam ich dieses Problem mit meinen Knien. Deshalb ist es mir jetzt so lieber.« Er deutete auf einen breiten, mit rotem samtigem Stoff bezogenen Sessel. Er raffte seine Robe ein wenig und setzte sich. An der Wand hinter ihm hing ein Thangka in Gelb, Rot und Grün. Zu seinen Füßen stand ein niedriger Holztisch, auf dem sich buddhistische Texte stapelten. Zwei hohe, schlanke Lampen, die wie Wächter auf beiden Seiten des Tisches standen, spendeten wahrscheinlich Licht, wenn sich der Dalai Lama frühmorgens bei seinen Übungen mit den langen tibetischen Schriften beschäftigte. Eine Vase mit rosafarbenen Tulpen und eine goldene Schale zum Werfen von Reis bei Feierlichkeiten sorgten für Farbtupfer. Außerdem standen auf dem ziemlich vollgestellten Tisch noch zwei schlanke Tablets, eines für die Wettervorhersage, das andere für die BBC-Nachrichten.

»Wegen unseres Programms habe ich heute schon um zwei Uhr dreißig mit der Meditation begonnen.«

»Hmm«, meinte der Erzbischof anerkennend.

»Dann habe ich wie üblich geduscht und anschließend die Meditationsübungen fortgesetzt. Und bei dir, alles in Ordnung? Ist die Temperatur okay?« Der Dalai Lama streckte besorgt die Hände vor.

Tutu lächelte und reckte die Daumen hoch. »Danke«, antwortete der Erzbischof, als sie sich Seite an Seite niederließen.

»Dieser Teil ist ein klares Licht der Todesmeditation«, erklärte der Dalai Lama, als würde er uns in eine Atemmeditation einführen und nicht ein Gespräch über die Vergänglichkeit unseres Körpers. »Wir trainieren unseren Geist, indem wir einen sehr detaillierten Vorgang dessen durchlaufen, was wir zum Zeitpunkt unseres Todes erleben werden.«

»Hm«, erwiderte der Erzbischof mit großen Augen, als hätte man ihn gerade dazu aufgefordert, sich mit einem kleinen Marathon für die spirituelle Olympiade aufzuwärmen.

»Nach der buddhistischen Vajrayana-Psychologie gibt es verschiedene Bewusstseinsebenen«, erklärte der Dalai Lama und bezog sich dabei auf die esoterische buddhistische Tradition, die dabei helfen soll, die letzten Wahrheiten zu ergründen. »Die gröberen Ebenen unserer körperlichen und geistigen Zustände enden und lösen sich auf, und es kommen feinere Ebenen zum Vorschein. Auf der innersten und zartesten Ebene ergibt sich dann im Augenblick des Sterbens dieser Zustand aus klarem

Licht. Nicht Tod. Sondern Sterben. Das körperliche Empfinden endet. Der Atem stoppt. Das Herz bleibt stehen und schlägt nicht mehr. Auch das Gehirn hört auf zu funktionieren. Dennoch bleiben feine, sehr feine Bewusstseinszustände, die Vorbereitung für ein neues Lebensziel.«

Das Bewusstsein im Augenblick des Todes, das der Dalai Lama beschrieb, ist frei von Dualität und Inhalt und drückt sich aus in strahlender Helligkeit. (In der Hollywoodkomödie »Wahnsinn ohne Handicap« brüstet sich der von Bill Murray gespielte Platzwart Carl, er hätte für den zwölften Dalai Lama auf einem Gletscher die Golfschläger getragen. Auf seine Bitte um ein Trinkgeld nach dem Spiel habe der Dalai Lama geantwortet, Geld werde es nicht geben, aber wenn Carl stürbe, auf seinem Totenbett, werde er völlige Bewusstheit erlangen. Vielleicht waren die Drehbuchautoren ja auf der richtigen Spur und ahnten etwas vom klaren Licht der Todesmeditation.)

»Deshalb«, erklärte der Dalai Lama, »sprechen wir in der buddhistischen Geisteshaltung vom Tod, dem Übergangszustand und der Wiedergeburt. Ich persönlich unterziehe mich fünfmal am Tag dieser Art von Meditation, also erlebe ich gewissermaßen täglich Tod und Wiedergeburt – ich verlasse die Welt fünfmal und kehre fünfmal zurück. Ich denke also, wenn ich dann tatsächlich sterbe, dürfte ich gut darauf vorbereitet sein!« Bei diesen Worten wurden das Funkeln in seinen Augen und das schelmische Lächeln sanfter und nachdenklicher. »Aber sicher weiß ich das auch nicht. Doch wenn der Tod dann kommt, dann hoffe ich, dass ich dazu fähig bin, diese Übung wirkungsvoll anzuwenden. Ich weiß es jedoch nicht mit Sicherheit. Und deswegen brauche ich *deine* Gebete.«

»Die Chinesen sagen, dass du nicht entscheiden wirst, wer deine Reinkarnation sein wird«, sagte der Erzbischof und schlug damit wieder den für diese Woche so typischen humorvollen

Ton an. Er ließ keine Gelegenheit aus, Verbindungen zwischen dem Gebet und der Politik oder zwischen Meditation und Aktivismus aufzuzeigen – und er war immer für einen Scherz zu haben. Seine Erklärung, die chinesische Regierung (die keinerlei Religion duldet) würde über die nächste Reinkarnation des Dalai Lama bestimmen, sorgte jedenfalls für allgemeine Heiterkeit.

»Mir wäre es am liebsten«, antwortete der Dalai Lama und lachte, »wenn *du* nach meinem Tod meine Reinkarnation suchtest und die Untersuchung durchführtest und nicht eine antireligiöse, atheistische, kommunistische Regierung.«

»Ja«, sagte der Erzbischof nach einer Pause nachdenklich und fragte sich wohl, wie er bei einer solchen Suche nach dem nächsten Dalai Lama wohl vorgehen würde.

»Für gewöhnlich sage ich«, fuhr der Dalai Lama halb im Scherz fort, »dass die kommunistische Partei Chinas zunächst einmal die Theorie der Wiedergeburt anerkennen sollte. Wenn diese Leute die Reinkarnation des großen Vorsitzenden Mao Zedong anerkennen und dann die Reinkarnation von Deng Xiaoping, dann haben sie auch das Recht, sich in die Reinkarnation des Dalai Lama einzumischen.«

»Ja«, bemerkte Tutu. »Ich fand das sehr interessant, weil sie doch behaupten, Atheisten zu sein, aber dann wollen sie entscheiden, ob du wiedergeboren wirst. Das ist schon erstaunlich.« Bischof Tutu kicherte und schüttelte den Kopf angesichts der absurden Bemühungen der chinesischen Regierung, die Wege des Dalai Lama sogar im Jenseits kontrollieren zu wollen.

Die Worte verklangen, und das Gespräch und die Scherze wichen stiller Betrachtung.

Der Dalai Lama setzte seine Brille ab. Sein Gesicht war so vertraut und doch mit einem Mal stark verändert. Es wirkte nun lang und oval, von seiner breiten, hohen Stirn über die Augenbrauen und die leicht geöffneten Augen zu seiner geraden, breiten Nase, den markanten Wangenknochen, die nun wirkten wie die verwitterte Felswand eines Himalajagipfels, und weiter zu seinen geraden, vorgeschobenen Lippen und hinunter bis zum weich gerundeten Kinn. Er hielt den Blick gesenkt, als wäre die Jalousie seines Geistes geschlossen, als widme er sich nun ganz der Reise nach innen.

Der Dalai Lama kratzte sich an der Schläfe, und ich war froh, dass er kein strenger Asket war, der derlei menschliche Regungen unterdrückte.

Er zog sich den Umhang fester um die Schultern, legte die Hände in den Schoß und fand zur Ruhe.

Mir gingen sofort hundert Fragen durch den Kopf, und ich konnte mich kaum konzentrieren, denn ich musste an all die Fragen denken, die ich stellen wollte, an die laufende Videokamera, die anderen Personen im Raum und ob alles so war, wie es sein sollte, und jeder das hatte, was er brauchte. Doch während ich das Gesicht des Dalai Lama betrachtete, schienen meine eigenen Spiegelneuronen den Gemütszustand einzufangen, dessen Zeuge ich war. Spiegelneuronen erlauben uns, andere nachzuahmen und ihre Gefühle mitzuerleben. Deshalb spielen sie beim Mitgefühl eine entscheidende Rolle. Allmählich verspürte ich ein leichtes Kribbeln in der Stirn, dann schien sich meine Konzentration zu schärfen, und verschiedene Bereiche meines Gehirns kamen zur Ruhe, als würde sich seine Tätigkeit auf das beschränken, was Kenner in spirituellen Dingen das Dritte Auge nennen und was Neurowissenschaftler als mittleren präfrontalen Kortex bezeichnen.

Daniel Siegel hat mir erklärt, dass in diesem wichtigen Hirnareal Verbindungen aus vielen Bereichen zusammenlaufen und Funktionen von der Gefühlsregulation bis zu unserem Moralempfinden beheimatet sind. Er und andere Wissenschaftler vertreten die Ansicht, dass Meditation diese Vorgänge unterstützt.

Das neuronale Netzwerk der frontalen Hirnrinde, erklärte er, scheint dabei Verbindung zu empfindlicheren Gefühlsstrukturen des Gehirns – insbesondere der empfindsamen Amygdala – aufzunehmen und sie zu beruhigen. Die Reaktionsfähigkeit dieses Gehirnareals haben wir offenbar von unseren scheuen, im ständigen Widerstreit von Kampf und Flucht lebenden Vorfahren geerbt. Die Reise nach innen befreit uns jedoch größtenteils von diesen überlieferten Instinkten, sodass wir in schwierigen Situationen kaum mehr mit der Wimper zucken oder das vernünftige Denken einstellen.

Vielleicht besteht das Geheimnis der Freiheit einfach darin, die enge Spanne zwischen Stimulus und Reaktion zu verlängern. Meditation scheint genau diese Pause zu vergrößern, was uns bessere Möglichkeiten gibt, unsere Reaktion zu erwägen. Können wir beispielsweise die kurze Pause zwischen dem ärgerlichen Vorwurf unseres Ehepartners und unserer Reaktion von Wut oder Verletzung darauf verlängern? Können wir den Kanal auf unserem geistigen Sendesystem von selbstgerechter Empörung (»Wie kann sie nur so mit mir reden?«) auf mitfühlendes Verständnis umschalten (»Sie muss sehr müde sein«)? Ich werde nie vergessen, wie Erzbischof Tutu, von mir vor einigen Jahren mit einem Vorwurf konfrontiert, genau dies getan hat: abwarten und seine Reaktion erwägen.

Wir hatten schon zwei anstrengende Tage mit Interviews hinter uns. Es ging um seine bahnbrechende Arbeit bei der Wahrheits- und Versöhnungskommission Südafrikas. Seit Stunden zeichnete ein Kamerateam unser Gespräch auf, und Tutu war ohne Zweifel erschöpft und auch ein bisschen genervt. Es war nicht ganz einfach, den von ihm so wirkungsvoll vorangetriebenen Prozess der Wahrheitsfindung und das Ringen um Vergebung bis zur Versöhnung systematisch zu beschreiben, denn er hatte nur zu oft instinktiv gehandelt, um sein Land zu heilen.

In einem besonders angespannten Augenblick hatte ich ihn nach seiner Rückkehr von England nach Südafrika gefragt, einer Entscheidung von enormer Tragweite nicht nur für die Anti-Apartheid-Bewegung und die Befreiung seines Landes, sondern auch für seine Frau Leah und die Kinder. Immerhin verließen sie ein Land, in dem sie freie und gleichwertige Bürger waren, und kehrten zurück in ein rassistisches System der Unterdrückung. Außerdem riss der Umzug die Familie auseinander, denn die südafrikanische Regierung hatte für Schwarze und andere Nichtweiße ein spezielles Bantu-Bildungssystem eingerichtet, das gezielt auf minderwertige Arbeitsstellen vorbereitete. So sollte die Unterdrückung auch auf geistiger Ebene für Generationen zementiert werden. Für den Erzbischof und Leah war das nicht hinnehmbar, und damit war klar, dass sie ihre Kinder in ein Internat in Swasiland schicken mussten.

Dies war einer der schwierigsten Augenblicke in ihrer Ehe, der sie beinah zerbrochen hätte. Zumindest Leah hatte sehr darunter gelitten. Ich merkte an, dass nur wenige Ehestreitigkeiten später durch die Geschichte gerechtfertigt würden, und fragte Tutu dann, ob er sich je bei Leah entschuldigt habe für das ihr zugefügte Leid. Er rechtfertigte sich, er habe das Richtige getan, und ein bisschen klang auch der Anspruch eines Mannes seiner Generation auf eine solche Entscheidung mit. Daraufhin hakte ich nach, warum er sich nie bei Leah für den Kummer entschuldigt habe, auch wenn seine Entscheidung gerechtfertigt gewesen war.

Als meine Worte immer schärfer und vorwurfsvoller wurden, sah ich, wie er den Kopf als Reaktion zurücknahm, möglicherweise etwas schuldbewusst. Die meisten hätten in dieser Situation wohl auf ihrem Standpunkt beharrt oder eine geharnischte Erwiderung geliefert. Tutu jedoch sammelte sich in diesem Sekundenbruchteil, erwog die Möglichkeiten und entschied sich für eine Antwort, die in diesem Fall gar nicht zurückweisend ausfiel, sondern nachdenklich und betroffen. Selten ist mir deutlicher vor Augen geführt worden, was ein Leben in Gebet und Meditation uns schenken kann – diese Pause, die uns die Freiheit gibt, überlegt zu antworten, anstatt instinktiv zu reagieren. Wenige Wochen später schrieb er mir, er habe die Angelegenheit mit Leah besprochen und sie um Entschuldigung gebeten. Leah habe ihm darauf geantwortet, sie hätte ihm längst verziehen. Selbst die allerbesten Ehen – möglicherweise gerade die besten – sind ein fortgesetzter Prozess der ausgesprochenen und unausgesprochenen Vergebung.

Der Erzbischof legte seine rechte Hand in die linke. Konzentriert hielt er den Kopf gesenkt. Hier ging es um Meditation, aber ich war mir nie ganz sicher, wo die Meditation endet und das Gebet beginnt oder wo das Gebet endet und die Meditation beginnt. Man hat mir gesagt, es ist Gebet, wenn wir mit Gott sprechen, und Meditation, wenn Gott antwortet. Ob es dann Gott ist, der antwortet, oder ein weiser Teil unseres eigenen Verstandes, war mir vielleicht gar nicht so wichtig, weil es mir vor allem darum ging, den inneren Lärm zu beruhigen und durch die dichte, alles umschließende Stille hindurchzuhören.

Als der Dalai Lama die Meditation beendet hatte, war der Erzbischof an der Reihe, seine geistigen Übungen mit uns zu teilen. Tutu beginnt den Tag für gewöhnlich mit Gebet und Meditation in der kleinen, kammerähnlichen Kapelle im Obergeschoss seines Hauses in Kapstadt. Bevor er dort Erzbischof geworden war, wohnte er mit seiner Familie in Soweto, der ehemaligen schwarzen Township vor den Toren von Johannesburg, die im Kampf gegen die Apartheid – auch durch den Aufstand von Soweto – eine zentrale Rolle spielte. Dort stand ihm eine etwas größere, ans Haus angebaute Kapelle mit einem bunten Glasfenster und wirklichen Kirchenbänken zur Verfügung. Es war ein wunderbar abgeschiedener Ort, und wir haben dort in der Stille gemeinsam so manchen schönen Augenblick verbracht. Mir kam es da vor wie im spirituellen Hauptquartier des Kampfes gegen die Apartheid, wo sich Tutu in Zeiten der Qual und Unsicherheit viele Male an Gott gewandt und Weisung erhalten hatte.

Während Tutu und Mpho Brot und Wein vorbereiteten, sagte der Dalai Lama:»Ein buddhistischer Mönch trinkt keinen Wein, keinen Alkohol – im Prinzip. Aber heute, mit dir, werde ich ein wenig davon kosten.« Er fügte an:»Doch sei unbesorgt, ich werde mich nicht betrinken.«

»Trotzdem werde ich dich nicht trinken und dann Auto fahren lassen«, erwiderte Tutu.

»Dies ist das erste Mal, dass wir zusammen beten«, sagte der Dalai Lama.»Ein Buddhist, ein Christ, Brüder. Ich habe euch schon erzählt, dass ich seit 1975 zu vielen verschiedenen religiösen Orten gepilgert bin. Manchmal braucht es eine große Katastrophe, damit die Angehörigen verschiedener Glaubensrichtungen zusammenkommen und erkennen, dass wir alle gleich sind, Brüder und Schwestern. Was wir heute hier tun, sehe ich als Teil einer ähnlichen Pilgerfahrt. Wenn ich diese Christusfigur ansehe, dann bewegt sie mich zutiefst. Ich glaube, dass dieser Lehrer Millionen von Menschen eine immense Inspiration gegeben hat. Aber jetzt ist es Zeit für deine Meditation.«

Der Erzbischof und Mpho teilten die kleinen Gebetsbücher aus und hielten die Eucharistiefeier ab, die heilige Kommunion. Bei diesem Brauch wird das letzte Abendmahl nachvollzogen, das zum jüdischen Passahfest abgehalten wurde. Jesus soll seine Jünger dazu angehalten haben, das Brot zu essen und den Wein zu trinken zu seinem Gedenken, und für viele Christen wird das Brot dabei zu Christi Leib und der Wein zu seinem Blut. Mit dem Abendmahl wird zelebriert, dass sich Jesus selbst opferte.

Ich hatte es schon viele Male gemeinsam mit Bischof Tutu gefeiert, und meist war ich der einzige Jude, was der Erzbischof gern betonte, und häufig merkte er an, ich sei dabei, um sicherzustellen, dass die Eucharistie auch »koscher« war. Als Nichtchrist erhielt ich allerdings nicht tatsächlich die Kommunion und war daher überrascht, dass sowohl der Erzbischof als auch der Dalai Lama mit ihren Glaubenstraditionen brachen.

In zahlreichen christlichen Gemeinden werden Nichtchristen und sogar Christen anderer Konfession (mit denen sie nicht in voller Kirchengemeinschaft stehen) vom Abendmahl ausgeschlossen. Wie in vielen Religionen bestimmt der Ritus also auch hier, wer zur Gruppe gehört und wer nicht. Dies ist eine der größten Herausforderungen der Menschheit: das Überwinden der Grenzen zwischen denen, die als »wir« gelten, und denen, die wir als »die anderen« sehen. In Gehirnscans wurde kürzlich nachgewiesen, dass wir ein ziemlich binäres Verständnis von uns und den anderen haben und dass unsere »Empathie-Schaltkreise« nur angeregt werden, wenn wir die andere Person als Teil unserer Gruppe erkennen. Zahllose Kriege wurden geführt, und viel Ungerechtigkeit wurde verübt, weil wir andere aus unserer Gruppe und damit aus dem Bereich unseres Mitgefühls verbannt haben. Desmond Tutu hat während des Irakkriegs vehement auf diesen Umstand hingewiesen, als die US-amerikanischen Medien die Kriegsopfer auf amerikanischer und irakischer Seite verschieden werteten. Für den Erzbischof waren alle Gefallenen ohne Unterschied Gottes gleichwertige Kinder.

Er und der Dalai Lama zählen wirklich zu den offensten religiösen Führern der Welt, und durch ihre Äußerungen während der Woche zog sich wie ein roter Faden der Aufruf, unsere engstirnigen Kategorien zu überwinden und der ganzen Menschheit Liebe und Mitgefühl entgegenzubringen. Dass wir die religiösen Handlungen an diesem Morgen gemeinsam erlebten, geschah zum Zeichen, unsere engen Begriffe von uns und den anderen, Christen und Buddhisten, Hindus und Juden, Gläubigen und Atheisten hinter uns zu lassen. Hier im Lande Gandhis, in dem wir uns befanden, musste ich an seine wegweisende Antwort auf die Frage denken, ob er Hindu sei:»Ja, das bin ich. Ich bin auch Christ, Muslim, Buddhist und Jude.« Wir suchen nach der menschlichen Wahrheit und trinken dabei aus dem Becher der Weisheit, ganz gleich, aus welcher Quelle sie kommt.

»Ist das Englisch?«, fragte der Dalai Lama, als er das Gebetbuch zur Hand nahm.

»Ja, es ist Englisch. Hättest du es lieber in Xhosa?«, fragte Tutu. Er meinte damit seine afrikanische Muttersprache und ließ den typischen Anlaut hörbar klicken.

»Das kenne ich nicht.«

»Deinetwegen machen wir es auf Englisch.«

»Danke, danke«, sagte der Dalai Lama.

»Aber die Sprache im Himmel ist Xhosa. Wenn du dort hinaufkommst, müssen wir einen Dolmetscher für dich finden.«

»Da gibt es eine Verbindung«, sagte der Dalai Lama.»Weißt du, die Historiker sagen, dass die ersten Menschen aus Afrika kamen – unsere wirklichen Vorfahren. Also begann Gottes Schöpfung in Afrika.«

»Gar nicht weit von meinem Zuhause …«, antwortete der Erzbischof.»Den Ort nennen sie die ›Wiege der Menschheit‹. Du bist also Afrikaner, obwohl man dir das gar nicht ansieht!«

»Der Europäer, der Asiate, der Araber, der Amerikaner …«, begann der Dalai Lama.

»… sie sind alle Afrikaner«, erklärte der Erzbischof.»Wir sind alle Afrikaner. Manche von uns waren ein bisschen weiter weg von der Hitze, und deswegen hat sich ihre Haut verändert. Jetzt wollen wir still werden.«

»Ja. Du solltest als Erster still werden. Wir werden dann folgen«, neckte ihn der Dalai Lama zum letzten Mal, bevor es feierlich wurde, obwohl ich häufig das Gefühl hatte, dass Heiligkeit und Unbeschwertheit für diese beiden Männer nicht zu trennen waren.

Der Dalai Lama saß nun mit andächtig geschürzten Lippen da. Als der Gottesdienst begann, nickte er aufmerksam. Wenn wir uns erhoben, stand auch er kerzengerade und zog seinen scharlachroten Umhang um sich. Er hielt die Hände aneinandergedrückt, die Finger verschränkt. Ich wusste, jeder der beiden Männer war es gewohnt, seine ganze Glaubensrichtung zu repräsentieren; und der Dalai Lama versuchte, der buddhistischen Gemeinschaft Tibets und vielleicht der gesamten buddhistischen Gemeinschaft seinen Respekt zu zollen.

Mpho Tutu trug ein hellrotes Kleid mit passendem Haarband und dazu einen schwarzen Umhang. Sie begann mit einem Gebet für all die Orte, an denen Ungerechtigkeit und Streit herrschten, und fuhr fort, für all die zu beten, die in Not waren. Zum Schluss segnete sie unsere gemeinsame Arbeit hier.

Wir beendeten die Gebete und Bekräftigungen der Eucharistie mit den Worten: »Friede sei mit dir. Der Friede des Herrn sei mit dir.« Alle gingen herum und küssten und umarmten einander. Der Dalai Lama stand hinter seinem Meditationstisch. Mir ging durch den Kopf, wie selten er umarmt wird, und ich ging zu ihm hinüber, um ihm Gesellschaft zu leisten. Dann kam auch Mpho und schließlich der Erzbischof. Sie hielten sich an den Händen und verbeugten sich voreinander.

Nun war es Zeit für die Kommunion. Der Erzbischof hob ein kleines Stück tibetisches Weißbrot in die Höhe und legte es dann dem Dalai Lama in den Mund. Dabei war das Perlenarmband mit der Aufschrift »U-B-U-N-T-U« an Tutus Handgelenk zu sehen, das uns in unserer Verbundenheit und wechselseitigen

Abhängigkeit voneinander bestärkte. Es mahnte uns, dass wir mit jedermann in Kommunion sein können. Dann trat Mpho mit dem Glas Rotwein heran. Der Dalai Lama tauchte die Spitze seines linken Ringfingers hinein und benetzte damit seine Zunge.

Nachdem alle die Kommunion erhalten hatten, sammelte der Erzbischof mit seinem Finger die Krümel ein, damit nichts vom symbolischen Leib vergeudet wurde, gab alle Reste in das Glas mit dem verdünnten Wein und trank es aus.

Er endete mit einem Segen in Xhosa, wieder mit der wunderbaren klickenden Klangpoesie seiner Muttersprache, bekreuzigte sich und schlug dann das Kreuzeszeichen über der versammelten Gemeinde. »Ich sende euch aus, geht hinaus in die Welt. Geht in Frieden, um den Herrn zu lieben und ihm zu dienen. Halleluja. Halleluja im Namen Christi. Amen. Halleluja. Halleluja.«

Bevor wir aufbrachen, nahm der Dalai Lama noch einige Pillen zu sich, tibetische Medizin, wie er erklärte. Er kaute und verzog wegen des bitteren Geschmacks das Gesicht.

»Ach, deswegen siehst du so gut aus!«, bemerkte der Erzbischof.

»Nur durch Gottes Gnade«, entgegnete der Dalai Lama.

Rachel fügte an: »Gottes Gnade schickt den tibetischen Arzt.«

»Was die körperliche Stärke angeht, gibt Gott den Ungläubigen mehr als den Gläubigen!«, sagte der Dalai Lama und lachte.

Auch Erzbischof Tutu kicherte, nahm seinen Stock und ging los, drehte sich aber noch einmal herum: »Jetzt lach nicht über deine eigenen Witze, Mann!«

»Das hast du mir beigebracht.« Dann stand auch der Dalai Lama auf, schlug den Umhang um die Schultern und fasste den Erzbischof am Arm. »Vielen Dank«, sagte er im Hinblick auf den Gottesdienst. »Sehr eindrucksvoll.«

»Danke für deine Gastfreundschaft«, erwiderte der Erzbischof.

Sie gingen durch den dunklen, mit Thangkas behangenen Korridor hinaus. Nun flutete helles Licht durch die Fenster am Ende des Gangs herein. Sie gingen ins Freie und weiter die Betonstufen hinunter. Tutu ging langsam und hielt sich dabei am Geländer fest.

Es stand ein Wagen bereit, aber Tutu und der Dalai Lama wollten lieber zu Fuß zum Konferenzraum hinaufgehen, wo die Gespräche aufgezeichnet wurden.

Der Dalai Lama nahm Tutu an der Hand, in der dieser auch den Stock hielt, und die beiden kamen überraschend flott voran.

»Hast du hier schon mal Probleme mit der Sicherheit gehabt?«, fragte der Erzbischof.

»Nein, nein«, antwortete der Dalai Lama.

»Das überrascht mich«, erwiderte der Erzbischof.

»Nein«, bekräftigte der Dalai Lama noch einmal seine Sicherheit. »Ich sehe mich als den Gast, den die indische Regierung am längsten beherbergt hat – schon seit sechsundfünfzig Jahren.«

»Sechsundfünfzig? Aber hat denn nie jemand versucht, hier einzudringen? Ist niemand gekommen, um dir etwas anzutun?« Er dachte dabei bestimmt an die Todesdrohungen, die er selbst erhalten hatte; es gab sogar einen konkreten Plan zu seiner Ermordung. Dieser war von der dichten Menge vereitelt worden, die ihn am Flughafen umgeben hatte, sodass der Attentäter nicht nah genug herangekommen war.

»Nein, nein. Indien sorgt für meinen Schutz. Vierundzwanzig Stunden am Tag.«

»Wirklich erstaunlich, aber trotzdem, manche sind ziemlich gerissen. Sie unterwandern den Sicherheitsapparat, und du glaubst, dass du jemanden hast, der dich beschützt, und dann stellt sich heraus …«

»Selbst im Weißen Haus«, sagte der Dalai Lama, »ist jemand unbemerkt hineingekommen.«

»Es ist wunderbar, dass du hier bis jetzt in Sicherheit warst.«

»Die einzige Gefahr«, erklärte der Dalai Lama, »ist ein Erdbeben.«

TAG 4 UND 5

DIE ACHT SÄULEN
DER FREUDE

1. BLICKWINKEL

Es gibt viele verschiedene Sichtweisen

»Wie schon zu Anfang gesagt, ist die Freude ein Neben-produkt«, begann Erzbischof Tutu. »Wenn du dir vornimmst: ›Ich will glücklich sein‹, und entschlossen die Zähne zusammenbeißt, dann wirst du todsicher den Bus verpassen.« Wenn also Freude und Glück Nebenprodukte sind, *wovon* sind sie denn eigentlich Nebenprodukte? Wir mussten nun tiefer ein-tauchen in die Geistes- und Herzenseigenschaften, die wir zu stärken hatten, so wir denn diesen »Bus« erreichen, sprich die Gelegenheit nicht verpassen wollten.

»Bis jetzt haben wir das Wesen wahrer Freude und die Hin-dernisse auf dem Weg dorthin behandelt«, begann ich am vier-ten Tag unserer Gesprächsrunde. »Damit sind wir bereit zum Austausch über die positiven Eigenschaften, die es uns erlauben, mehr Freude zu empfinden.«

Wir hatten besprochen, wie die geistige Immunität Angst, Wut und andere Hemmnisse auf dem Weg zur Freude aus dem Weg räumen kann, aber der Dalai Lama erklärte, dass diese geis-tige Immunität unseren Geist und unsere Herzen gleichzeitig mit positiven Gedanken und Gefühlen erfüllt. In unserem Aus-tausch einigten wir uns schließlich auf acht Säulen der Freude.

Vier davon waren Geisteshaltungen: *Blickwinkel, Bescheidenheit, Humor* und *Akzeptanz.* Dazu kamen vier Eigenschaften des Herzens: *Vergebung, Dankbarkeit, Mitgefühl* und *Großzügigkeit.* Gleich am ersten Tag hatte der Erzbischof die rechte Hand auf sein Herz gelegt, um dessen Bedeutung zu betonen. Am Ende gelangten wir tatsächlich zu den Begriffen Mitgefühl und Großzügigkeit, und beide Männer waren sich darin einig, dass diese beiden Eigenschaften für das Erlangen dauerhafter Freude wahrscheinlich die entscheidenden waren. Dennoch mussten wir beginnen mit grundlegenden Geisteshaltungen, die es uns erlauben, uns leichter und häufiger auf mitfühlende und großzügige Verhaltensweisen einzulassen. Wie der Dalai Lama beim Beginn unserer Dialoge gesagt hatte, bereiten wir uns das meiste Leid selbst und sollten deshalb in der Lage sein, auch mehr Freude zu schaffen. Der Schlüssel dazu, hatte er erklärt, sei unser Blickwinkel; unsere Gedanken, Gefühle und Handlungen ergäben sich dann daraus.

Der überwiegende Teil der Ergebnisse unserer Gespräche dieser Woche ist durch wissenschaftliche Untersuchungen bestätigt. Die Faktoren, die der Psychologin Sonja Lyubomirsky zufolge den größten Einfluss auf unser Glück haben, decken sich weitgehend mit den acht Säulen. Da ist zunächst einmal unsere Perspektive auf das Leben zu nennen oder, wie es Lyubomirsky beschreibt, unsere Fähigkeit, unsere Situation in einem positiveren Licht zu sehen. Andere Faktoren sind die Fähigkeiten, Dankbarkeit zu empfinden und uns anderen gegenüber gütig und großzügig zu erweisen.

Ein vernünftiger Blickwinkel ist tatsächlich Grundlage für Freude und Glück, denn so, wie wir die Welt sehen, erleben wir sie auch. Wenn wir unsere Perspektive verändern, erfahren wir die Welt auch anders und handeln anders, was umgekehrt die Welt verändert. Oder, wie der Buddha im Dhammapada sagt: »In unserem Geist schaffen wir uns unsere eigene Welt.«

»Zu jedem Ereignis im Leben«, bemerkte der Dalai Lama, »gibt es verschiedene Blickwinkel. Betrachtet man dasselbe Ereignis in einem größeren Rahmen, empfinden wir weniger Sorge und Angst und verspüren größere Freude.« Die Bedeutung einer weiter gefassten Perspektive hatte uns der Dalai Lama bereits an dem Beispiel erläutert, wie er den Verlust seines Heimatlandes als Chance hatte begreifen können. Uns blieb der Mund offen stehen, wie er ein halbes Jahrhundert im Exil »in einem positiveren Licht betrachtete«. Er hatte nicht nur das gesehen, was verloren war, sondern auch das, was er gewonnen hatte: mehr Kontakt und neue Verbindungen, weniger Formalitäten und mehr Freiheit, die Welt zu entdecken und von anderen zu lernen. Er hatte geschlossen: »Betrachten wir etwas nur aus einer Richtung, dann denken wir: ›Oh, wie schlimm, wie traurig!‹ Sehen wir dasselbe Unglück aber aus einem anderen Blickwinkel, dann erkennen wir, dass es uns neue Möglichkeiten bringt.«

Edith Eva Eger berichtet von einem Besuch bei zwei ehemaligen Soldaten am William Beaumont Army Medical Center in Fort Bliss. Beide waren durch Verletzungen an der Front querschnittsgelähmt und konnten ihre Beine nicht bewegen. Sie hatten dieselbe Diagnose und dieselbe Prognose. Tom, der erste Kriegsveteran, lag in Embryonalhaltung gekrümmt auf seinem Bett, schimpfte auf sein Leben und haderte mit dem Schicksal. Der zweite, Chuck, saß im Rollstuhl und erklärte, es käme ihm vor, als habe er eine zweite Chance für sein Leben bekommen. Während er sich im Rollstuhl durch den Garten schob, hatte er bemerkt, dass er den Blumen nun viel näher war und den Kindern direkt in die Augen sehen konnte.

Eger zitiert häufig einen Ausspruch von Viktor Frankl – Auschwitz-Überlebender wie sie –, der besagte, unsere Einstellung in jeder Situation zu wählen sei unsere letzte und endgültige Freiheit. Sie erklärt, unsere Perspektive trage die Macht in sich, uns am Leben zu erhalten oder unseren Tod zu bewirken. Eine Mit-gefangene in Auschwitz war schwer erkrankt und sehr schwach, und die anderen in der Baracke fragten sie, was sie am Leben erhielte. Sie antwortete, sie habe gehört, dass sie bis Weihnach-ten alle befreit sein würden. So hielt sie trotz allem durch, starb aber am Weihnachtstag, als sie noch nicht befreit waren. Jinpa erklärte, es sei zwar schwierig, unsere Gefühle zu verändern, aber bei unserem Blickwinkel sei das vergleichsweise leicht. Er gehört zu jenem Teil unseres Geistes, über den wir die Kontrolle haben. Die Art, wie wir die Welt sehen, und die Bedeutung, die wir dem beimessen, was wir sehen, beeinflusst die Weise, wie wir fühlen. Dies kann der erste Schritt einer »geistigen und neuro-nalen Reise sein, die zu mehr und mehr Gelassenheit führt, so-dass Freude immer mehr zu unserem Normalzustand wird«, wie es der Psychologe und Autor Daniel Goleman bei einem Telefo-nat vor der Reise formulierte. Der Blickwinkel ist dabei nichts anderes als der Generalschlüssel zu allen Türen, die unser Glück gefangen halten. Wie kann es sein, dass sich ein Perspektiven-wechsel so entscheidend auswirkt? Und wie genau ist dieser ide-ale Blickwinkel, den der Dalai Lama und Desmond Tutu vorle-ben und der sie all dem Leid in unserer Welt mit so viel Frohsinn begegnen lässt?

Der Dalai Lama verwendete die Begriffe »größerer Rahmen« und »weite Perspektive«. Dazu müssen wir im Geist einen Schritt zurücktreten und das ganze Bild betrachten; wir müssen unsere beschränkte Eigenwahrnehmung und unsere Eigeninteressen hinter uns lassen. Jede Situation, der wir im Leben gegenüberste-hen, entsteht aus dem Zusammenwirken vieler Faktoren. Der Dalai Lama hatte erklärt: »Wir müssen jede Situation und jedes Problem von vorn und von hinten betrachten, von den Seiten und von oben und unten, also mindestens aus sechs verschiede-nen Blickwinkeln. So erhalten wir eher ein vollständiges und ganzheitliches Bild der Realität und können viel wirkungsvoller darauf reagieren.«

Wir leiden unter einer gewissen perspektivischen Kurzsichtigkeit und sehen unsere Erfahrungen nicht im größeren Rahmen. Schwierigen Situationen begegnen wir dann häufig mit Angst und Wut. Die Belastung macht es uns schwer, den entscheidenden Schritt zurückzutreten und andere Blickwinkel und Lösungsmöglichkeiten zu erkennen. Dies sei ganz normal, betonte Bischof Tutu bei den Gesprächen immer wieder. Wenn wir uns aber Mühe gäben, dann könnten wir weniger fixiert, weniger an eine einzige Lösungsmöglichkeit gebunden sein und der Situation mit besser geeigneten Mitteln begegnen. Dann erkennen wir, dass wir auch in scheinbar ausweglosen Situationen eine Wahl haben, eine Freiheit, selbst wenn diese Freiheit nur in der Haltung besteht, die wir einnehmen. Wie soll aus Trauma Wachstum und Verwandlung werden? Wie soll ein negatives Ereignis zu einem positiven werden? Wir wurden dazu eingeladen, den Segen im Fluch zu sehen, die Freude im Kummer, denn Jinpa holte uns mit einem außergewöhnlichen Gedankenexperiment heraus aus unserem eingeschränkten Blickwinkel: Denk an etwas Schlechtes, das in der Vergangenheit passiert ist, und dann an all das Gute, das sich daraus ergeben hat.

Aber sollen wir denn sein wie die immer optimistische Kinderbuchheldin Pollyanna? Sehen wir die Welt durch diese rosarote Brille nicht allzu undeutlich? Ich glaube nicht, dass man dem Dalai Lama oder Erzbischof Tutu vorwerfen kann, sie hätten den Schwierigkeiten in ihrem Leben und den Schrecken der Welt nicht ins Auge geblickt. Sie mahnen uns aber, dass das, was wir für die Realität halten, oft nur ein Ausschnitt des ganzen Bildes ist. Wenn wir also ein Problem in dieser Welt betrachten, sagt Tutu, und genauer hinsehen, dann entdecken wir all jene, die den Geschädigten helfen. So lässt sich das Leben positiver betrachten, wenn der Blickwinkel weiter ist und unsere Beobachtung genauer.

Bei einem weiten Blickwinkel sehen wir unsere eigene Lage und die anderer Betroffener in einem größeren Zusammenhang und von einem neutraleren Standpunkt aus. Sind wir uns erst der Bedingungen und Umstände bewusst, die zu diesem Ereignis geführt haben, dann können wir erkennen, dass unsere beschränkte Perspektive nicht mit der Wahrheit gleichzusetzen ist. Wie der Dalai Lama sagte, können wir in jedem Konflikt oder Missverständnis dann sogar unsere eigene Rolle erkennen.

Wenn wir einen Schritt zurücktreten, überblicken wir aber auch längere Zeitspannen und begreifen, wie sich unsere Handlungen und unsere Probleme im weiteren Verlauf unseres Lebens auswirken werden. Vielleicht erkennen wir von diesem erhöhten Standpunkt dann, dass die großen augenblicklichen Schwierigkeiten schon in einem Monat, einem Jahr oder einem Jahrzehnt vielleicht gar nicht mehr so unüberwindlich sein werden. Als Desmond Tutu in London den Templeton-Preis verliehen bekam, traf ich dort mit dem Königlichen Astronomen des Vereinigten Königreichs Sir Martin Rees zusammen, der mir erklärte, dass unsere Erde noch einmal dieselbe Zeitspanne bestehen wird, die schon während der Entwicklung von Einzellern zu uns Menschen verstrichen ist – in anderen Worten, bei der Evolution auf diesem Planeten ist gerade einmal Halbzeit. Die Probleme der Welt im Rahmen der Planetengeschichte zu sehen ist natürlich eine äußerst langfristige Betrachtung, aber sie stellt unsere täglichen Sorgen in einen sehr viel breiteren Kontext.

Mit einer weiteren Sichtweise können wir auch unsere Selbstzentriertheit überwinden; sie ist unsere häufigste Perspektive. Das ist nicht weiter verwunderlich, denn wir stehen ja im Mittelpunkt unserer Welt. Der Dalai Lama und der Erzbischof haben uns jedoch eindrucksvoll gezeigt, dass wir auch die Perspektive anderer einnehmen können.

Ich musste daran denken, wie sich Tutu gefragt hatte, ob der Autofahrer, der plötzlich die Spur gewechselt hatte, vielleicht auf dem Weg zum Krankenhaus war, weil ein Angehöriger von ihm krank war, oder ob bei seiner Frau eine Geburt bevorstand. »Manchmal sage ich den Menschen«, erklärte Tutu, »dass wir auf zweierlei Weise reagieren können, wenn wir im Stau stehen. Wir können uns von unserem Ärger auffressen lassen. Wir können uns aber auch zu den anderen Fahrern umschauen, und vielleicht hat die Frau von einem von ihnen Bauchspeicheldrüsenkrebs. Es spielt gar keine Rolle, ob wir das genau wissen, aber wir erkennen, dass sie alle ihre eigenen Sorgen und Ängste haben, einfach weil sie Menschen sind. Und dann können wir sie erhöhen und ihnen Glück wünschen. Wir können sagen: ›Bitte, Gott, gib jedem das, was er braucht.‹

Schon die Tatsache, dass wir nicht an den eigenen Ärger und Schmerz denken, verändert etwas. Ich weiß nicht, warum. Aber wir fühlen uns besser. Und ich glaube, dass dies eine heilsame Wirkung für uns hat, für unsere körperliche und geistige Gesundheit. Wie soll uns der Ärger helfen? Ich meine, man spürt ihn im Magen, man fühlt die Wut. Das wird dann immer schlimmer, und nach einer Weile bekommt man Magengeschwüre vor Ärger darüber, dass man im Stau steckt.«

Wenn wir die »Gottesperspektive« einnehmen, wie der Erzbischof vielleicht sagen würde, dann können wir unsere persönlichen Einschränkungen und unseren Egoismus überwinden. Man muss nicht an Gott glauben, um zu erkennen, wie ein solcher Perspektivenwechsel unser Denken verändert. Der oft zitierte Overview-Effekt ist hierfür ein eindrückliches Beispiel. Viele Astronauten haben von dem Moment berichtet, als sie die Erde aus dem Weltall sahen – eine kleine, blaue Kugel in der unendlichen Weite, ohne vom Menschen gezogene Grenzen. Seitdem hätten sie persönliche wie nationale Angelegenheiten nie wieder so gesehen wie zuvor. Sie erkannten die Einheit allen Lebens auf dieser unserer kostbaren Heimat im weiten Raum.

Im Grunde versuchten der Dalai Lama und der Erzbischof, unseren Blickpunkt vom »ich, mir und mein« in Richtung eines »wir, uns und unser« zu verschieben. Anfangs hatte der Dalai Lama eine bekannte Untersuchung erwähnt, der zufolge die ständige Verwendung von bestimmten Personalpronomen das Risiko für einen Herzinfarkt erhöht. In einer multizentrischen Studie über koronare Herzerkrankungen kam der Forscher Larry Scherwitz zu dem Ergebnis, dass Menschen, die oft »ich«, »mir« und »mein« sagen, häufiger einen Herzinfarkt erleiden und dieser öfter tödlich verläuft. Scherwitz fand heraus, dass diese sogenannte Selbstinvolvierung genauere Todesprognosen erlaubte als Rauchen, erhöhte Cholesterinwerte oder Bluthochdruck. Einer neueren Untersuchung von Johannes Zimmermann zufolge leiden Menschen, die häufiger Pronomen der ersten Person Singular wie *ich* und *mich* verwenden, öfter unter Depressionen als Menschen, die Pronomen der ersten Person Plural – *wir* und *uns* – bevorzugen.

Wenn wir einen weiten Blickwinkel haben, ist es auch weniger wahrscheinlich, dass sich unsere Gedanken immer wieder im Kreis bewegen. Jinpa hatte noch ein weiteres Gedankenexperiment für uns bereit, das uns aus unserer Selbstbefangenheit holen sollte. Desmond Tutu hatte es angewandt, während er wegen Prostatakrebs im Krankenhaus behandelt wurde, und der Dalai Lama benutzte es, als ihm eine Gallenkolik fürchterliche Schmerzen bereitete: Denk darüber nach, wo du in deinem Leben zu leiden hast, und denk dann an all die anderen Menschen, die sich in einer ähnlichen Lage befinden. Vielleicht ist genau dies der Moment, in dem Mitgefühl entsteht. Beide wiesen darauf hin, dass dieses »Mitleiden« mit anderen uns daran erinnert, dass wir nicht allein sind, was tatsächlich unsere Schmerzen lindert. Wenn wir so unsere wechselseitige Abhängigkeit voneinander begreifen, wird unser starres Ich-Gefühl aufgeweicht, und damit sind die Grenzen obsolet, die uns von anderen trennen. Schon früher in der Woche hatte der Dalai Lama gesagt, wenn er sich dagegen im Umgang mit seinen Mitmenschen als ein anderer sehe – als Buddhist, als Tibeter und so weiter –, baue er Mauern auf, die ihn von anderen fernhielten.

Diese Unterhaltung hatten wir gleich zu Anfang der Woche geführt; wir waren eben aus dem Flugzeug gestiegen und saßen im Wartesaal des Flughafens. Der Dalai Lama hatte gesagt: »Aber wo ist das Wesen von Bischof Tutu? Wir können es nicht finden.« Ganz im Sinn der buddhistischen Sichtweise hatte er gesagt, es sei sein Körper, nicht er selbst, es sei sein Geist, aber nicht er selbst. Buddhisten folgen dieser Betrachtungsweise, um weniger an ihrer Identität anzuhaften, denn je weniger wir gebunden sind, desto weniger werden wir uns abwehrend und passiv reagierend verhalten, und umso wirkungsvoller und kundiger können wir vorgehen.

Der Dalai Lama und der Erzbischof waren sich darin einig, dass ein weiterer Blickwinkel zu Gelassenheit und Gleichmut führt. Das bedeutet nicht, dass es uns dann an Stärke fehlt, um ein Problem anzugehen, aber wir können das in kreativer und mitfühlender Weise tun, nicht starr und passiv reagierend. Wenn wir die Perspektive anderer einnehmen, dann können wir mit ihnen mitfühlen und erkennen, dass wir alle voneinander abhängen. Und dann begreifen wir: So, wie wir mit anderen Menschen umgehen, gehen wir letzten Endes auch mit uns selbst um. Wir erkennen auch, dass wir nicht in jeder Situation alle Gesichtspunkte kontrollieren können. Dies stärkt unser Empfindungsvermögen für Bescheidenheit, Humor und Akzeptanz.

2. BESCHEIDENHEIT

Ich versuchte, demütig zu wirken

» Ich möchte noch etwas zu der Beisetzung anmerken, von der du gesprochen hast«, sagte der Dalai Lama und bezog sich dabei auf das, was der Erzbischof über seine Predigt bei Chris Hanis Beerdigung erzählt hatte. »Du sagtest, bei deiner Rede hättest du dich nicht als eine übergeordnete Person gesehen, sondern du seist einfach einer der Ihren gewesen. Das ist sehr, sehr wichtig. So geht es mir auch immer, wenn ich einen Vortrag halte. Ich sehe mich als Menschen wie jeden anderen im Publikum auch. Ich bin also einer von vielen, der vor anderen Menschen spricht.

Und sie sollten mich ebenfalls als Menschen wie sich selbst betrachten – mit demselben Potenzial für konstruktive wie auch destruktive Gefühle. Wenn wir jemanden treffen, müssen wir uns zuallererst bewusst machen, dass er das gleiche Bedürfnis nach einem glücklichen Tag in sich trägt, einem glücklichen Monat, einem glücklichen Leben. Und jeder von uns hat das Recht, dies auch zu erreichen.

Es ist gut möglich, dass ich meinem Publikum etwas Wichtiges mitgeben kann, aber wenn ich mich für etwas Besonderes halte oder wenn sie mich für verschieden oder besonders halten, dann wird meine Erfahrung nicht viel nutzen. Deshalb ist es wunderbar, dass ich in dir, Erzbischof, einen Kameraden gefunden habe, der diese Überzeugung in vollem Umfang teilt.«

Beide Männer scherten sich nicht um Status und Überlegenheit. Dass diese Einsicht in der religiösen Welt längst nicht von allen geteilt wird, schilderte der Dalai Lama in seinem nächsten Beispiel.

»Du hast gesagt, ich sei ein Schelm«, begann er und zeigte auf den Erzbischof. »Bei einer großen ökumenischen Versammlung in Delhi saß ein indischer Geistlicher so neben mir.« Der Dalai Lama setzte sich kerzengerade auf und machte ein strenges Gesicht. »Er sagte, sein Stuhl solle höher sein als die anderen. Wie nennt man dies hier?«, fragte der Dalai Lama und tippte auf das Gestell seines Stuhls.

»Die Beine«, rief Tutu ihm zu.

»Genau, die Beine waren ihm nicht lang genug, und die Veranstalter mussten extra Ziegelsteine bringen, um den Stuhl dieses spirituellen Führers zu erhöhen. Ich saß die ganze Zeit neben ihm, und er blieb unbeweglich wie eine Statue. Und dann dachte ich, wenn sich jetzt einer der Steine verschiebt und wenn er umkippt, dann würden wir sehen, was geschieht …«

»Hast du den Stein bewegt?«, fragte Tutu.

»Wenn ich das getan hätte …«

»Ich glaube dir nicht.«

»Vielleicht siehst du ja eine geheimnisvolle Kraft am Werk, die den Ziegelstein bewegt, weil ich zu Gott bete: ›Bitte, wirf doch diesen Stuhl um.‹ Und dann würde sich dieser Geistliche wie ein menschliches Wesen benehmen.«

Der Dalai Lama und der Erzbischof gackerten beide.

»Wie schon gesagt war ich früher, als ich jung war, immer nervös«, fuhr der Dalai Lama fort. »Bei diesen förmlichen Vorträgen dachte ich *nicht*, dass wir alle gleich sind, und ich verspürte Angst. Ich vergaß, dass ich nur ein Mensch bin, der zu anderen Menschen spricht. Ich hielt mich selbst für etwas Besonderes, und wegen dieser Denkweise fühlte ich mich isoliert. Dieses Gefühl von Abgesondertsein trennt uns von anderen Menschen. Es ist eine arrogante Denkweise, die einen zuerst vereinsamen lässt und dann ängstigt.

Im Jahr 1954 war ich zu einem offiziellen Besuch in Beijing, und der indische Botschafter kam, um mich zu sehen. Einige chinesische Politiker waren ebenfalls anwesend. Und auch diese Leute von der kommunistischen chinesischen Regierung waren wie Statuen, so – ganz ernst und zurückhaltend. Und dann fiel aus irgendeinem Grund eine Schale mit Obst auf den Boden. Ich weiß gar nicht, wie das passierte. Aber diese chinesischen Beamten mit ihren strengen Gesichtern fielen sofort auf die Knie und krochen dem Obst hinterher, um es aufzuheben.

Seht ihr? Wenn alles reibungslos läuft, dann können wir so tun, als wären wir etwas ganz Besonderes. Wenn aber etwas passiert, etwas Unerwartetes, denn sind wir plötzlich gezwungen, uns wie normale Menschen zu verhalten.«

Ich wollte gerade die nächste Frage stellen, als der Dalai Lama auf eine Uhr blickte, die aber die falsche Zeit anzeigte, und er fragte, ob es Zeit für die Teepause sei. Ich erklärte, wir hätten noch eine halbe Stunde, fragte aber den Erzbischof, dessen Kräfte wir nicht überstrapazieren wollten, ob wir eine Pause einlegen sollten.

»Nein.«

»Bei Ihnen alles in Ordnung?«, fragte ich noch einmal aus Sorge, er könne sich vielleicht doch zu viel zumuten.

»Ihm geht es bestens«, antwortete der Erzbischof mit einem Blick auf den Dalai Lama. »Er benimmt sich wie ein menschliches Wesen.«

»Und *du* beschreibst mich als schelmisch!«, erwiderte der Dalai Lama den Scherz. »Wenn ich also bei einer besonders heiligen oder förmlichen Zusammenkunft bin, hoffe ich immer, dass irgendetwas schiefgeht.«

»Dann wissen die Leute jetzt, wenn der Dalai Lama in einen Raum kommt und neben dem Präsidenten sitzt, dann blickt er sich um und hofft, dass einer der Stühle zusammenbricht.«

»Deshalb«, fuhr der Dalai Lama fort, »wurden Präsident Bush und ich gleich bei unserem ersten Treffen auf menschlicher – nicht auf politischer – Ebene enge Freunde. Wir saßen zusammen, und man bot uns Kekse an. Ich fragte: ›Welche sind die besten?‹, und er zeigte sofort auf ganz bestimmte. ›Diese da sind sehr gut.‹ Er verhielt sich wie ein normaler Mensch, und wir wurden vertraut miteinander. Wenn ich andere politische Führer treffe, herrscht da meist eine gewisse Distanz. Beim zweiten Treffen kommen wir uns etwas näher, beim dritten Mal noch ein bisschen mehr.« Er schob seinen Kopf immer näher an den Erzbischof heran.

»Als ich noch sehr jung war, in Lhasa, erhielt ich immer wieder Ausgaben der amerikanischen Zeitschrift *Life*. In einem Heft war ein Bild von Prinzessin Elizabeth, der künftigen Königin, bei einem wichtigen offiziellen Empfang. Die Prinzessin verlas eine Erklärung, mit Prinz Philip an ihrer Seite. Der Wind hatte den Rock Ihrer Majestät so aufgeblasen.« Der Dalai Lama plusterte seine Robe auf. »Prinzessin Elizabeth und Prinz Philip taten beide, als wäre nichts geschehen, aber ein amerikanischer Fotograf machte das Foto. Ich musste lachen, als ich es sah. Ich fand das wirklich sehr amüsant. Manchmal – und ganz besonders bei förmlichen Anlässen – benehmen sich die Menschen ganz anders, als wären sie etwas Besonderes.«

»Können Sie erklären, welche Rolle die Bescheidenheit für das Erlangen von Freude spielt?«, fragte ich, während der Erzbischof zu lachen ansetzte.

»Man erzählt sich die Geschichte von einem Bischof«, begann er, »der gerade dabei war, Kandidaten für das Priesteramt zu ordinieren. Sie unterhielten sich über Tugenden, darunter auch die Tugend der Bescheidenheit. Einer der Kandidaten kam zum Bischof und sagte, er habe in der Bibliothek nach einem Buch über Bescheidenheit gesucht. Und der Bischof antworte te: ›O ja, ich habe das beste Buch über dieses Thema geschrieben.‹«

Ich dachte, gleich würde er auch den Witz von den drei Bischöfen zum Besten geben, den er oft erzählt: Die drei Kirchenmänner standen vor dem Altar und schlugen sich vor Bescheidenheit in die Brust, sie seien nichts im Angesicht Gottes. Kurz darauf trat ein einfacher Messdiener heran, schlug sich auch in die Brust und erklärte ebenfalls, er sei nichts. Als die Bischöfe das hörten, stieß einer den anderen an und meinte: »Schaut euch den an – kommt daher und glaubt, er wäre nichts!«

Diese Geschichten über falsche Bescheidenheit sind amüsant, weil man nicht einfach beschließen kann, man sei bescheiden. Tutu lachte wohl deshalb über meine Frage, bevor ich sie noch ganz gestellt hatte. Er wollte nicht behaupten, ein Experte für Genügsamkeit zu sein. Dennoch waren er und der Dalai Lama der Ansicht, dass Bescheidenheit für ein Leben in Freude eine Grundvoraussetzung ist. Genau diese Bescheidenheit ist es, die diese beiden Männer so zugänglich macht, die sie mit anderen verbindet und ihr Tun in der Welt so wirkungsvoll werden lässt.

»Es gibt ein tibetisches Gebet«, sagte der Dalai Lama, »das zu den Lehren zur Übung des Geistes gehört. Ein tibetischer Meister sagt: ›Möge ich mich niemals überlegen fühlen, wann immer ich einen anderen sehe. Und möge ich den anderen Menschen vor mir wirklich schätzen, von ganzem Herzen.‹« Dann wandte er sich dem Erzbischof zu und sagte: »Manchmal sagst du mir, ich solle mich benehmen …«

»… wie ein heiliger Mann«, beendete Tutu den Satz.

»Ja, wie ein heiliger Mann«, wiederholte der Dalai Lama und lachte, als sei die Vorstellung von ihm als einem heiligen Mann das Witzigste, was ihm je zu Ohren gekommen war.

»Ja, ja«, sagte der Erzbischof. »Ich meine, die Leute erwarten doch eine gewisse Ausstrahlung – und dass du entsprechend auftrittst. Dass du mir nicht meine Mütze wegnimmst und sie dir selbst auf den Kopf setzt. Das erwarten die Leute einfach nicht von einem heiligen Mann!«

»Aber wenn man sich doch für einen ganz normalen Menschen hält – einen von sieben Milliarden –, dann sollte man nicht überrascht sein oder glauben, ich sollte etwas Besonderes sein. Und deshalb ist es egal, ob ich unter Königinnen und Königen bin, unter Präsidenten und Premierministern oder unter Bettlern: Ich denke immer daran, dass wir alle gleich sind.«

»Aber wenn Sie Ihr Volk so unterwürfig als ›Seine Heiligkeit‹ behandelt«, fragte ich, »ist es da nicht schwierig, bescheiden zu bleiben?«

»Nein, Förmlichkeit und Protokoll kümmern mich nicht. Das ist künstlich. Wirklich. Bischof, du bist doch auch wie ein ganz normaler Mensch geboren worden. Erzbischöfe kommen doch nicht als besondere Weise auf die Welt. Und ich glaube, wenn das Ende naht, wirst du auch als ganz normaler Mensch sterben.«

»Ja«, antwortete der Erzbischof, »aber wenn Leute vor dich treten, dann ist das anders, als wenn sie vor mich treten.«

»Das ist wahrscheinlich so, weil ich aus einem rätselhaften Land komme, Tibet. Manche Menschen nennen Tibet Shangri-La, und vielleicht ist eine Person, die viele Jahre im Potala gelebt hat, irgendwie rätselhaft. Und dann sind da diese chinesischen Hardliner, die mich ständig kritisieren. Das schafft zusätzliche Aufmerksamkeit. Deshalb sind …« Der Dalai Lama musste über seine Berühmtheit und Rätselhaftigkeit lachen.

Der Erzbischof unterbrach ihn: »Weißt du – genau das meinen wir doch. Du lachst über etwas, was normalerweise Qualen bereiten sollte. Und die Leute sagen, wenn mich im Leben einmal etwas quält, dann hoffe ich, dass ich so damit umgehen kann wie der Dalai Lama mit den Schikanen der Chinesen. Aber wie kann man so etwas für sich entwickeln? Wie hast du das hingekriegt? Du bist doch nicht so geboren worden.«

»Das stimmt, das ging nur durch Übung und durch das Glück, dass ich die Liebe meiner Mutter erhalten habe. Als ich klein war, habe ich meine Mutter niemals wütend gesehen. Sie war sehr, sehr gütig. Aber mein Vater war recht unbeherrscht. Ein paarmal habe ich aber auch seinen Segen bekommen.«

Der Dalai Lama machte eine Geste, als würde er geschlagen werden. »Als ich klein war«, fuhr er fort, »folgte ich dem Beispiel meines Vaters und war auch sehr unbeherrscht. Aber dann wurde ich älter und übernahm nach und nach die Art meiner Mutter. Auf diese Weise habe ich die Erwartung meiner beiden Eltern erfüllt!«

Der Dalai Lama und der Erzbischof beharrten beide darauf, dass Bescheidenheit für jede Art von Freude unerlässlich ist. Wenn wir unseren Blickwinkel geweitet haben, begreifen wir auf natürliche Weise unsere Rolle in dem Großen und Ganzen, das war, das ist und das sein wird. So ergibt sich Bescheidenheit ganz von selbst und damit die Erkenntnis, dass wir als Einzelne nicht alle Probleme lösen und nicht alle Gesichtspunkte des Lebens beherrschen können. Wir brauchen andere Menschen. Tutu hatte treffend festgestellt, dass unsere Verletzlichkeit, unsere Schwächen und Einschränkungen als Erinnerung daran dienen, dass wir einander brauchen: Wir sind nicht für Unabhängigkeit oder Selbstständigkeit geschaffen, sondern für gegenseitige Abhängigkeit und Unterstützung. Der Dalai Lama betonte noch einmal, dass wir alle auf dieselbe Weise geboren werden und sterben und in diesen Augenblicken völlig auf andere angewiesen sind, ob wir nun Bettler sind oder der Dalai Lama, ob wir ein Erzbischof sind oder ein Flüchtling.

Als langjähriger Freund und Mitarbeiter des Dalai Lama beschrieb Daniel Goleman dessen Lebenseinstellung: »Der Dalai Lama scheint über alles vergnügt, was um ihn herum geschieht, freut sich an dem, was passiert, nimmt aber nichts allzu persönlich und sorgt oder ärgert sich nicht angesichts dessen, was sich zuträgt.« Die ganze Woche über erinnerte uns der Dalai Lama immer wieder daran, uns nicht in unseren Rollen zu verfangen, und tatsächlich entsteht Überheblichkeit, wenn wir unsere zeitlich begrenzten Rollen mit unserer grundsätzlichen Identität verwechseln. Als unser Tontechniker Juan dem Dalai Lama das Funkmikrofon anlegte, zog dieser zum Spaß an Juans Don-Quichotte-Bart. Alle mussten kichern und der Dalai Lama am meisten. Damit sagte er: Heute bist du der Tontechniker und ich der Dalai Lama, und beim nächsten Mal sind die Rollen vielleicht vertauscht. Das könnte in einem Jahr sein oder in einem anderen Leben, denn die Vorstellung der Wiedergeburt mahnt uns immer daran, dass unsere Rollen nur vorübergehend sind.

Das englische Wort *humility* für »Bescheidenheit« ist abgeleitet vom lateinischen Wort *humus* für »Erdreich« oder »Boden«, was sehr ähnlich klingt wie ein köstlicher Kichererbsen-Dip aus dem Nahen Osten: Hummus. Bescheidenheit bringt uns zurück auf den Boden der Tatsachen, manchmal mit einem gehörigen Plumps. Erzbischof Tutu erzählte beispielsweise die Geschichte von einem Flug von Durban nach Johannesburg während der Apartheid. Eine Stewardess fragte, ob er für einen anderen Passagier ein Buch signieren würde. Tutu erinnerte sich: »Ich versuchte, demütig zu wirken, obwohl ich im Grunde geschmeichelt war, dass man mich erkannt hatte.« Als sie ihm das Buch reichte und er den Füller herauszog, fragte sie: »Sie sind doch Bischof Muzorewa, nicht wahr?«

Keiner von uns ist immun gegen allzu menschliche Regungen wie Stolz und gesteigertes Selbstwertgefühl – echte Überheblichkeit entsteht jedoch aus Unsicherheit. Wenn wir uns für größer als die anderen halten müssen, hat das seine Ursache in der nagenden Angst, wir könnten kleiner sein. Wann immer der Dalai Lama solche Regungen verspürt, betrachtet er einen Käfer oder eine andere Kreatur und ruft sich in den Sinn, dass dieses Wesen in gewisser Weise besser ist als wir, denn es ist unschuldig und völlig frei von Bosheit.»Wenn wir begreifen, dass wir alle Kinder Gottes sind«, erklärte der Erzbischof,»und damit gleich und gleichwertig, dann brauchen wir uns nicht besser oder schlechter als andere zu fühlen.« Er ließ keinen Zweifel daran:»Keiner von uns ist ein himmlisches Zufallsprodukt.« Wir sind vielleicht nicht außergewöhnlich, aber wir sind wesentlich. Keiner kann unsere Rolle im göttlichen Plan oder in der Entfaltung des Karmas übernehmen, außer wir selbst.

Manchmal verwechseln wir Bescheidenheit mit Schüchternheit. Damit machen wir dem, dem wir unsere Gaben verdanken, wenig Ehre. Bescheidenheit ist die Erkenntnis, dass wir unsere Fähigkeiten Gott schulden und somit nicht allzu sehr an diesen Gaben hängen. Bescheidenheit erlaubt uns, die Fähigkeiten anderer zu schätzen, aber deswegen brauchen wir unsere eigenen Gaben nicht zu verleugnen oder davor zurückzuschrecken, sie zu nutzen. Gott ›benutzt‹ jeden von uns auf seine Weise, und selbst wer nicht der Beste ist, kann immer noch der sein, der gebraucht wird oder verfügbar ist.«

In der Nacht vor dem Beginn unserer Gespräche hatten mich große Zweifel geplagt, und ich lag lange wach. Immerhin sollte ich ein Gespräch mit diesen beiden bedeutenden Persönlichkeiten führen und dabei die richtigen Fragen stellen. Wir hatten nur eine Gelegenheit, diese historische Begegnung einzufangen und für die Welt aufzubereiten. Bestimmt waren andere sehr viel besser dafür geeignet, diese Interviews zu führen. Immerhin versuchte ich hier etwas, was ich nie zuvor getan hatte, und derartige Herausforderungen sind fast zwangsläufig mit Ängsten und Zweifeln verbunden. Ich bin mir nicht sicher, ob sich solche Bedenken jemals überwinden lassen. Immer wenn wir die Grenzen unserer Fähigkeiten und Erfahrungen erreichen, werden uns diese Sorgen eingeflüstert. Ich bin inzwischen zu der Einsicht gelangt, dass diese Stimmen unserem Schutz dienen, da sie uns vor dem Unvertrauten und Unbekannten warnen; dies macht die Stiche der Selbstzweifel allerdings nicht weniger schmerzhaft.

Schließlich fand ich doch in den Schlaf, als ich erkannte, dass es hier nicht um mich und meine Begrenztheit ging. Ich war nur ein Stellvertreter all derer, die von der Weisheit des Erzbischofs und des Dalai Lama profitieren wollten – und weder während der Gespräche noch beim Verfassen dieses Buches würde ich allein sein. Es war, wie Tutu gesagt hatte: Ob ich nun der Geeignetste war oder nicht – ich war der, der zur Verfügung stand.

»Hier ist eine Frage von einem Jungen namens Emory«, sagte ich. »Eine Frage für Sie, Eure Heiligkeit. Er schreibt: ›Eure Worte erheben mich immer und geben mir einen Sinn, wenn ich unzufrieden mit mir bin. Wie kann man sich am besten eine positive Einstellung bewahren, wenn die Dinge nicht so laufen wie gewünscht?‹ Hier ist also ein Junge, der mit sich unzufrieden ist, so wie wir es alle sind. Wie können wir diesen selbstkritischen Stimmen begegnen, die uns alle plagen?«

»So viele Menschen«, sagte der Dalai Lama, »tun sich offenbar schwer damit, gut zu sich selbst zu sein. Das ist wirklich traurig. Wir sehen, wenn wir keine echte Liebe und Güte zu uns selbst verspüren, wie sollen wir sie dann auf unsere Nächsten ausdehnen? Wie der Erzbischof gesagt hat, müssen wir daran erinnern, dass der Mensch von Natur aus gut und positiv ist, damit wir daraus Mut und Selbstvertrauen ziehen können. Zu viel Konzentration auf uns selbst führt, wie wir schon gesehen haben, zu Angst, Unsicherheit und Furcht. Wir dürfen nie vergessen, dass wir nicht allein sind. Wir sind Teil einer ganzen Generation und damit die Zukunft der Menschheit. So gewinnen wir Zuversicht und ein Ziel für unser Leben.

Außerdem sollten wir erkennen, dass es sehr positiv sein kann, wenn wir um unsere eigenen Beschränkungen und Schwächen wissen. Das kann Weisheit bedeuten. Wer seine Unzulänglichkeit begreift, gibt sich Mühe. Wer denkt: ›Alles ist gut, und ich bin okay, so wie ich bin‹, der wird sich nicht weiterentwickeln. Ein tibetisches Sprichwort besagt: ›Die Weisheit ist wie Regenwasser – beide sammeln sich an tiefen Stellen.‹ Ein anderes Sprichwort fragt: ›Wo beginnt es im Frühling zu blühen? Auf den Hügeln oder unten im Tal?‹ Das Wachstum beginnt immer an den tiefen Stellen. Wenn man also bescheiden bleibt, besteht die Möglichkeit, dass man dazulernt. Ich erzähle den Leuten oft, dass ich mich noch immer als Schüler sehe, obwohl ich schon achtzig Jahre alt bin.«

»Tatsächlich?«, meinte der Erzbischof mit einem wehmütigen Lächeln.

»Tatsächlich. Lernen. Jeden Tag von Neuem.«

»Ja, du bist wunderbar.«

»Oh.« Der Dalai Lama lachte. »Solche Bemerkungen erwarte ich von dir.«

Auch Bischof Tutu lachte und versuchte, bescheiden zu bleiben. Wenn wir bescheiden sind, können wir auch über uns selbst lachen. Beide Männer betonten, wie wichtig ein Sinn für Humor ist und ganz besonders die Fähigkeit, über unsere eigenen Schwächen zu lachen – eine entscheidende Zutat für das Aufkommen von Freude.

3. HUMOR

Zu lachen und zu scherzen ist viel besser

Es war wirklich erstaunlich, wie viel während dieser Woche gelacht wurde. Zeitweise wirkten der Dalai Lama und Erzbischof Tutu eher wie ein Comedian-Duo als zwei angesehene spirituelle Vordenker. Mit ihren Scherzen, ihrem Gelächter und der Fähigkeit, sich über allzu schlichte Frömmeleien zu amüsieren, sprengten die beiden alle Erwartungen. Wenn ein Dalai Lama und ein Erzbischof in eine Bar kämen, dann erwartete man nicht, dass sie es wären, die die Witze reißen. Ich habe schon mit vielen Geistlichen zusammengearbeitet und habe die Vermutung, dass ungehemmtes Lachen und ein Sinn für Humor als universelles Richtmaß für spirituelle Entwicklung taugen. Tutu und der Dalai Lama standen jedenfalls ganz oben auf der Skala und nahmen mit der Kraft ihres Humors alles auf die Schippe – Täuschung, Dünkel, Ungerechtigkeit und Bosheit. Die beiden und alle um sie herum waren ständig am Wiehern, Glucksen und Kichern und mussten sich die Bäuche halten; diese Momente großer Leichtigkeit fügten sich ineinander mit tiefgründigen und heiligen Augenblicken. Bei den meisten angeschnittenen Themen, mochten sie noch so schmerzlich sein, war ihre erste Reaktion zu lachen.

Es war offensichtlich, dass der Humor im Mittelpunkt ihrer frohen Lebensweise stand, aber warum war das Lachen so bedeutsam?

»Ich habe einmal mit einem mexikanischen Schamanen gearbeitet«, erklärte ich, um das Thema einzuführen. »Er sagte, Lachen und Weinen seien dasselbe – nur fühle sich das Lachen besser an. Es wird ganz deutlich, dass Lachen entscheidend dafür ist, wie Sie dieser Welt begegnen. Und der Erzbischof sagte gerade, dass Sie, Eure Heiligkeit, auch über Umstände lachen, die Menschen normalerweise Schmerzen bereiten.«

»Das ist richtig. Das ist richtig.«

»Können Sie uns erzählen, welche Rolle Lachen und Humor bei der Entstehung von Freude spielen?«

»Es ist viel besser, wenn nicht allzu viel Ernsthaftigkeit herrscht«, antwortete der Dalai Lama. »Zu lachen und zu scherzen ist viel besser. Dann sind wir völlig entspannt. Ich habe in Japan Wissenschaftler getroffen, die mir sagten, wenn man von ganzem Herzen – und nicht etwa gekünstelt – lacht, dann ist das sehr gut für das Herz und für die Gesundheit insgesamt.« Bei dem Wort »gekünstelt« lächelte er zum Schein und presste ein Kichern heraus. Er zog die Verbindung vom herzlichen Lachen zu einem warmen Herzen, das er schon einmal als Schlüssel zum Glück bezeichnet hatte.

Lachen soll die direkteste Verbindung zwischen zwei Menschen sein; und der Dalai Lama und der Erzbischof haben ohne Frage den Humor zu Hilfe genommen, um trennende Schranken zwischen Menschen niederzureißen. »Ich glaube, die Wissenschaftler haben recht«, schloss der Dalai Lama. »Menschen, die immer lachen, sind unbekümmert und unkompliziert. Sie erleiden weniger häufig einen Herzinfarkt als sehr ernste Menschen, die sich mit der Verbindung zu anderen Menschen schwertun. Diese ernsten Menschen sind wirklich in Gefahr.«

»Bei uns zu Hause …«, merkte Tutu an und blickte im Gedenken an die schwierige Zeit nachdenklich zu Boden. »Wenn wir jemanden beerdigen mussten, der von der Polizei getötet worden war, dann kamen immer Hunderte von Menschen zur Beisetzungsfeier. Es galt ja der Notstand – alle anderen Versammlungen waren verboten –, und deshalb wurden die Beisetzungen zu politischen Kundgebungen. Dabei fanden wir heraus, dass das Lachen die beste Methode war, um unseren Leuten zu helfen, ihre Energie in eine positive Richtung zu lenken. Wenn wir Witze rissen – und zwar auch auf unsere eigenen Kosten –, dann gab das unserer Moral einen gewaltigen Schub. Dabei waren zum Teil wirklich entsetzliche Dinge geschehen. Wie ich schon über Chris Hani berichtete, half uns der Humor, eine sehr, sehr angespannte Situation zu meistern, indem wir die Leute mit Geschichten zum Lachen brachten, und ganz besonders zum Lachen über sich selbst.

Die Leute waren wirklich wütend, und immer stand die Polizei ganz in der Nähe. Es war eine sehr explosive Lage. Es hätte leicht eskalieren können.

Mein Waffenarsenal, wenn man so will, bestand fast immer aus Humor, insbesondere von der Art, bei der man über sich selbst lachen muss.

Wir kamen in eine Township gleich außerhalb von Johannesburg, wo das Apartheid-Regime eine Gruppe mit Waffen ausgestattet hatte, und diese Leute hatten ziemlich viele Menschen getötet. Wir Bischöfe trafen in der Nähe zusammen, und ich gehörte zu denen, die das Begräbnis der beim Massaker Getöteten abhielten. Die Menschen waren verständlicherweise völlig aufgebracht, und mir fiel die Geschichte ein, wie Gott uns zu Beginn der Schöpfung aus Ton formte und dann wie Backsteine in einen Ofen schob. Er stellte also eine Ladung in den Ofen, kümmerte sich dann um andere Dinge und vergaß diejenigen, die noch im Ofen waren. Erst nach einer Weile fiel es ihm wieder ein, und er eilte zum Ofen, aber die ganze Ladung war zu Asche verbrannt. Es heißt, so seien die schwarzen Menschen entstanden. Da gab es ein bisschen Gelächter. Und dann erzählte ich: ›Dann schob Gott eine zweite Ladung in den Ofen, aber diesmal war er übereifrig, öffnete die Tür zu früh, und diese zweite Ladung war nur halb gar. Und so sind die weißen Menschen entstanden.‹« Der Erzbischof lachte am Ende ein bisschen, aber nun erklang wieder sein typisches Kichern, das in der Tonlage aufstieg und schließlich wieder leiser wurde.

»Wir neigen dazu, uns aufzublasen, weil die meisten von uns ein schwaches Selbstbild haben. In einer Situation wie in Südafrika, wo wir diskriminiert wurden, konnte man sehr leicht sein Selbstgefühl verlieren, aber der Humor scheint den Menschen in solch einer Lage zu helfen. Eines schaffte er ganz bestimmt: Er löste eine äußerst angespannte Situation auf.«

Desmond Tutu besuchte Ruanda kurz nach dem Völkermord und wurde gebeten, eine Rede an die Hutu und Tutsi zu halten. Was soll man über eine Wunde sagen, die den Menschen noch so frisch im Herzen brennt? Der Erzbischof löste das Problem wie so oft, indem er einfach die Wahrheit aussprach – aber mit Humor. Er erzählte von Menschen mit großen Nasen und solchen mit kleinen Nasen und davon, wie die Großnasen die Kleinnasen ausschlossen. Die Leute im Publikum lachten, und während sie lachten, ging ihnen plötzlich auf, worüber er da sprach: wie abwegig Vorurteile und Hass sind, ob nun in seinem Land oder in ihrem. Der Humor war, wie er sagte, eine sehr wirkungsvolle Waffe.

Der Dalai Lama besuchte das nordirische Belfast nach den Unruhen. Man lud ihn zu einer privaten Versammlung ein, bei der sowohl Opfer als auch Verursacher von Gewalt anwesend waren. Auch hier war die Stimmung äußerst angespannt; das erlittene Leid war förmlich zu greifen. Zu Beginn erzählte ein ehemaliger protestantischer Kämpfer, andere Unionisten hätten ihm als Kind erzählt, was sie gegen die Katholiken unternähmen, wäre gerecht, weil Jesus Protestant gewesen sei und nicht Katholik. Dem Dalai Lama war natürlich bekannt, dass Jesus Jude gewesen war, und er musste so laut lachen, dass sich dadurch die Stimmung völlig veränderte. Wenn wir über die Absurdität unserer Vorurteile und unseres Hasses erst lachen können, fällt es sehr viel leichter, einen ehrlichen und mitfühlenden Austausch miteinander zu finden.

»Wenn wir nur lernen, uns selbst ein bisschen weniger ernst zu nehmen«, fuhr der Erzbischof fort, »dann ist das sehr hilfreich. Wir sehen, wie lächerlich wir uns verhalten. Mir hat es sehr geholfen, dass ich aus einer Familie stamme, in der jeder den andern ständig auf die Schippe genommen hat und auf alles Lächerliche hingewiesen wurde, besonders wenn jemand ein bisschen eingebildet war. Das hat unserem Gespür für die eigene Wichtigkeit sehr gut getan.

Dabei ist es natürlich nicht zum Lachen, wenn man nicht weiß, wo man die nächste Mahlzeit herbekommen soll. Es ist nicht zum Lachen, wenn man morgens aufsteht und keine Arbeit hat. Und doch waren es meist solche Leute, die in Massen zu den politischen Versammlungen und den Beerdigungen strömten. Und diese Leute konnten über sich selbst lachen. Und damit wurde ihr Lachen über andere weniger bösartig. Sie waren nicht gerade die tollsten Früchte in Gottes Garten, aber sie konnten über das Leben lachen, in seiner ganzen Grausamkeit und Unsicherheit. Humor ist hier wirklich die Rettung.

Auch meine Frau Leah hat mir geholfen, denn sie war – sie ist – sehr gut darin, dafür zu sorgen, dass ich bescheiden bleibe. Einmal waren wir mit dem Auto unterwegs, und mir fiel auf, dass sie ein bisschen selbstzufriedener wirkte als sonst. Dann sah ich das Auto vor uns noch einmal genau an und entdeckte einen Aufkleber, auf dem stand: ›Frauen, die Männern gleichwertig sein wollen, fehlt es an Ehrgeiz.‹«

»Herr Erzbischof«, sagte ich, »Humor kann auch sehr grausam sein. Aber Ihre Art von Humor – das beobachte ich seit Jahren – bringt uns näher zusammen, er trennt uns nicht und verletzt auch niemanden, außer vielleicht den Dalai Lama. Aber meistens hat er etwas Verbindendes. Können Sie uns ein bisschen darüber erzählen, wie der Humor uns zusammenbringen kann und uns verdeutlicht, wie lächerlich wir doch alle sein können?«

»Nun ja, wenn wir Menschen wirklich zusammenbringen möchten, dann sind bissige Bemerkungen sicher die falsche Methode. Es tut uns wirklich gut zu erkennen, welch kleine Würstchen wir alle sind. Das öffnet uns in vielfältiger Weise die Augen dafür, dass wir derselben Menschheit angehören.

Letztlich geht es wohl darum, dass wir fähig sind, über uns selbst zu lachen und uns nicht so ernst zu nehmen. Es geht nicht um den Humor, der andere herabmindert und uns selbst emporhebt. Es geht darum, die Menschen alle auf dieselbe Basis zu stellen.

Es ist gut, wenn wir uns selbst herabstufen können, wenn wir über uns selbst lachen und andere dazu bringen können, über uns zu lachen, ohne dabei Schuldgefühle zu empfinden. Der Humor, der nicht herabwürdigt, ist eine Einladung an alle, ins Lachen mit einzustimmen. Selbst wenn die anderen über uns lachen, stimmen sie ein in ein Lachen, das verbindet.«

»Wenn Sie und der Dalai Lama sich gegenseitig auf den Arm nehmen«, fügte ich an, »dann fühlt sich das überhaupt nicht herabwürdigend an.«

»Ja, der Dalai Lama und ich nehmen uns gegenseitig auf den Arm, aber das ist eine Art Vertrauenserklärung in unserer

Freundschaft. Ein Zeichen dafür, dass der Vorrat an Wohlwollen sehr groß ist und man mit den kleinen Sticheleien im Grunde sagt: ›Ich vertraue dir. Und du vertraust auf meine Gewissheit, dass du mich nicht hintergehen wirst oder verletzt reagierst.‹

Ich glaube, wir neigen einfach dazu, andere schlechtzumachen, weil wir selbst so unsicher sind und das für eine gute Möglichkeit halten, uns zu vergewissern, wer wir sind. Besser wäre es, mit Humor zu sagen: ›Komm her, jetzt lachen wir mich einmal tüchtig aus, und dann können wir dich zusammen auslachen.‹ So wird keiner von uns schlechtgemacht, aber es geht uns beiden besser, denn wir erkennen, dass wir beide Menschen mit denselben Verletzlichkeiten und Schwächen sind, und wir lachen darüber. Das Leben ist hart, keine Frage, und mit Lachen können wir die Ironie, die Grausamkeiten und die Unsicherheiten ertragen, denen wir begegnen.«

Es gibt wohl nicht allzu viel wissenschaftliche Forschung über Humor, aber das Lachen und der Humor scheinen in der Evolution dabei zu helfen, mit Ängsten und Stress im Angesicht des Unbekannten fertigzuwerden. Witze sind genau deshalb lustig, weil sie unseren Erwartungen einen Strich durch die Rechnung machen und uns dabei helfen, das Unerwartete zu akzeptieren. Andere Menschen zählen zu den reichsten Quellen an Unsicherheit in unserem Leben, und es ist nicht verwunderlich, dass wir so viel Humor darauf verwenden, diese Begegnungen zu steuern. Der Erzbischof und der Dalai Lama sind wahre Meister darin, durch Humor eine Verbindung zu anderen herzustellen.

Das ist bestimmt einer der Gründe dafür, dass während der zusammen verbrachten Zeit so viel gelacht wurde. Bei aller gemeinsam erlebten Freude war es doch eine ganz besondere und ganz und gar ungewisse Erfahrung, sich für eine Woche in Dharamsala zu treffen. Zuvor waren die beiden sich nur ein halbes Dutzend Mal begegnet, meist nur kurz und bei förmlichen

Anlässen. Globale Vordenker und Führungskräfte haben einen vollen Terminkalender, und ihre Begegnungen werden haarklein durchgeplant; Gelegenheiten, bei denen man Spaß haben und man selbst sein darf, sind da äußerst selten.

»Was sagen Sie Menschen«, fragte ich den Erzbischof, »die behaupten, sie seien nicht lustig oder hätten keinen besonderen Sinn für Humor?«

»Ich denke, viele Menschen halten es für nötig, ernst zu erscheinen, weil sie dann bedeutsam wirken; und sie meinen, sie erhalten mehr Respekt, wenn sie ernst sind. Ich glaube allerdings fest daran, dass wir besonders leicht ins Herz der Menschen vordringen können, wenn wir sie zum Lachen bringen. Wenn wir über uns selbst lachen können, dann weiß jeder, dass wir nicht wichtigtuerisch sind. Außerdem werden wir kaum jemanden niedermachen, der sich selbst niedermacht. Wir werden niemanden verprügeln, wenn er sich schon selbst verprügelt hat.

Ich glaube nicht, dass ich aufgewacht bin und aus heiterem Himmel plötzlich fröhlich war. Ich glaube, so etwas können wir in uns entwickeln. Wie vieles andere ist es eine Fähigkeit. Natürlich hilft es, wenn man eine Neigung dafür hat, besonders wenn wir über uns selbst lachen können. Wir sollten also lernen, über uns zu lachen. Hier ist der Anfang am einfachsten. Im Grunde geht es dabei um Bescheidenheit. Lach über dich selbst und sei nicht so aufgeblasen und ernst. Wenn wir uns auf die Suche nach dem Humor im Leben machen, werden wir ihn finden. Dann werden wir uns nicht mehr fragen: ›Warum hat es ausgerechnet mich getroffen?‹, sondern wir werden erkennen, dass wir alle mit dem Leben fertigwerden müssen. Das macht das Ganze leichter, und wir lernen, andere und all das zu akzeptieren, was das Leben mit sich bringt.«

4. AKZEPTANZ

Der einzige Ort,
an dem die Veränderung beginnen kann

Bei unserem Besuch im tibetischen Kinderdorf war uns aufgefallen, dass an einer Wand ein Zitat stand, das der Dalai Lama in unseren Gesprächen zitiert hatte. Es waren Shantidevas berühmte Fragen, in einer leicht abweichenden Übersetzung: »Wenn sich etwas an der Situation ändern lässt, warum dann niedergeschlagen sein? Und wenn sich nichts daran ändern lässt, was nutzt es, wenn man niedergeschlagen ist?«

Diese kurze Lehre ist die Essenz der Einstellung, mit welcher der Dalai Lama sein Leben bewältigt. Sie liegt seiner erstaunlichen Fähigkeit zugrunde, die Realität des Exils zu akzeptieren, ohne, wie es der Erzbischof formulierte, verdrossen zu sein.

Sobald wir das Leben in einem größeren Zusammenhang sehen, unsere Rolle im Drama des Daseins mit einer gewissen Demut betrachten können und wir in der Lage sind, über uns selbst zu lachen, sind wir bei der vierten und letzten Eigenschaft des Geistes angelangt, nämlich der Fähigkeit, unser Leben mit all seinem Schmerz, seiner Unvollkommenheit und seiner Schönheit zu akzeptieren.

Akzeptanz hat nichts mit Resignation oder Niedergeschlagenheit zu tun. Der Erzbischof und der Dalai Lama sind unermüdliche Aktivisten im Kampf um die Schaffung einer besseren Welt für all ihre Bewohner. Aber ihr Aktivismus stützt sich auf eine tiefe Akzeptanz dessen, was ist. Der Erzbischof akzeptierte nicht die Unvermeidlichkeit der Apartheid, aber er akzeptierte ihre Realität.

»Wir sind dazu bestimmt, in Freude zu leben«, sagte er. »Doch das bedeutet nicht, dass das Leben einfach oder schmerzlos sein wird. Es bedeutet, dass wir unser Gesicht in den Wind drehen und akzeptieren, dass wir durch dieses Gewitter hindurchmüssen. Es wird uns nicht gelingen, seine Existenz zu leugnen. Die Akzeptanz der Realität ist der einzige Ort, an dem die Veränderung beginnen kann.« Wenn wir in unserem spirituellen Leben wachsen, hatte Tutu gesagt, »sind wir irgendwann in der Lage, alles zu akzeptieren, was mit uns geschieht«. Wir akzeptieren die unvermeidlichen Enttäuschungen und Schicksalsschläge als Teil des Lebensgewebes. Die Frage laute nicht: »Wie können wir sie vermeiden?«, sondern: »Wie können wir sie als etwas Positives nutzen?«

Der Erzbischof liest bei seinen Gebetsübungen sowohl Stellen aus der Bibel als auch Zitate von Heiligen und spirituellen Meistern der ganzen Menschheitsgeschichte. Einer seiner bevorzugten Meister ist die christliche Mystikerin Juliana von Norwich. Ihr Werk *Die Offenbarungen der göttlichen Liebe* ist vermutlich das erste Buch, das von einer Frau in englischer Sprache verfasst wurde. Sie schrieb es 1373, kurz nachdem sie von einer lebensbedrohlichen Krankheit genesen war. Darin heißt es:

»Viele böse Taten werden vor unseren Augen getan, und so großer Schaden geschieht, dass es uns unmöglich scheint, dass es je zu einem guten Ende kommen könnte; darauf schauen wir mit

Gram und Trauer, und wir können nicht ruhen in dem gnadenvollen Anblick Gottes, wie wir es tun sollten; und dies ist die Ursache: Unsere Vernunft ist jetzt so blind, niedrig und einfältig, dass wir die hohe, wunderbare Weisheit, Macht und Güte der gnadenreichen Dreieinigkeit nicht erkennen können. Das meint er, wenn er spricht: ›Du wirst selber sehen, dass alles jeglicher Art gut sein wird‹ – als hätte er gesagt: Nimm es auf im Glauben und Vertrauen, und endlich wirst du wahrhaft in der Fülle der Freude leben« (Quelle: www.kath-info.de/vorsehung.html).

Mit Akzeptanz können wir, ob wir nun an einen Gott glauben oder auch nicht, die Fülle der Freude erreichen. Mit ihr können wir dem Leben zu seinen eigenen Bedingungen begegnen, statt darüber zu schimpfen, dass es unseren Wünschen nicht entspricht. Mit ihr müssen wir nicht ständig gegen den Strom schwimmen. Der Dalai Lama hatte gesagt, dass unsere Erwartungen, wie das Leben sein sollte, Stress und Angst verursachen können. Wenn wir akzeptieren, dass das Leben ist, wie es ist, und nicht, wie es unserer Ansicht nach sein sollte, wird unsere Fahrt reibungsloser verlaufen, weil wir eine schlechte Achse (Dukkha) mit all ihren Leiden, ihrem Stress, ihren Ängsten und ihrer Unzufriedenheit gegen eine gute Achse (Sukha) mit ihrer größeren Bequemlichkeit und ihrem größeren Glück ausgetauscht haben.

Ein Großteil unserer Leiden wird dadurch verursacht, dass wir negativ auf Menschen, Orte, Dinge und Umstände in unserem Leben reagieren, statt sie zu akzeptieren. Durch diese Reaktion bleiben wir im Urteilen und Kritisieren, in Angst und Verzweiflung, ja sogar in Verneinung und Sucht. Wir können keine Freude empfinden, wenn wir auf diese Art stecken geblieben sind. Akzeptanz ist das Schwert, das uns von alledem losschneidet. Mit ihr können wir uns entspannen, klarsehen und angemessen reagieren.

Ein Großteil der buddhistischen traditionellen Übungen zielt darauf ab, das Leben klarzusehen jenseits all der Erwartungen, Projektionen und Verzerrungen, mit denen wir es gewöhnlich verbinden. Durch Meditationsübungen können wir ablenkende Gedanken und Gefühle ausschalten, damit wir die Realität wahrnehmen und besser auf sie reagieren können. Die Fähigkeit, jeden Augenblick präsent zu sein, ist nichts mehr und nichts weniger als die Fähigkeit, die Verletzlichkeit, das Unbehagen und die Angst in unserem täglichen Leben zu akzeptieren.

»Mit einem tieferen Verständnis der Realität«, erklärte der Dalai Lama, »können wir über die Erscheinungen hinausgehen und uns auf eine viel angemessenere, effektivere und realistischere Art auf die Welt beziehen. Ich verwende das Verhältnis zu unseren Nachbarn als Beispiel. Nehmen wir an, dass wir neben einem schwierigen Nachbarn wohnen. Wir können ihn verurteilen und kritisieren. Wir können daran verzweifeln, dass wir nie eine gute Beziehung zu ihm haben werden. Wir können das Problem verleugnen oder so tun, als wäre die Beziehung gar nicht schwierig. Nichts von alledem ist besonders hilfreich.

Stattdessen können wir akzeptieren, dass die Beziehung wirklich schwierig ist und wir sie gern verbessern würden. Wir müssen damit nicht unbedingt Erfolg haben, aber wir können es wenigstens versuchen. Wir haben keine Kontrolle über unseren Nachbarn, aber wir haben eine gewisse Kontrolle über unsere eigenen Gedanken und Gefühle. Statt ihm gegenüber Wut, Hass und Angst zu empfinden, können wir Mitgefühl, Freundlichkeit und Warmherzigkeit für ihn entwickeln. Nur so können wir die Beziehung verbessern. Mit der Zeit wird die Nachbarschaft dann vielleicht weniger schwierig. Vielleicht aber auch nicht. Darüber haben wir keine Kontrolle, doch wir haben unseren geistigen Frieden bewahrt. Wir können fröhlich und glücklich sein, egal, ob unser Nachbar weniger schwierig wird oder nicht.«

Kommen wir auf den Anfang des Abschnitts und auf Shantidevas Fragen zurück: Die Akzeptanz, die der Dalai Lama und der Erzbischof befürworten, ist nicht passiv. Sie ist machtvoll. Sie verleugnet nicht, dass es wichtig ist, das Leben ernst zu nehmen und zu ändern, was geändert werden muss, zu retten, was gerettet werden muss. »Wir sollten die Menschen, die schlimme Dinge tun, nicht hassen«, erklärte der Dalai Lama. »Mitfühlend ist es, wenn wir unser Möglichstes tun, um ihnen Einhalt zu gebieten, denn sie schaden nicht nur anderen, sondern auch sich selbst mit ihren Taten.«

Eines der wichtigsten Paradoxe im Buddhismus besteht darin, dass wir Ziele benötigen, um uns zu motivieren, um zu wachsen und uns zu entwickeln, ja sogar, um erleuchtet zu werden, gleichzeitig jedoch nicht zu sehr auf sie fixiert sein oder an ihnen anhaften sollen. Wenn ein Ziel edel ist, sollte das Engagement, mit dem wir es verfolgen, nicht durch die Wahrscheinlichkeit bestimmt sein, mit der wir es erreichen können. Bei der Verfolgung eines globalen Ziels müssen wir auf rigide Vorstellungen verzichten, wie es zu erreichen ist. Frieden und Einigkeit entstehen dadurch, dass wir unsere Anhaftung an das Ziel und den Weg dorthin lösen. Dies ist die Essenz der Akzeptanz.

In Hinblick auf das scheinbare Paradox, dass wir ein Ziel ohne Anhaftung an das Ergebnis verfolgen sollen, berichtete mir Jinpa von einer wichtigen Einsicht. Sie beruht auf der Erkenntnis, dass jeder von uns alles tun sollte, um das erstrebte Ziel unabhängig von den Erfolgschancen zu erreichen. Erfolg oder Misserfolg hängen oft von zahlreichen Faktoren ab, die wir nicht kontrollieren können. Wir haben also die Aufgabe, das Ziel mit größtmöglicher Hingabe zu verfolgen und unser Bestes zu tun, dürfen aber nicht auf unsere Vorstellung von einem Ergebnis fixiert sein. Manchmal, ja tatsächlich recht oft, führen unsere Anstrengungen zu einem unerwarteten Resultat, das vielleicht sogar noch besser ist als das ursprünglich erwartete.

Ich dachte an die Bemerkung des Erzbischofs, dass es Zeit braucht, bis wir unsere spirituellen Fähigkeiten entwickelt haben. »Es ist wie mit Muskeln, die man trainieren muss, damit sie stark sind. Manchmal werden wir wütend auf uns selbst, weil wir glauben, wir müssten von Anfang an perfekt sein. Aber unsere Zeit auf der Erde ist dafür da, dass wir lernen, gut zu sein, dass wir lernen, liebevoller zu sein, dass wir lernen, mehr Mitgefühl zu haben. Und man lernt nicht theoretisch. Man lernt, wenn etwas passiert, das einen auf die Probe stellt.«

Das Leben ist immer unvorhersehbar und unkontrollierbar und oft eine große Herausforderung. Edith Eva Eger berichtete, dass das Leben in Auschwitz eine endlose Selektion war und man nie wusste, ob man überleben oder sterben würde. Das Einzige, was die Lebenschancen signifikant erhöhte, war eine absolute Akzeptanz der Realität, in der man existierte, und der Versuch, so gut wie möglich auf sie zu reagieren. Neugier auf das, was als Nächstes passieren würde, war laut Eger oft ihr einziger Antrieb für den nächsten Atemzug, selbst als sie auf einem Berg von Leichen lag und für tot gehalten wurde. Wenn wir akzeptieren, was in diesem Augenblick passiert, können wir neugierig darauf sein, was im nächsten geschieht.

Die Akzeptanz ist die letzte Säule des Geistes; sie führt uns zu der ersten Säule des Herzens: der Vergebung. Wenn wir die Gegenwart akzeptieren, können wir vergeben und die Sehnsucht nach einer anderen Vergangenheit ablegen.

5. VERGEBUNG

Sich von der Vergangenheit befreien

» Ich habe bemerkenswerte Fälle von Vergebung erlebt, und das bei Menschen, denen ich es nie zugetraut hätte«, begann der Erzbischof. »In einem Fall hatten wir mehrere Mütter vor der Wahrheits- und Versöhnungskommission, deren Kinder von Handlangern des Apartheid-Regimes in eine Sprengfalle gelockt und getötet worden waren. Eine der Mütter sagte, sie habe den Fernseher angemacht und gesehen, wie die Leiche ihres Sohnes weggeschleift worden sei. Sie empfand nicht nur Trauer über den Tod ihres Sohnes, sondern auch eine schreckliche Wut, weil man seine Leiche wie einen Tierkadaver behandelt hatte.

Die Mütter, die zu der Wahrheits- und Versöhnungskommission kamen, waren erstaunlich. Niemand verlangte, dass sie den Tätern vergeben sollten – sogenannten ›Askaris‹, früheren Mitgliedern des ANC, die übergelaufen waren und die Streitkräfte der Regierung unterstützten. Der Mann, der die jungen Leute verraten hatte, erschien vor ihren Müttern und bat sie um Verzeihung.

Die Mutter des jungen Mannes, der durch die Straßen geschleift worden war, zog, als sie den Verräter sah, einen Schuh aus und warf ihn nach ihm«, sagte der Erzbischof lachend und

243

tat so, als würde er mit der linken Hand einen Schuh werfen. »Wir mussten die Sitzung eine Weile unterbrechen, aber in der Pause gab es einen absolut fantastischen Moment, als sie dort saßen und ihre Sprecherin sagte …« Der Erzbischof schloss die Augen, als er sich an die unglaubliche Macht ihrer Worte erinnerte. »›Mein Kind‹, sie sagte ›mein Kind‹ zu dem Mann, der für den Tod all der Kinder verantwortlich war. Sie sagte: ›Mein Kind, wir vergeben dir.‹

Als wir sie fragten, ob eine Amnestie gewährt werden sollte, meinte sie: ›Was hilft es, wenn er ins Gefängnis kommt? Das bringt unsere Kinder nicht zurück.‹ Das ist unglaublicher Edelmut und eine unglaubliche Stärke. Ja, es ist schwierig, aber es ist passiert. Wir haben schon von Nelson Mandela gesprochen, aber auch diese Mütter und viele andere völlig unbekannte Menschen hatten diese Großzügigkeit.

Bei dieser Gruppe von Müttern stand die Sprecherin auf und ging quer durch den Raum zu diesem Kerl, der für die Tötung ihrer Söhne verantwortlich war. Und sie umarmte ihn und sagte: ›Mein Kind.‹

Erst kürzlich erfuhr ich von einer weißen Frau namens Beth, die bei einem Bombenanschlag von einer der Befreiungsbewegungen schwer verstümmelt wurde und immer noch Splitter in ihrem Körper hatte. Viele ihrer Freunde waren getötet und viele ebenfalls verstümmelt worden. Ihre Kinder mussten ihr beim Essen und beim Baden helfen. Beth war einfach … Ich bin überwältigt …« Der Bischof unterbrach sich für einen Moment. »Beth sagte … Sie sagte … über den Täter …: ›Ich vergebe ihm, und ich hoffe, dass er mir vergibt.‹«

Dann erzählte der Erzbischof die bereits angesprochene Geschichte von Amy Biehl, einer jungen Frau aus meinem College-Jahrgang, die nach ihrem Examen nach Südafrika gegangen war, um zu helfen. Sie wurde brutal getötet, als sie eine Freundin in eine Township brachte. »Ihre Eltern kamen den ganzen Weg von Kalifornien nach Südafrika und setzten sich für eine Begnadigung der Täter ein, die lange Gefängnisstrafen erhalten hatten. Sie sagten: ›Wir wollen uns an dem Heilungsprozess in Südafrika beteiligen. Wir sind sicher, dass unsere Tochter uns unterstützen würde, wenn wir uns für eine Begnadigung der Mörder einsetzen.‹ Kurz darauf gründeten sie im Namen ihrer Tochter sogar eine Stiftung und beschäftigten die Männer, die sie ermordet hatten, in einem Projekt, das den Menschen aus jener Township helfen sollte.

Ich will nicht so tun, als ob so etwas einfach wäre, aber es gibt tatsächlich einen Adel des Geistes. Wir haben von Nelson Mandela gesprochen, dieser erstaunlichen Ikone der Vergebung«, sagte der Erzbischof, »aber auch ihr alle habt das Potenzial, Instrumente unglaublichen Mitgefühls und unglaublicher Vergebung zu sein. Wir können von keinem Menschen sagen, dass er völlig unfähig zur Vergebung wäre. Ich glaube, dass wir, wie Seine Heiligkeit gesagt hat, alle das latente Potenzial besitzen, Mitleid mit diesen anderen zu empfinden, die ihre Menschlichkeit so entstellt haben. Kein Mensch ist unfähig zu vergeben, und jedem Menschen kann vergeben werden.«

»Ich will gern Richard Moore erwähnen, einen Freund aus Nordirland«, sagte der Dalai Lama. »Seine Geschichte ist wirklich sehr bewegend. Er war neun oder zehn, als er während des Bürgerkriegs auf dem Heimweg von der Schule von einem Gummigeschoss am Kopf getroffen wurde.« Der Dalai Lama zeigte auf die Stelle zwischen den Augen, wo das Gummigeschoss bei dem Jungen eingeschlagen war. »Er verlor das Bewusstsein, und als er im Krankenhaus wieder aufwachte, hatte er beide Augen verloren. Ihm wurde klar, dass er nie wieder das Gesicht seiner Mutter würde sehen können.

Er schaffte trotzdem die Schule, heiratete und wurde Vater von zwei Töchtern. Dann machte er den britischen Soldaten ausfindig, der auf ihn geschossen hatte, und sagte ihm, dass er ihm verzeihe. Die beiden wurden sehr gute Freunde und besuchten mich auf meine persönliche Einladung hin gemeinsam in Dharamsala. Ich wollte, dass Richard die bewegende Geschichte von seiner Vergebung mit den Tibetern teilte, insbesondere mit den Schülern in unserem Kinderdorf. Als ich ihn den Schülern und Lehrern dort vorstellte, sagte ich, dass er mein Held ist.

Dann lud mich Richard zu sich nach Nordirland ein. Als ich ihn und seine Familie dort besuchte, neckte ich ihn: ›Ihre Frau ist sehr schön. Ihre zwei Töchter sind auch sehr schön. Aber Sie können nicht sehen. Ich kann es, und ich kann mich an ihrer Schönheit erfreuen.‹ Er ist wirklich mein Held. Ein wahrer Mensch.«

»Eure Heiligkeit«, sagte ich, »das bringt mich auf die Frage, die Jack gestellt hat. Der Junge schreibt: ›Eure Heiligkeit, ich wünsche Ihnen von ganzem Herzen einen glücklichen achtzigsten Geburtstag. Ich hoffe, Ihr nächstes Jahr ist voller Freude, Erfolg und vieler großartiger Dinge. Ich habe den größten Respekt vor Ihrer unermüdlichen Botschaft von Güte und Vergebung. Aber ich frage mich: Können Sie China für all den Schaden und Schmerz verzeihen, den es Ihnen und Ihrem Volk zugefügt hat? Und hat es die Vergebung verdient? Vielen Dank, Eure Heiligkeit, und einen wunderschönen Geburtstag.‹«

Der Dalai Lama hatte die Hände wie zum Gebet aneinandergelegt, als er begann: »Am 10. März 2008 fingen die spontanen Unruhen in Tibet an. Ich versuchte, ganz bewusst Mitgefühl mit den chinesischen Hardlinern zu haben. Ich versuchte, ihre Wut, ihre Angst zu mir zu nehmen und ihnen meine Liebe und meine Vergebung darzubieten. Das ist unsere Übung des Gebens und Nehmens: Tonglen.

Sie war wirklich sehr hilfreich, um geistige Ruhe zu bewahren. In unserem Kampf versuchen wir bewusst zu verhindern, dass wir Wut oder Hass entwickeln. Natürlich sind die Chinesen ein wunderbares Volk. Aber wir versuchten, sogar für die Hardliner, die Staatsbeamten, Mitgefühl zu haben und an ihrem Befinden Anteil zu nehmen.«

Dann sprach der Dalai Lama Tibetisch, und Jinpa übersetzte: »Wenn wir davon sprechen, Mitgefühl zu kultivieren, geht es im Allgemeinen um Mitgefühl für Menschen, die gerade akut leiden und Schmerzen haben. Doch man kann auch Mitgefühl für jemanden entwickeln, der im Augenblick weder Schmerz noch Leid empfindet, aber die Bedingungen für sein künftiges Leiden schafft.«

»Also, diese Menschen begehen sehr negative Taten und tun sehr schlimme Dinge, die anderen sehr viel Schmerz bereiten«, fuhr der Dalai Lama wieder auf Englisch fort. »Sagt man in der christlichen Tradition nicht, dass sie in die Hölle kommen?«

Der Erzbischof nickte und hörte zu.

»Aus unserer Sicht schaffen solche Menschen, die Grausamkeiten einschließlich Mord begehen, ein Karma, das sehr ernste negative Folgen hat. Also gibt es viele Gründe, sich um ihr Wohlergehen zu sorgen. Und wenn man sich um ihr Wohlergehen sorgt, gibt es keinen Raum, in dem Wut und Hass wachsen könnten.

Vergebung bedeutet nicht, dass wir vergessen. Wir müssen uns an das Negative erinnern. Aber weil sonst die Möglichkeit besteht, dass wir Hass entwickeln, müssen wir uns für den Weg der Vergebung entscheiden.«

Der Erzbischof äußerte sich ebenfalls klar zu diesem Punkt: Vergebung bedeute nicht, dass man vergesse, was jemand getan habe, also keineswegs »vergeben und vergessen«. Nicht mit Negativität zu reagieren oder negativen Emotionen nachzugeben heiße nicht, dass man auf die Taten nicht reagierte oder sich erneut Schaden zufügen ließe. Vergebung heiße auch nicht, dass man nicht um Gerechtigkeit bemüht wäre oder den Täter nicht bestrafte.

Der Dalai Lama ist entschlossen, nicht mit Wut oder Hass zu reagieren, aber er protestiert dennoch so lange gegen die chinesische Besatzung und das Unheil, das die Chinesen in Tibet anrichten, bis die Tibeter in Würde und Freiheit leben können.

»Ich möchte gern hinzufügen«, sagte der Dalai Lama, »dass es zwischen der Vergebung und der schlichten Duldung von Übeltaten *einen wichtigen Unterschied* gibt. Manchmal missverstehen die Leute das und meinen, dass wir schlimme Taten akzeptieren oder gutheißen würden. Das ist nicht der Fall. Wir müssen da einen wichtigen Unterschied machen.«

Der Dalai Lama sprach jetzt leidenschaftlich und klatschte in die Hände.

»Nämlich den zwischen Tat und Täter. Bei der falschen Tat kann es notwendig sein, möglichst wirksame Gegenmaßnahmen zu treffen, um sie zu beenden. Was den Täter betrifft, kann man sich jedoch dafür entscheiden, weder Wut noch Hass zu entwickeln. Darin besteht die Macht der Vergebung: die Menschlichkeit des Täters nicht aus den Augen zu verlieren, während man dem Unrecht mit Klarheit und Festigkeit entgegentritt.

Der energische Kampf gegen das Unrecht dient nicht nur dem Schutz der unmittelbaren Opfer, sondern auch dem Schutz der Täter, weil auch diese letztlich leiden werden. Es geschieht also aus Anteilnahme an ihrem langfristigen Wohl, dass wir ihnen Einhalt gebieten. Genau das tun wir nämlich. Wir erlauben uns nicht, Wut und Hass auf die chinesischen Hardliner zu entwickeln, zugleich jedoch wenden wir uns scharf gegen ihre Taten.«»Vergebung«, fügte der Erzbischof hinzu, »ist die einzige Möglichkeit, uns zu heilen und uns von der Vergangenheit zu befreien.« Wie er und seine Tochter Mpho im *Buch des Vergebens* erklären, ist Vergebung »nicht abhängig von dem, was andere tun«. Wenn wir an die Vergebung Bedingungen knüpfen, werden diese zu »Ketten und binden uns an die Person, die uns Schaden zufügte. Und der Übeltäter ist es dann, der die Schlüssel für diese Ketten besitzt ... Wenn wir Vergebung als bedingungsloses Geschenk geben, befreit uns das augenblicklich von dem Joch, das uns an den Menschen bindet, der uns schädigte.«

»Und was«, fragte ich den Dalai Lama, »sagen Sie Menschen, denen Vergebung als Schwäche und Rache als Stärke erscheint?«

»Bestimmte Menschen handeln mit ihrem tierischen Verstand. Wenn man sie schlägt, wollen sie zurückschlagen, Vergeltung üben.« Der Dalai Lama machte eine Faust und tat so, als schlüge er sich selbst. »Mit unserem menschlichen Verstand können wir denken: ›Welchen Sinn hat es kurzfristig und langfristig, wenn ich zurückschlage?‹

Wir können erkennen, dass offensichtlich niemand geboren wird, um grausam zu sein, um uns zu schaden. Dass er uns aber aufgrund bestimmter Umstände jetzt nicht mag und uns deshalb schlägt. Vielleicht hat mein Verhalten, meine Einstellung oder womöglich sogar mein Gesichtsausdruck dazu beigetragen, dass diese Person mein Feind geworden ist. Also war ich auch daran beteiligt. Wer ist schuld? Wir sollten uns also hinsetzen und über verschiedene Ursachen und Bedingungen nachdenken, dann erkennen wir, dass wir, wenn wir schon wütend sind, auf die Ursachen und Umstände wütend sein sollten, also letztlich auf die Wut, die Unwissenheit, die Kurzsichtigkeit, die Engstirnigkeit. Auf diese Weise entwickeln wir eine Art Anteilnahme, und wir können Mitleid für die anderen empfinden.

Es ist also absolut falsch«, sagte er emphatisch und hieb scharf mit der Hand durch die Luft, »zu behaupten, dass es ein Zeichen von Schwäche wäre, Toleranz und Vergebung zu üben. Absolut falsch. Hundert Prozent falsch. Tausend Prozent falsch. Vergebung ist ein Zeichen von Stärke. Nicht wahr?«, sagte er an den Erzbischof gewandt.

»Ganz bestimmt«, sagte Tutu und lachte. »Ich wollte gerade sagen, dass Leute, die Vergeben für ein Zeichen von Schwäche halten, es nie selbst probiert haben. Die natürliche Reaktion, wenn man geschlagen wird, ist, dass man zurückschlagen will. Aber warum bewundern wir Leute, die sich nicht für die Rache entscheiden? Es liegt daran, dass wir zwar gut verstehen können, wenn manche Leute das Prinzip ›Auge um Auge‹ für ein vielversprechendes Konzept halten, letztlich jedoch erkennen, dass es die ganze Welt blind machen würde. Wir haben einen Instinkt für Rache, aber auch einen Instinkt für Vergebung.«

Offenbar haben sich die Menschen tatsächlich mit beiden Antrieben und beiden Fähigkeiten entwickelt. Die Psychologen Martin Daly und Margo Wilson studierten sechzig verschiedene Kulturen rund um den Erdball und fanden heraus, dass fünfundneunzig Prozent von ihnen irgendeine Form der Blutrache kannten. Dann stellte der Psychologe Michael McCullough bei denselben Kulturen fest, dass es bei dreiundneunzig Prozent von ihnen auch Beispiele für Vergebung oder Versöhnung gab. Womöglich ist Vergebung sogar so weit verbreitet, dass sie in den restlichen sieben Prozent für selbstverständlich gehalten wird.

Dem bereits erwähnten niederländischen Primatologen Frans de Waal zufolge sind Aktivitäten, die Frieden herstellen, auch in der Tierwelt sehr häufig. Schimpansen versöhnen sich mit einem Kuss, und allem Anschein nach kommt das auch bei anderen Tierarten vor. Nicht nur bei Affen wie uns, sondern auch Schafen, Ziegen, Hyänen und Delfinen. Von den untersuchten Arten zeigten nur Hauskatzen kein Verhalten, das der Versöhnung nach einem Konflikt diente (was niemanden, der Katzen hat, überraschen dürfte).

Im *Buch des Vergebens* (Allegria, 2014) skizzieren Erzbischof Tutu und seine Tochter Mpho zwei Zyklen, den der Rache und den der Vergebung. Wenn uns Schmerz oder ein Schaden zugefügt wird, können wir entscheiden, ob wir zurückschlagen oder heilen wollen. Wenn wir zurückschlagen, setzt sich der Zyklus des Schadens und der Rache endlos fort, aber wenn wir vergeben, durchbrechen wir den negativen Zyklus und können heilen, indem wir die Beziehung erneuern oder loslassen.

Unversöhnlichkeit erzeugt hartnäckige Verbitterung, Wut, Feindseligkeit und Hass, Gefühle, die extrem zerstörerisch sein können. Selbst kurze Anfälle von Unversöhnlichkeit können erhebliche körperliche Auswirkungen haben. Die Psychologin Charlotte vanOyen Witvliet bat Menschen, an jemanden zu denken, der sie verletzt, misshandelt oder beleidigt hatte, und zeichnete ihren Herzschlag sowie den Blutdruck und die Reaktion ihrer Gesichtsmuskeln wie auch ihrer Schweißdrüsen auf.

Wenn die Probanden an ihre Verletzungen dachten, zeigten sie eine Stressreaktion: Blutdruck und Pulsfrequenz stiegen, und sie schwitzten stärker. Sie fühlten sich traurig, wütend, erbittert und weniger beherrscht als sonst. Als man sie bat, sich in den Täter einzufühlen und sich vorzustellen, dass sie ihm verziehen, verschwand die Stressreaktion, und ihr Zustand normalisierte sich. Bei sozialen Wesen ist es sowohl für den Einzelnen als auch für die ganze Gruppe mit großem Stress verbunden, wenn es einen Bruch in den Beziehungen gibt, die uns verbinden.

Everett L. Worthington jr. und Michael Scherer kamen in einem Forschungsbericht über Vergebung und Gesundheit zu dem Ergebnis, dass Unversöhnlichkeit auf mehrere Arten das Immunsystem beeinträchtigt. So unterbricht sie etwa die Produktion wichtiger Hormone und schwächt die Fähigkeit unserer Zellen, Infektionen abzuwehren.

»Für unsere letzte Frage vor der Teepause will ich noch einmal auf Sie zurückkommen, Herr Erzbischof«, sagte ich. »Die Leute, denen zu vergeben uns am schwersten fällt, sind oft diejenigen, die uns am nächsten stehen.«

»Ja, das stimmt.«

»Sie haben mir gesagt, dass es sehr schwierig und sehr schmerzhaft für Sie war, Ihrem Vater für einige Dinge zu vergeben, die er Ihrer Mutter angetan hatte. Angenommen, dass er jetzt hier wäre, wie würden Sie ihm erklären, wie Sie sein Verhalten betroffen hat? Und wie würden Sie ihm erklären, dass Sie ihm vergeben haben? Was würden Sie sagen?«

»Also, ich würde ihm ganz bestimmt sagen, dass es mich zutiefst verletzte, wie er meine Mutter behandelte, wenn er betrunken war.« Der Erzbischof schloss die Augen und sprach sehr ruhig und langsam, als er sich in die damalige Zeit zurückversetzte. »Ich hatte eine große Wut auf mich selbst, weil ich zu klein war, um ihn zusammenzuschlagen. Ich meine, nüchtern war er ein wundervoller Mensch. Aber meine Mutter habe ich regelrecht vergöttert. Sie war einfach unglaublich, eine sehr sanfte Person. Und das machte es nur noch schlimmer. Und ihr Sohn war zu klein, um einzugreifen, wenn sie verprügelt wurde.

Ich sollte Ihnen etwas erzählen, worüber ich große Reue empfinde. Wir fuhren unsere Kinder manchmal in ihr Internat in Swasiland, fast fünfhundert Kilometer von unserem Wohnort entfernt, und unterwegs übernachteten wir bei unseren Eltern, weil es keine Motels gab, in denen Schwarze übernachten konnten.

Als wir an jenem speziellen Tag aus Swasiland zurückkehrten, wollten wir bei Leahs Mutter übernachten, die in einer anderen Township wie meine Eltern wohnte. Vorher besuchten wir meine Eltern, um ihnen gute Nacht und auf Wiedersehen zu sagen, weil wir am nächsten Morgen früh nach Kapstadt aufbrechen wollten, wo ich arbeitete. Ich war an jenem Abend todmüde, da sagte mein Vater, dass er mit mir reden wollte. Es gebe da etwas, was er mir sagen wolle.

Ich war zu müde, und ich hatte Kopfschmerzen, also sagte ich: ›Nein. Können wir morgen reden?‹ Und wir fuhren zu Leahs Mutter. Und wie es eigentlich nur in Romanen passiert, wurden wir am nächsten Morgen ganz früh geweckt, und meine Nichte sagte uns, dass mein Vater in der Nacht gestorben sei. Und so habe ich nie erfahren, was er mir sagen wollte. Ich bedaure das zutiefst. Ich vergieße manchmal noch die eine oder andere Träne deswegen. Ich hoffe, dass er vielleicht eine Vorahnung von seinem Tod hatte und mir sagen wollte, wie leid es ihm tat, dass er meine Mutter so schlecht behandelt hatte.

Das ist es, was ich bedaure … Ich muss mich damit abfinden, dass ich eine Chance verpasst habe … die ich nie wieder bekomme.

Keiner von uns weiß, wann der Moment kommt, in dem etwas wirklich Wichtiges passieren könnte und er die Chance nicht wahrnimmt. Und ja, ich versuche, meine Schuldgefühle zu besänftigen, aber sie gehen nicht ganz weg.

Er hatte die Initiative ergriffen, und ich wies ihn zurück, egal, welche Rechtfertigung ich hatte. Und das belastet mein Herz und meinen Geist. Und ich hoffe nur, dass er mir vergeben hat … Ja …«

Wir saßen mehrere lange Minuten schweigend und hatten Mitgefühl mit der Trauer und der Reue des Erzbischofs. Er schaute mit feuchten Augen und leerem Blick in die Ferne und dachte an seinen Vater. Dann schloss er die Augen, vielleicht, weil er betete. Es war wie ein gemeinsames Gebet, in dem wir seinen Verlust und seine Trauer in uns aufnahmen und sie mittrugen.

Danach ergriff der Dalai Lama als Erster das Wort, indem er sich auf Tibetisch an Jinpa wandte.

»Er sagt«, übersetzte Jinpa, »Sie hätten darüber gesprochen, wie wundervoll Ihr Vater war, wenn er keinen Alkohol getrunken hatte. Nur wenn er betrunken war, passierten diese Dinge. Also war eigentlich der Alkohol schuld.«

»Deshalb«, fügte der Dalai Lama nun auf Englisch hinzu, »bin ich überzeugt, dass er eigentlich ein sehr lieber Mensch war, und wenn er getrunken hatte, war er nicht er selbst.«

»Danke«, sagte der Erzbischof.

6. DANKBARKEIT

Was für ein Glück, dass ich lebe!

» Jeden Tag, wenn wir aufwachen, sollten wir denken: ›Was für ein Glück, dass ich lebe! Ich habe ein kostbares menschliches Leben. Ich werde es nicht verschwenden‹«, sagt der Dalai Lama häufig. Das Thema war Dankbarkeit, und es war faszinierend, wie oft der Erzbischof und der Dalai Lama innehielten und dankten. Sie dankten für alles, was sie erlebten, und sie dankten einander und allen Menschen, die ihre gemeinsame Zeit in Dharamsala möglich gemacht hatten. Mir fiel auf, dass der Erzbischof fast jede neue Erfahrung mit dem Wort »wundervoll« begrüßte; und die Fähigkeit, in jeder Erfahrung ein Wunder, eine Überraschung, eine Möglichkeit zu sehen, ist tatsächlich ein zentraler Aspekt der Freude.

»Wir können lernen, die Welt aus einer anderen Perspektive zu betrachten«, sagte der Erzbischof. »Wo manche das Glas halb leer sehen, können wir es halb voll sehen. Vielleicht hilft es uns dabei, dass nur sehr wenige Menschen ein solches Frühstück bekommen haben wie wir. Millionen und Abermillionen hungern in der heutigen Welt. Es ist nicht unser Fehler, aber wir sind in einem warmen Bett aufgewacht und haben geduscht und saubere Kleider angezogen, und wir leben in einem Haus, das auch im

Winter warm ist. Denken wir einfach einmal an die vielen Flüchtlinge, die morgens aufwachen und kaum Schutz gegen den Regen haben, der auf sie herunterprasselt. Vielleicht haben sie weder Wärme noch Essen und womöglich nicht einmal Wasser. All das verhilft einem gewissermaßen dazu, dass man dankbar zählt, was man Gutes hat.«

Weder der Erzbischof noch der Dalai Lama sprachen viel über Vergnügen, vielleicht weil die Traditionen, denen sie angehören, skeptisch sind, was die Möglichkeit betrifft, durch sinnliches Vergnügen nachhaltiges Glück zu erlangen. Dennoch stellte ich erfreut fest, dass beide Geistliche die Freuden, die ihnen ihr spirituelles Leben erlaubte, durchaus zu würdigen wussten, egal, ob es sich um tibetischen Reispudding oder Eiscreme mit Rum-Rosinen handelte. Dankbarkeit ist die Erhöhung des Vergnügens, es veredelt sie. Und sie ist eine der wichtigsten Dimensionen, die der Emotionsforscher Paul Ekman in seiner Definition der Freude auflistet.

Dankbarkeit ist die Anerkennung all dessen, was uns im Gewebe des Lebens hält, und all dessen, was uns unser Leben ermöglicht und dazu beiträgt, dass wir den gegenwärtigen Moment erleben dürfen. Dank ist eine natürliche Reaktion auf das Leben und vielleicht die einzige Art, es zu genießen. Sowohl die christliche als auch die buddhistische und vielleicht sogar alle spirituellen Traditionen erkennen an, wie wichtig Dankbarkeit ist. Sie erlaubt uns, dem Rat des Dalai Lama und des Erzbischofs zu folgen und den Blick darauf zu richten, was uns gegeben wurde und wie viel wir haben. Sie bringt uns weg von der borierten Konzentration auf Fehler und Mängel und öffnet unseren Blick für Wohltaten und Überfluss.

David Steindl-Rast, ein Benediktinermönch und Gelehrter, der stark im christlich-buddhistischen Dialog engagiert ist, hat einmal gesagt, nicht das Glück mache uns dankbar, sondern die

Dankbarkeit mache uns glücklich. Jeder Augenblick sei ein Geschenk, denn es gebe keine Sicherheit, dass wir noch einen weiteren Moment hätten mit all den Gelegenheiten, die er enthalte. Das »Geschenk in jedem Geschenk« sei die Chance, die es uns biete. Meistens sei es die Chance, es zu genießen, aber manchmal bekämen wir auch ein schwieriges Geschenk, und das könne eine Chance sein, sich einer Herausforderung zu stellen.

Die Fähigkeit des Dalai Lama, für alle Gelegenheiten dankbar zu sein, die sich sogar im Exil bieten, beruhte auf einem tief greifenden Wechsel der Perspektive, der es ihm nicht nur erlaubte, die Realität seiner Lebensumstände zu akzeptieren, sondern auch in jeder Erfahrung die Chance zu sehen. Akzeptanz bedeutet, dass man die Realität nicht bekämpft. Dankbarkeit bedeutet, dass man sie begrüßt. Sie bedeutet, dass man aufhört, seine Lasten zu zählen, und anfängt, das Gute zu zählen, wie es der Erzbischof empfohlen hatte. Sie ist damit nicht nur ein Rezept gegen den Neid, sondern auch ein Mittel, um das eigene Leben zu schätzen. »Es hat mich in die Lage versetzt, zahlreiche spirituelle Führer wie dich zu treffen«, sagte der Dalai Lama, als der Erzbischof seine Fähigkeit bewunderte, trotz des Verlusts dankbar zu sein, den er und sein Volk schon im sechsten Jahrzehnt tragen müssen. »Das ist eine große Bereicherung und sehr nützlich. Selbst das Leiden hilft uns, Empathie und Mitgefühl für andere zu entwickeln.

Das Exil hat mich der Realität wirklich nähergebracht. In schwierigen Situationen besteht kein Raum für Verstellung. Angesichts von Schicksalsschlägen und Tragödien muss man sich der Realität stellen, wie sie ist. Ein Flüchtling, der sein Land verloren hat, kann nicht heucheln oder sich hinter seiner Rolle verstecken. Wenn man mit der Realität des Leidens konfrontiert ist, wird das ganze Leben bloßgelegt. Selbst ein König kann, wenn er leidet, nicht so tun, als sei er etwas Besonderes. Er ist einfach nur ein Mensch und leidet wie alle anderen Menschen.«

Im Buddhismus können wir sogar für unsere Feinde dankbar sein. Sie werden oft als »unsere kostbarsten spirituellen Lehrer« bezeichnet, weil sie uns helfen, unsere spirituelle Praxis weiterzuentwickeln und angesichts von Schicksalsschlägen Gleichmut zu üben. Die Geschichte des Dalai Lama von seinem Freund, der im chinesischen Gulag fürchtete, seine Fähigkeit zum Mitgefühl mit seinen Quälgeistern zu verlieren, ist ein prägnantes Beispiel für diese Haltung.

Der Erzbischof hatte in unseren Gesprächen schon berichtet, wie sich Nelson Mandela durch die lange Zeit im Gefängnis veränderte. Mandela und seine Mitgefangenen nutzten ihre Zeit, um ihren Geist und ihren Charakter zu entwickeln, damit sie eines Tages bereit wären, das Land zu regieren. Sie betrachteten die Gefangenschaft als informelle Universität. Die Geschichte von ihrer Haft erinnerte mich an einen früheren Gefangenen, den kennenzulernen ich das Privileg hatte.

Er heißt Anthony Ray Hinton und saß für ein Verbrechen, das er nicht begangen hatte, dreißig Jahre in der Todeszelle. Er arbeitete in einem verschlossenen Lagerhaus, als das Verbrechen geschah. Dennoch wurde er verurteilt. Schon bei seiner Verhaftung in dem US-amerikanischen Bundesstaat Alabama sagten ihm die Polizeibeamten, er werde ins Gefängnis kommen, weil er schwarz sei. Er verbrachte dreißig Jahre in Einzelhaft in einer winzigen Zelle, die er nur eine Stunde pro Tag verlassen durfte. Im Todestrakt wurde er ein Berater und Freund für die anderen Insassen des Trakts, von denen in den dreißig Jahren vierundfünfzig hingerichtet wurden. Auch mit den Wärtern des Trakts schloss er Freundschaft. Viele von ihnen baten seinen Anwalt, ihn freizubekommen.

Nach dreißig Jahren ordnete der Oberste Gerichtshof einstimmig seine Freilassung an. »Man weiß die Freiheit erst zu schätzen, wenn sie einem genommen wurde«, sagte Hinton zu mir. »Die Leute rennen ins Haus, wenn es regnet. Ich renne hinaus in den Regen. Wie kann etwas, was vom Himmel fällt, nicht kostbar sein? Nachdem ich den Regen so lange entbehrt habe, bin ich für jeden Tropfen dankbar. Einfach nur, weil ich ihn auf meinem Gesicht spüre.«

Bei einem Interview mit der amerikanischen Fernsehshow »60 Minutes« sagte Hinton auf die Frage, ob er nicht auf die Menschen wütend sei, die ihn ins Gefängnis gebracht hätten, er habe ihnen allen verziehen. Der Interviewer fragte ungläubig: »Aber die haben Ihnen dreißig Jahre Ihres Lebens genommen. Wie können Sie da nicht wütend sein?«

Hinton antwortete: »Wenn ich wütend und unversöhnlich bleibe, haben sie mir auch den Rest meines Lebens genommen.«

Unversöhnlichkeit beraubt uns der Fähigkeit, das Leben zu genießen und zu schätzen, weil wir in einer Vergangenheit voller Zorn und Bitterkeit gefangen sind. Vergebung erlaubt uns, die Vergangenheit zu überwinden und die Gegenwart zu schätzen, einschließlich der Regentropfen auf unserem Gesicht.

Was auch immer uns das Leben gebe, wir könnten darauf mit Freude reagieren, wie Steindl-Rast betonte. Freude sei das Glück, das nicht davon abhängig sei, was geschehe, sondern die dankbare Reaktion auf die Chance, die uns das Leben in diesem Augenblick böte. Anthony Ray Hinton ist ein sehr gutes Beispiel für die Fähigkeit, trotz schrecklichster Umstände Freude zu empfinden. Als wir in New York in einem Taxi unterwegs waren, sagte er: »Die Welt hat uns unsere Freude nicht gegeben, und die Welt kann sie uns auch nicht nehmen. Wir können Leute in unser Leben kommen lassen und es zerstören, aber ich habe nicht zugelassen, dass mir jemand meine Freude nimmt. Ich stehe morgens auf und brauche niemanden, der mich zum Lachen bringt. Ich lache von selbst, weil ich das Glück habe, einen weiteren Tag zu erleben, und wenn wir dieses Glück haben, sollten wir automatisch Freude empfinden.

Ich laufe nicht herum und sage: ›Mann, ich habe keinen Dollar in der Tasche.‹ Mir ist es egal, ob ich Geld habe. Wichtig ist mir, dass ich erleben durfte, wie die Sonne aufging. Wissen Sie, wie viele Leute Geld haben, aber heute Morgen nicht aufgestanden sind? Was ist besser, wenn ich eine Million Dollar habe und nicht aufwache oder wenn ich pleite bin und aufwache? Ich bin für pleite sein und sieben Tage in der Woche aufwachen. Im Juni sagte ich zu der Interviewerin von CNN, dass ich nur drei Dollar und fünfzig Cent in der Tasche hätte und aus irgendeinem Grund an diesem Tag dennoch so glücklich sei wie nie zuvor. Sie fragte: ›Mit drei Dollar und fünfzig Cent?‹ Ich sagte: ›Ach, wissen Sie, meine Mutter hat uns nie so erzogen, dass wir rausgehen und möglichst viel Geld machen sollten. Sie hat uns vom wahren Glück erzählt. Sie sagte: Ihr seid glücklich, wenn die Menschen, die mit euch zusammen sind, glücklich werden.‹

Ich schau mir einfach nur all die Leute an, die so viel haben und trotzdem nicht glücklich sind. Ja, ich habe dreißig lange Jahre jeden einzelnen Tag in einer winzigen Zelle gesessen, und doch gibt es Leute, die nie im Gefängnis waren, nicht einen Tag, nicht eine Stunde, nicht eine Minute, aber sie sind nicht glücklich. Ich frage mich: Warum ist das so? Ich kann Ihnen nicht sagen, warum die nicht glücklich sind, aber ich kann Ihnen sagen, dass ich glücklich bin, weil ich beschlossen habe, glücklich zu sein.«

Wer dankbar sei, habe keine Angst, und wer keine Angst habe, sei nicht gewalttätig, sagte Steindl-Rast. Dankbare Menschen handelten mit dem Gefühl, genug zu haben, und nicht mit dem Gefühl, zu wenig zu haben, und sie seien bereit zu teilen. Wer dankbar sei, habe Freude an den Unterschieden zwischen den Menschen, und er habe Achtung vor allen Menschen. Eine dankbare Welt sei eine Welt voll fröhlicher Menschen. Dankbarkeit verbindet uns alle. Wenn wir für ein Essen dankbar sind, können wir für die Nahrung, die wir zu uns nehmen, dankbar sein und für alle, die das Essen möglich gemacht haben: die Bauern, die Lebensmittelhändler und die Köche. Wenn Desmond Tutu sich bedankt, werden wir oft auf eine Ubuntu-Reise mitgenommen, bei der wir all die Verbindungen mit anderen Menschen anerkennen, von denen wir abhängig sind. Das aus dem Griechischen stammende Wort »Eucharistie« für das Abendmahl, das der Erzbischof mit dem Dalai Lama feierte, heißt wörtlich »Danksagung«, und das Tischgebet oder Dankgebet für das, was uns beschert wurde, ist eine wichtige Praxis der christlich-jüdischen Tradition.

Freude ist eines der »sieben Glieder« einer täglichen spirituellen Übung der indischen und der tibetischen Tradition des Buddhismus. Wenn wir uns freuen, feiern wir unser Glück und das Glück der anderen. Wir feiern unsere guten Taten und ihre guten Taten. Wenn wir uns freuen, betrachten wir das Leben nicht mehr als etwas Selbstverständliches und wissen alles, was wir besitzen und tun, mehr zu schätzen. Jinpa berichtete mir von einer wichtigen Aussage Tsongkhapas, eines tibetischen Meisters aus dem vierzehnten Jahrhundert, dessen Denken und dessen Schriften ein wichtiger Teil der formellen Ausbildung des Dalai Lama waren: »Er lehrt, dass der beste Weg, um mit der geringstmöglichen Anstrengung ein gutes Karma zu schaffen, darin besteht, sich über die eigenen guten Taten und die anderer zu freuen.« Diese Freude kann uns dazu veranlassen, dass wir die guten Taten später wiederholen.

Wissenschaftler wissen schon lange, dass sich unser Verstand mit einer Tendenz zum Negativen entwickelt hat. Es war für unser Überleben zweifellos von Vorteil, dass wir uns auf das konzentrierten, was falsch oder gefährlich war. Die Dankbarkeit durchbricht diese Voreinstellung des Geistes. Sie erlaubt uns zu sehen, was gut ist, und nicht nur, was schlecht oder falsch ist.

Vielleicht wegen dieser Tendenz zum Negativen wird die Dankbarkeit oft skeptisch betrachtet und gilt als naive Sichtweise, die womöglich der Trägheit oder gar der Ungerechtigkeit Vorschub leistet. Wenn wir für das dankbar sind, was ist, arbeiten wir dann weniger hart für das, was noch werden muss? Wenn der Dalai Lama im Exil Dinge finden kann, für die er dankbar ist, schmälert das seine Bereitschaft, sich gegen die chinesische Besatzung Tibets zu wehren?

Robert Emmons, Professor an der University of California, Davis, forscht seit mehr als einem Jahrzehnt über Dankbarkeit. Er fand in einer Studie mit seinen Kollegen Michael McCullough und Jo-Ann Tsang heraus, dass »Menschen mit einer starken Disposition für Dankbarkeit die Fähigkeit besitzen, empathisch zu sein und die Perspektive anderer einzunehmen. Sie werden von den Menschen in ihren sozialen Zusammenhängen als besonders großzügig und hilfsbereit bewertet.« Auch ist es bei ihnen sehr wahrscheinlich, dass sie Leuten mit einem persönlichen Problem helfen oder jemandem emotionale Unterstützung anbieten.

In einem anderen Experiment wiesen Emmons und McCullough eine Gruppe von Probanden an, sich auf ihre Dankbarkeit zu konzentrieren, indem sie eine Liste von Dingen führten, für die sie dankbar waren. Diese Probanden trieben öfter Sport, hatten weniger körperliche Krankheitssymptome, waren mit ihrem Leben zufriedener und sahen die vor ihnen liegende Woche positiver als die Mitglieder anderer Gruppen, die zum Beispiel Schwierigkeiten oder neutrale Ereignisse in ihrem Leben aufschreiben mussten. Zudem war es bei den auf Dankbarkeit konzentrierten Probanden wahrscheinlicher, dass sie bei wichtigen persönlichen Zielen Fortschritte machten. Offenbar ist Dankbarkeit also motivierend und nicht demotivierend. Dankbare Menschen berichten über mehr positive Gefühle, mehr Lebenslust und Optimismus, über mehr Zufriedenheit mit dem Leben und über ein geringeres Niveau an Stress und Depressionen als andere.

Möglicherweise stimuliert die Dankbarkeit den Hypothalamus, der für die Stressregulierung im Gehirn zuständig ist, und die Area tegmentalis ventralis, die das mesolimbische System aktiviert, das unter anderem die Freude reguliert. Forschungen haben gezeigt, dass schon ein Lächeln von nur zwanzig Sekunden positive Gefühle auslösen und wie eine Starthilfe für Freude und Glück wirken kann. Lächeln stimuliert die Ausschüttung von Neuropeptiden, die Stress bekämpfend wirken, und setzt einen Feel-good-Cocktail von Neurotransmittern wie Endorphinen, Serotonin und Dopamin frei. Serotonin wirkt als natürliches Antidepressivum, Dopamin stimuliert die Belohnungszentren im Gehirn, und Endorphine sind körpereigene Schmerzmittel. Auch bei Menschen, die uns lächeln sehen, funktioniert unser Lächeln wahrscheinlich wie eine Belohnung und bewirkt, dass sie sich ebenfalls besser fühlen. Außerdem ist Lächeln offensichtlich ansteckend und löst auch bei anderen ein unbewusstes Lächeln aus, das auch die geschilderten positiven Wirkungen hat. Lächelten der Dalai Lama und der Erzbischof, weil sie glücklich waren, oder waren sie glücklich, weil sie lächelten? Die Frage klingt ein bisschen wie ein Zen-Koan. Zweifellos ist beides wahr. Egal, ob wir missvergnügt die Stirn runzeln oder dankbar lächeln, wir haben eine enorme Macht über unsere Gefühle und darüber, wie wir das Leben empfinden.

Vergänglichkeit ist, wie uns der Dalai Lama mahnt, das Wesen des Lebens. Alles geht dahin, und es besteht eine reale

Gefahr, dass wir unser kostbares Menschenleben verschwenden. Dankbarkeit jedoch hilft uns, jeden Tag und jeden Augenblick bewusst zu erleben, zu feiern und uns daran zu freuen, bevor er im Stundenglas der Erfahrung verrinnt.

Vielleicht war es für Sonja Lyubomirsky keine Überraschung, dass die Dankbarkeit nach der Fähigkeit, negative in positive Ereignisse umzuwandeln, der Faktor ist, der das Glück am zweitstärksten beeinflusst. Die drittstärkste Wirkung hat die Fähigkeit, liebevoll und großzügig gegenüber anderen zu sein, eine Fähigkeit, die der Dalai Lama und der Erzbischof in die zwei Säulen Mitgefühl und Großzügigkeit unterteilen. Wenn wir alles erkennen, was uns gegeben ist, besteht unsere natürliche Reaktion darin, dass wir uns um andere kümmern und ihnen etwas geben wollen.

7. MITGEFÜHL

Wir wollen mitfühlend sein

» Z u viele egozentrische Gedanken sind die Quelle für Leiden. Sorge und Mitgefühl für das Wohlbefinden anderer sind die Quelle des Glücks«, hatte der Dalai Lama gesagt. Jetzt rieb er nachdenklich die Handflächen aneinander, als wir auf das Thema des Mitgefühls zurückkamen. »Auf der Erde haben sich in den letzten dreitausend Jahren verschiedene religiöse Traditionen entwickelt. All diese Traditionen enthalten dieselbe Botschaft: die Botschaft der Liebe. Der Zweck dieser verschiedenen Traditionen besteht also darin, die Werte der Liebe und des Mitgefühls zu fördern und zu stärken. Die Medizin ist unterschiedlich, aber das Ziel ist das gleiche: unseren Schmerz, unsere Krankheit zu heilen. Bekanntlich sagen heute sogar die Wissenschaftler, dass das Wesen des Menschen in seinem Kern mitfühlend ist.«

Sowohl der Dalai Lama als auch der Erzbischof hatten betont, dass diese mitfühlende Anteilnahme für andere instinktiv ist und wir dazu veranlagt sind, uns mit anderen zu verbinden und uns um sie zu kümmern. Wie der Erzbischof in den Dialogen jedoch auch schon gesagt hatte: »Es braucht Zeit. Wir wachsen und lernen, wie man mitfühlend ist, wie man fürsorglich ist, wie man human ist.« Der Buddha soll gesagt haben: »Welche Tugend kann alle anderen Tugenden ersetzen? Das Mitgefühl.«

Es lohnt sich, einen Augenblick darüber nachzudenken, was Mitgefühl eigentlich bedeutet, denn der Begriff wird oft falsch verstanden. Jinpa hat zusammen mit seinen Kollegen vom Center for Compassion and Altruism Research an der School of Medicine der Stanford University ein Trainingsprogramm für die Entwicklung von Mitgefühl konzipiert. In seinem wunderbaren Buch *Mitgefühl. Offen und empathisch sich selbst und dem Leben neu begegnen* (O. W. Barth, 2016) erklärt er Mitgefühl als »ein Gefühl der Anteilnahme, das sich einstellt, wenn wir fremdem Leiden begegnen und dabei den Antrieb verspüren, etwas zu seiner Linderung beizutragen«. Und er fügt hinzu:»Mitgefühl ist das Bindeglied zwischen dem Einfühlungsvermögen einerseits und Handlungen der Güte und Großzügigkeit oder anderen Ausdrucksformen von Selbstlosigkeit andererseits.« *Rachamim,* das hebräische Wort für »Mitgefühl« in der Bibel, ist von *rechem* (»Mutterleib«) abgeleitet. Der Dalai Lama weist oft darauf hin, dass wir durch die Fürsorge unserer Mutter Mitgefühl lernen, und sagt häufig, seine Mutter sei seine erste Lehrerin für Mitgefühl gewesen. Wir entdecken die Macht des Mitgefühls durch diese Fürsorge, die wir wiederum unseren eigenen Kindern angedeihen lassen. Mitgefühl ist in vieler Hinsicht eine Erweiterung des Mutterinstinkts, der beim Überleben unserer Gattung eine so entscheidende Rolle spielte.

Der Dalai Lama erzählt gern, wie er einmal von Japan nach San Francisco geflogen ist. In seiner Nähe saß ein Ehepaar mit zwei Kindern, einem sehr aktiven dreijährigen Jungen und einem Baby. Anfangs kümmerte sich der Vater offenbar auch um die Kinder. Er begleitete öfter seinen Jungen, der gern durch die Gänge des Flugzeugs rannte. Mitten in der Nacht blickte der Dalai Lama zu der Familie hinüber und sah, dass der Vater fest schlief und nur noch die Mutter sich um die beiden müden und unleidlichen Kinder kümmerte. Der Dalai Lama gab dem Jungen eine Süßigkeit, als er sah, dass die Mutter geschwollene Augen hatte und völlig erschöpft war. »Im Ernst«, sagte er später. »Ich habe darüber nachgedacht, und ich glaube nicht, dass ich diese Art von Geduld gehabt hätte.« Der Kommentar des Dalai Lama bezieht sich auf ein Thema, das ich mit etlichen religiösen Suchenden und Eltern diskutiert habe: Es bedarf vermutlich vieler Jahre klösterlicher Übungen, um das spirituelle Wachstum zu erreichen, das man in einer einzigen mit einem schlaflosen Kind durchwachten Nacht erringt.

Zwar tragen wir dank der Erfahrung, dass wir von anderen genährt wurden, alle in uns, was der Dalai Lama die »Saat des Mitgefühls« nennt, doch das Mitgefühl selbst ist eine Fertigkeit, die trainiert werden kann. Wir können lernen, es zu entwickeln und einzusetzen, um unsere Anteilnahme über unseren unmittelbaren Familienkreis hinaus auszudehnen. Es ist gut, wenn wir unsere gemeinsame Menschlichkeit erkennen.

»Herr Erzbischof, Eure Heiligkeit, im Lauf dieser Woche haben Sie so viel von Mitgefühl gesprochen, dass ich schon dachte, wir müssten unserem Werk den neuen Titel *Das Buch des Mitgefühls* geben. Ich hoffe, dass wir das Thema Mitgefühl im heutigen Gespräch noch einmal vertiefen können. Offenbar sind sich alle darin einig, dass es ein wertvolles Ziel ist, mitfühlend zu sein, aber für viele Menschen ist es schwer zu begreifen, wie sie dieses Ziel in der Praxis erreichen sollen. Was würden Sie einer Person raten, die sagt: ›Ich habe genug eigene Probleme. Warum sollte ich mich anstrengen, um mehr Mitgefühl zu haben und an andere Leidende zu denken?‹?«

»Wie wir schon erörtert haben«, begann der Dalai Lama, »sind wir soziale Wesen. Selbst bei Königen oder Königinnen und spirituellen Führern hängt das Überleben von der übrigen

Gemeinschaft ab. Deshalb müssen wir ernsthafte Anteilnahme für das Leben anderer entwickeln, sofern wir glücklich sein und möglichst wenig Probleme haben wollen. Wenn ein anderer Mensch eine schwere Zeit durchmacht oder in Schwierigkeiten gerät, entwickeln wir deshalb automatisch eine gewisse Anteilnahme an seinem Befinden. Und wenn wir die Möglichkeit haben zu helfen, können wir helfen. Wenn nicht, können wir für ihn beten oder ihm Gutes wünschen.

Selbst andere gesellige Wesen zeigen diese Anteilnahme am Schicksal ihrer Artgenossen. Ich glaube, neulich habe ich erwähnt, Wissenschaftler hätten herausgefunden, dass eine Maus die andere leckt, wenn diese verletzt ist. Bei einer verletzten Maus, die von einer anderen geleckt wird, heilt die Verletzung viel schneller als bei einer, die allein ist.

Diese Anteilnahme für andere ist etwas sehr Kostbares. Wir Menschen haben ein besonderes Gehirn, aber dieses Gehirn verursacht viel Leiden, weil es immer ›ich, ich, ich‹ denkt. Je mehr man an sich denkt, umso mehr leidet man. Das Unglaubliche ist, dass wir weniger leiden, wenn wir daran denken, wie wir das Leiden anderer Menschen erleichtern können. Das ist das wahre Geheimnis des Glücks. Es ist sehr praktisch. Und es entspricht dem gesunden Menschenverstand.«

»Also hat die Maus, die die andere ableckt, auch etwas davon?«, fragte ich.

Der Dalai Lama antwortete auf Tibetisch, und Jinpa übersetzte: »Man könnte die Ansicht vertreten, dass es der Maus, die leckt, besser geht und sie sich außerdem in einem ruhigeren Geisteszustand befindet.«

Der Erzbischof lachte ob dieser ausführlichen Diskussion über Mäuse und über die Suche nach wissenschaftlichen Beweisen für ein Phänomen, das für ihn offensichtlich den Kern unserer Menschlichkeit ausmachte. »Ich würde sagen, eines der

Indizien dafür, dass wir mitfühlend sein wollen, ist die Tatsache, dass wir für mitfühlende Menschen Bewunderung empfinden. Was wir nicht bewundern – oder jedenfalls nur sehr wenige von uns –, sind rachgierige Menschen. Warum kämen die Leute sonst, um den Dalai Lama zu hören? Sie kommen vor allem, weil er sich zu dem entwickelt hat, der er ist. Sie fühlen sich wegen seines spirituellen Formats von ihm angezogen – ein Format, das dadurch entstanden ist, dass er Mitgefühl für andere hat trotz seines eigenen durch das Exil verursachten Leidens.«

»Dennoch, Herr Erzbischof, steht für viele Leute die Frage im Vordergrund, dass sie selbst so viele Probleme haben«, wandte ich ein. »Sie bewundern Sie vielleicht beide und sagen: ›Also, das ist wundervoll, sie sind unglaublich heilige Männer. Aber ich muss meine Kinder ernähren.‹ Und: ›Ich muss meinen Job machen.‹ Und: ›Ich habe nicht genug Geld.‹ Oder sie sagen: ›Wenn ich Mitgefühl habe, werde ich ausgenutzt, weil wir in einem Haifischbecken leben.‹ Warum ist es dennoch in ihrem eigenen Interesse, Mitgefühl aufzubringen? Wie hilft es ihnen bei ihren anderen Lebenszielen?«

»Ich hoffe, dass sie es ausprobieren. Es ist sehr schwierig, nur theoretisch darüber zu reden. Man muss es im wirklichen Leben herausfinden. Man kann versuchen, nett zu sein, wenn man morgens unterwegs ist, und guten Morgen zu den Leuten sagen, denen man begegnet, oder man kann lächeln, wenn einem nicht danach ist. Ich wette meinen letzten Dollar, dass sich dann in sehr kurzer Zeit diese Dunstglocke von Selbstbezogenheit, einer schlechten Form der Selbstbezogenheit, verzieht. Es ist universell. Wenn wir es probieren, funktioniert es. Warum? Wir sind wirklich so konstruiert, dass wir füreinander Mitgefühl haben. Und wenn wir gegen dieses fundamentale Gesetz unseres Wesens verstoßen, hat das, ob wir wollen oder nicht, üble Folgen für uns.

Wer, wie Seine Heiligkeit aufgezeigt hat, ›ich, ich, ich‹ sagt, wird ein eitler Mensch. Sagen wir jedoch selbst in größter Verzweiflung noch: ›Wie kann ich dir helfen?‹, verwandelt sich unser Schmerz wie durch ein Wunder. Er geht vielleicht nicht fort. Aber er wird irgendwie erträglich, jedenfalls erträglicher, als wenn wir ›ich Armer‹ sagten und nur an uns selbst dächten.

Wenn es an Ihrer Tür klingelt und Sie als Christ öffnen, können Sie das Kreuzzeichen über jeden schlagen, der davorsteht, einfach um zu sagen, dass er gesegnet ist. Vielleicht hat er gar kein dringendes Bedürfnis, aber vielleicht doch. Und Ihnen hilft es dabei, weniger egozentrisch zu sein, weniger auf Ihr eigenes Leid konzentriert. Mitgefühl ist absolut essenziell. Es ist wie Sauerstoff.«

»Sehr richtig«, sagte der Dalai Lama. »Wenn wir ›ich, ich, ich‹ denken, erzeugt das automatisch Angst, ein Gefühl der Unsicherheit und des Misstrauens. Ein so denkender Mensch ist nie ein glücklicher Mensch. Und am Ende seines Lebens wird sein Nachbar froh sein, wenn er gestorben ist. Nicht wahr?«

»Da hast du recht«, sagte der Erzbischof.

»Wer sich um andere kümmert, wenn sie Hilfe brauchen, hat später viele Leute, die er um Hilfe bitten kann, wenn er selbst einmal Schwierigkeiten hat. Und wenn es mit ihm zu Ende geht, werden viele Leute das Gefühl haben, dass sie einen wunderbaren Menschen verloren haben. Deshalb entspricht Mitgefühl dem gesunden Menschenverstand«, sagte der Dalai Lama und zeigte auf seine Stirn.

»Außerdem will ich sagen«, fügte er emphatisch mit Blick auf eventuelle Skeptiker hinzu, »schauen wir uns ein Bild von Stalin oder von Hitler an und vergleichen wir es mit einem Bild von Mahatma Gandhi oder auch mit einem Bild von diesem Menschen.« Er zeigte auf den Erzbischof. »Man kann darauf sehen, dass ein Mensch, der alle Macht, aber kein Mitgefühl hat und an

Kontrolle denkt«, der Dalai Lama rieb die Faust in der offenen Hand, »niemals glücklich sein wird. Ich glaube, dass solche Menschen in der Nacht schlecht schlafen. Sie haben immer Angst. Viele Diktatoren schlafen jede Nacht an einem anderen Ort. Schuld an dieser Angst ist ihre Art zu denken, ihr eigener Geist. Mahatma Gandhi hatte immer ein Lächeln im Gesicht, und in einem gewissen Ausmaß gilt das meiner Ansicht nach auch für Nelson Mandela. Weil Gandhi den Weg der Gewaltlosigkeit ging und weil er nicht machtbesessen war, haben ihn Millionen Menschen positiv in Erinnerung. Wäre er ein Diktator gewesen, hätte niemand über seinen Tod getrauert. Das ist meine Ansicht. Ganz einfach.«

Ich stellte dem Dalai Lama und dem Erzbischof schwierige Fragen, weil ich das Mitgefühl nicht der abgehobenen Welt der Heiligen und Lamas überlassen wollte. Ich wusste, dass es ihrer Ansicht nach auch für uns normale Sterbliche eine Säule der Freude ist, und ich wollte verstehen, warum es in unserer modernen Kultur so schwer anzunehmen ist. Also wandte ich ein: »Ein Zyniker könnte sagen: ›Wenn Mitgefühl so natürlich und in vieler Hinsicht die ethische Wurzel aller Religionen ist und wenn es seit Tausenden von Jahren gepredigt und gelehrt wird, warum gibt es dann einen solchen Mangel an Mitgefühl auf der Welt?‹«

»Unsere menschliche Natur ist verzerrt«, sagte der Erzbischof. »Ich meine, wir waren eigentlich recht bemerkenswerte Wesen. In unserer Religion bin ich als Ebenbild Gottes geschaffen. Ich bin ein Gottträger. Es ist fantastisch. Ich bin immer gottähnlicher geworden, als mein Mitgefühl für andere wuchs. Ich weiß: Jedes Mal, wenn ich aus Mitgefühl handle, erfahre ich eine Freude, die ich bei nichts anderem finde.

Und selbst der Zyniker wird zugeben müssen, dass wir so konstruiert sind. Wir sind so konstruiert, dass wir uns um andere kümmern. Wir verschrumpeln, wenn es keine anderen gibt.

Tatsächlich ist es eine herrliche Sache. Wenn ich sage: ›Ich kümmere mich nur um mich selbst‹, schrumpft mein Ich ganz außerordentlich und wird kleiner und kleiner. Und es wird immer schwieriger, Befriedigung und Freude zu empfinden. Und dann grapscht man wild um sich und probiert alles Mögliche aus, aber am Ende findet man keine Befriedigung.«

Der modernen Welt ist das Mitgefühl verdächtig, weil wir den Glauben akzeptiert haben, dass die Natur »grausam« sei, und weil wir mit allem und jedem konkurrieren. Aus dieser Sicht besteht unser Leben aus Einnahmen und Ausgaben, und Mitgefühl ist bestenfalls ein Luxus und schlimmstenfalls eine unsinnige Dummheit der Schwachen. Modernen Evolutionstheorien zufolge ist jedoch die Kooperation mit ihren zentralen Emotionen Empathie, Mitgefühl und Großzügigkeit für das Überleben unserer Gattung unverzichtbar. Die Tatsache, dass das Mitgefühl, wie der Dalai Lama erklärte, in unserem Eigeninteresse liegt, wird in der Evolutionsbiologie als »reziproker Altruismus« bezeichnet: Ich kratze dir heute den Rücken, und du kratzt mir morgen den meinen.

Dieses Arrangement ist so grundlegend für unser Überleben, dass schon Kinder mit sechs Monaten eine klare Vorliebe für Spielzeug haben, das dem Helfen und nicht dem Behindern dient. Wenn wir anderen helfen, erleben wir oft ein sogenanntes »Helfer-High«, einen euphorischen Zustand, der durch die Ausschüttung von Endorphinen in unserem Gehirn produziert wird. Wenn wir aus Mitgefühl etwas tun, werden im Gehirn offenbar dieselben Belohnungszentren aktiv, wie wenn wir an Schokolade denken. Wir bekommen ein warmes Gefühl, wenn wir anderen helfen, weil dabei Oxytocin ausgeschüttet wird, ein Hormon, das auch bei stillenden Müttern frei wird. Oxytocin wirkt sich allem Anschein nach gesundheitlich positiv aus. Es lindert zum Beispiel Entzündungen im Herz-Kreislauf-System.

Mitgefühl macht also buchstäblich unser Herz gesund und glücklich.

Es scheint außerdem ansteckend zu sein. Wenn wir sehen, dass sich andere mitfühlend verhalten, sind wir auch eher mitfühlend. Dadurch entsteht ein erhebendes Gefühl, einer der von Ekman identifizierten Aspekte der Freude. Neue Forschungsergebnisse der Sozialwissenschaftler Nicholas Christakis und James Fowler lassen vermuten, dass der Ansteckungseffekt zwei bis drei Personengruppen weit reichen kann. Mit anderen Worten, Experimente mit zahlreichen Teilnehmern zeigen: Bei unseren Freunden und den Freunden unserer Freunde und sogar bei den Freunden der Freunde unserer Freunde nimmt die Wahrscheinlichkeit zu, dass sie freundlich und mitfühlend werden, sobald wir selbst freundlich und mitfühlend sind.

Wir haben Angst vor dem Mitgefühl, weil wir fürchten, das Leiden, die Verwundbarkeit und die Hilflosigkeit zu spüren, die uns begegnen können, wenn wir unser Herz öffnen. Wie der Psychologe Paul Gilbert feststellte, haben viele Menschen Angst, dass sie ausgenutzt werden, wenn sie mitfühlend sind, dass andere von ihnen abhängig werden und dass sie mit der Not anderer Menschen womöglich nicht klarkommen werden.

Einer der Unterschiede zwischen Empathie und Mitgefühl besteht darin, dass wir bei der Empathie zunächst einmal »nur« die Gefühle eines anderen nachempfinden können. Das Mitgefühl ist eine Reaktion darauf. Normalerweise sind wir beim Empfinden von Mitgefühl stärker engagiert, weil wir für den anderen das Beste wollen. Der Dalai Lama hat auch den Unterschied zu einem falsch verstandenen Mit*leid* verdeutlicht: Wenn wir einen Menschen sehen, der von einem Felsbrocken zerquetscht wird, bedeutet Mitgefühl nicht, sich auch unter den Felsbrocken zu legen, um zu spüren, was der andere spürt, sondern bei der Entfernung des Felsbrockens zu helfen.

Außerdem haben viele Menschen Angst, bei anderen Mitgefühl zu erregen, weil sie fürchten, dass diese eine Gegenleistung verlangen könnten, oder zumindest, dass sie selbst sich ihnen verpflichtet fühlen könnten. Viele haben sogar Angst, Mitgefühl mit sich selbst zu haben, weil sie glauben, dadurch schwach zu werden, weniger hart zu arbeiten oder von Traurigkeit und Schmerz überwältigt zu werden. Laut Paul Gilbert kann »das Mitgefühl natürlich fließen, wenn wir die Ängste, Blockaden und Widerstände, die mit ihm zusammenhängen, verstehen und an ihrer Überwindung arbeiten. Mitgefühl ist eines der schwierigsten und mutigsten unserer Motive, aber es ist auch das heilsamste und erhebendste.«

Selbstmitgefühl hat viel mit der Akzeptanz unserer eigenen Person zu tun, aber es ist weit mehr als bloße Selbstakzeptanz. Es bedeutet, dass wir Mitgefühl mit unseren menschlichen Schwächen haben und erkennen, dass wir wie jeder Mensch verletzlich und begrenzt sind. Aus diesem Grund ist es eine elementare Grundlage für das Mitgefühl mit anderen. Wie sowohl der Dalai Lama als auch der Erzbischof bemerkten, ist es nämlich schwer, einen anderen Menschen zu lieben wie sich selbst, wenn man sich selbst nicht liebt.

Der Dalai Lama hatte in unserer Gesprächswoche erwähnt, wie erstaunt er war, als ihm westliche Psychotherapeuten berichteten, dass viele ihrer Patienten mit Selbsthassproblemen zu kämpfen hätten. Selbsterhaltung, Selbstliebe und Selbstfürsorge gehörten, wie der Dalai Lama annahm, zu den Grundlagen der menschlichen Natur. Diese Annahme ist eine Grundlage der buddhistischen Praxis, deshalb war es erstaunlich für ihn zu hören, dass Menschen nicht nur Mitgefühl mit anderen, sondern auch Selbstmitgefühl lernen mussten.

Die moderne Kultur erschwert es uns, Selbstmitgefühl zu haben. Wir verbringen einen so großen Teil unseres Lebens damit, eine Leistungspyramide zu erklimmen, wobei wir permanent bewertet und beurteilt werden und oft die Erwartungen nicht erfüllen. Wir internalisieren die Stimmen unserer Eltern, unserer Lehrer und der Gesellschaft insgesamt. Deshalb haben wir oft nicht besonders viel Selbstmitgefühl. Wir ruhen nicht aus, wenn wir müde sind, und vernachlässigen unsere grundlegenden Bedürfnisse wie Schlaf, Nahrung und Bewegung, während wir uns immer unbarmherziger antreiben. Wie der Dalai Lama sagte, behandeln wir uns, als wären wir Teil einer Maschine. Wir haben die Tendenz, uns ängstlich und depressiv zu fühlen, weil wir von uns erwarten, mehr zu haben, mehr zu sein und mehr zu erreichen. Selbst wenn wir Erfolg haben, kommen wir uns oft wie Versager oder Betrüger vor und warten nur darauf, dass wir aus dem Spiel fallen. Dazu Jinpa: »Ein Mangel an Selbstmitgefühl manifestiert sich in einer harten und verurteilenden Beziehung zum eigenen Ich. Viele Menschen glauben, sie müssten kritisch und fordernd mit sich umgehen, damit sie nicht zu Versagern werden, die keine Liebe und Anerkennung mehr verdienen.«

Die Psychologin Kristin Neff hat Möglichkeiten gefunden, wie man Selbstmitgefühl zum Ausdruck bringen kann: Wenn wir uns selbst mit Mitgefühl behandeln, akzeptieren wir, dass es Teile unserer Persönlichkeit gibt, mit denen wir vielleicht nicht zufrieden sind. Dennoch tadeln wir uns nicht selbst, während wir uns diesen Teilen zuwenden. Wenn wir eine schwierige Zeit durchleben, gehen wir fürsorglich und liebevoll mit uns um, wie wir es auch bei einem Freund oder einem Verwandten tun würden. Wenn wir uns in irgendeiner Hinsicht unzulänglich fühlen, erinnern wir uns daran, dass alle Menschen solche Gefühle oder Unzulänglichkeiten haben. Wenn uns etwas schwerfällt, machen wir uns klar, dass alle Menschen ähnliche Herausforderungen bestehen müssen. Und schließlich versuchen wir, wenn wir uns schlecht fühlen, dieses Gefühl mit Neugier und Akzeptanz zu verstehen, statt es abzuwehren oder mit Selbstkritik darauf zu reagieren.

Während der ganzen Woche kamen der Erzbischof und der Dalai Lama immer wieder auf eines der zentralen Paradoxe des Glücks zu sprechen: Unsere Freude ist am größten, wenn wir uns auf andere konzentrieren. Kurz gesagt, anderen Freude zu machen ist der schnellste Weg, selbst Freude zu empfinden. Der Dalai Lama sagte, es genügen bereits zehn Minuten Meditation über das Wohlergehen anderer, damit man den ganzen Tag Freude spürt – sogar schon vor dem Morgenkaffee. Wenn wir unser Herz verschließen, können wir keine Freude empfinden. Sofern wir den Mut haben, mit einem offenen Herzen zu leben, sind wir in der Lage, unseren eigenen Schmerz und die Schmerzen anderer zu spüren, aber wir können auch mehr Freude empfinden. Je größer und wärmer unser Herz, desto stärker sind unser Gefühl von Lebendigkeit und unsere Resilienz.

Als Anthony Ray Hinton nach einem Prozess, den man nur als Hohn auf die Gerechtigkeit bezeichnen kann, in die Todeszelle gesteckt wurde, war er verständlicherweise schwer verletzt und sehr wütend, weil das amerikanische Justizsystem in seinem Fall so versagt hatte. »Wenn man dir kein einziges Wort glaubt, sagst du schließlich gar nichts mehr. Ich sagte nicht mehr guten Morgen und fragte keinen Menschen mehr: ›Wie geht's?‹ Wenn die Wärter eine Information von mir brauchten, schrieb ich sie auf einen Zettel. Ich war wütend. Aber als mein viertes Jahr angebrochen war, hörte ich den Mann in der Zelle neben mir weinen. Die Liebe und das Mitgefühl, die meine Mutter mir hatte angedeihen lassen, sprachen aus mir, und ich fragte den Mann, was los sei. Er sagte, er habe gerade erfahren, dass seine Mutter gestorben sei. Ich sprach zu ihm: ›Du solltest es folgendermaßen betrachten. Jetzt hast du jemanden, der deinen Fall vor Gott vertritt.‹ Dann erzählte ich ihm einen Witz, und er lachte. Meine Stimme und mein Sinn für Humor waren plötzlich wieder da. Nach dieser Nacht versuchte ich sechsundzwanzig lange Jahre, mich auf die Probleme anderer Leute zu konzentrieren, und am Ende eines jeden Tages, den ich absaß, erkannte ich, dass ich mich wieder nicht auf mich selbst konzentriert hatte.«

Hinton schaffte es, Liebe und Mitgefühl an einen lieblosen Ort zu bringen, und indem er das tat, gelang es ihm, an einem der trostlosesten Orte der Welt seine Freude zu bewahren.

Solange er im Gefängnis saß, gingen dreiundfünfzig Männer und eine Frau an seiner Zelle vorbei zu ihrer Hinrichtung. Er brachte seine Mitgefangenen dazu, dass sie fünf Minuten vor einer Exekution an die Gitterstäbe ihrer Zellen schlugen. »Ich entdeckte in der Todeszelle, dass meine Mithäftlinge nicht die gleiche bedingungslose Liebe von ihrer Mutter erhalten hatten wie ich. Wir wurden eine Familie, und wir wussten nicht, ob sie andere Angehörige oder Freunde dort hatten, also schlugen wir an die Gitterstäbe, um denen, die getötet wurden, zu sagen: ›Wir sind mit euch, und wir lieben euch immer noch bis ganz zum Schluss.‹«

8. GROSSZÜGIGKEIT

Wir sind von Freude erfüllt

Ich denke, wir sind fast alle erstaunt darüber, wie sehr es zu unserer Freude beiträgt, wenn wir jemand anderen glücklich machen. Wir gehen zum Beispiel zum Einkaufen in die Stadt, und wenn wir heimkommen, haben wir einen Blumenstrauß für unsere Frau dabei. Sie hat das nicht erwartet, und das Leuchten in ihren Augen und unsere Freude darüber, dass wir ihr eine Freude bereitet haben, das alles lässt sich nicht wirklich gegenrechnen.

»So«, sagte der Erzbischof und lachte. »In unserem Buch steht, dass wir durch Geben empfangen. Deshalb wäre ich froh, wenn die Leute begriffen, dass wir unglücklich sind, wenn wir uns in uns selbst einschließen. Wenn wir aber in Selbstvergessenheit wachsen, dann erfüllt uns das mit Freude, und das finde ich wirklich bemerkenswert.

Manchmal sage ich im Spaß, Gott sei nicht besonders gut in Mathe, denn wenn man anderen etwas gibt, dann sollte man das ja eigentlich bei sich selbst subtrahieren. Unbegreiflicherweise fand ich aber immer wieder bestätigt, dass man, indem man andere beschenkt, Raum dafür schafft, dass man selbst noch reicher beschenkt wird.

Dazu gibt es auch ein Beispiel aus der greifbaren Welt. Das Tote Meer im Nahen Osten wird mit Süßwasser gespeist, aber es ist ein abflussloser See, das Wasser kann nicht hinaus. Von den Flüssen erhält es Wasser, aber dieses Wasser verdirbt. Es wird einfach schlecht. Deswegen nennt man es das Tote Meer. Es empfängt, aber es gibt nicht. Bei uns ist es im Grunde genauso. Ich meine, wir empfangen und müssen auch geben. Großzügigkeit ist letztlich die beste Möglichkeit, immer glücklicher zu werden.« Wir waren zur achten und letzten Säule der Freude gelangt.

Großzügigkeit ergibt sich häufig auf natürliche Weise aus dem Mitgefühl, obwohl sich keine scharfe Grenze zwischen den beiden ziehen lässt. Jinpa hat darauf hingewiesen, dass wir nicht darauf warten müssen, bis sich unser Mitgefühl einstellt, bevor wir uns großzügig zeigen. Wir finden vielmehr Gefallen an unserer Großzügigkeit, indem wir sie ausüben. Vermutlich wird Nächstenliebe aus diesem Grund fast in allen Religionen zwingend vorgeschrieben. Sie ist eine der fünf Säulen des Islam, *zakat* genannt. Im Judentum heißt sie *tzedakah,* was wörtlich »Gerechtigkeit« bedeutet. Im Hinduismus und Buddhismus nennt man sie *dana.* Und im Christentum Barmherzigkeit.

Vermutlich ist die Großzügigkeit in allen Weltreligionen so wichtig, weil sie die grundsätzliche Bedeutung unserer wechselseitigen Abhängigkeit voneinander ausdrückt. Großzügigkeit war für unser Überleben so wichtig, dass die Belohnungszentren in unserem Gehirn beim Geben ebenso hell aufleuchten wie beim Empfangen und manchmal noch stärker. Wie bereits erwähnt, haben Richard Davidson und seine Mitarbeiter die Großzügigkeit als eine von vier fundamentalen »Schaltkreisen« identifiziert, die unser langfristiges Wohlbefinden steuern. Im *World Happiness Report* der UNO für 2015 erklärten Davidson und Brianna Schuyler, die Qualität unserer Beziehungen zähle zu den aussagekräftigsten Anzeichen für Wohlbefinden. Großzügiges Sozialverhalten scheint diese Beziehungen über alle Kulturen hinweg zu stärken. Großzügigkeit geht sogar einher mit einer besseren Gesundheit und einer größeren Lebenserwartung. Sie ist nach Ansicht von David McClelland und Carol Kirshnit so wirkungsvoll, dass schon der bloße Gedanke daran »den Gehalt an schützendem Immunglobulin A, einem von unserem Immunsystem benutzten Protein, im Speichel erheblich steigert«. Geld scheint also tatsächlich glücklich zu machen – wenn wir es für andere ausgeben statt für uns selbst. Elizabeth Dunn und ihre Mitarbeiter konnten dies in der Tat wissenschaftlich nachweisen. Bei älteren Menschen mit Bluthochdruck, fand Dunn außerdem heraus, sanken die Werte, wenn man sie anwies, Geld für andere statt für sich selbst auszugeben. Wie Erzbischof Tutu bereits gesagt hatte: Wir empfangen, wenn wir geben.

Mir war eine erstaunliche Geschichte zu Ohren gekommen, die genau dies bestätigt. Als ich James Doty kennenlernte, war er Gründer und Direktor des Center of Compassion and Altruism Research and Education an der Stanford University und gleichzeitig Vorsitzender der Dalai-Lama-Stiftung. Daneben arbeitete er als Vollzeit-Neurochirurg. Jahre zuvor hatte er als Unternehmer mit Medizintechnik ein Vermögen verdient und die Erträge eines Aktienpakets von dreißig Millionen Dollar für wohltätige Zwecke überschrieben. Damals umfasste sein Vermögen mehr als fünfundsiebzig Millionen Dollar. Als die Aktienmärkte einbrachen, verlor er alles und war pleite. Seine Anwälte rieten ihm, seine Spende zurückzuholen – unter diesen Umständen würde das jeder verstehen. »Zu den hartnäckigsten Mythen unserer Gesellschaft zählt«, erklärte Jim, »dass Geld glücklich macht. Ich bin arm aufgewachsen und dachte immer, Geld würde mir alles geben, was ich nicht hatte: Kontrolle, Macht, Liebe. Als ich endlich über das Geld verfügte, von dem ich immer geträumt hatte, entdeckte ich, dass es mich gar nicht glücklich machte. Und als ich alles Geld verlor, verschwanden auch alle meine falschen Freunde.« Jim entschied sich, seine Spende nicht anzutasten.»In diesem Augenblick begriff ich, dass Geld nur glücklich machen kann, wenn man es weitergibt.«

Wir können aber nicht nur mit unserem Geld Großzügigkeit zeigen, sondern auch mit unserer Zeit. In der Literatur zum Thema Glück finden sich etliche Untersuchungen darüber, wie wichtig es ist, eine Bestimmung im Leben zu haben. Bei dieser Bestimmung geht es im Grunde auch darum, wie wir uns einbringen und großzügig gegenüber anderen zeigen können, dass wir spüren, gebraucht zu werden, und für andere Menschen wertvoll sind. Eine umfangreiche Metaanalyse von Randy Cohen am Mount Sinai St. Luke's Medical Center in New York ergab, dass das Gefühl einer ausgeprägten Bestimmung im Leben mit einer um dreiundzwanzig Prozent verringerten und von der Ursache unabhängigen Sterberate einhergeht. Und einer von der Neuropsychologin Patricia Boyle und ihren Kollegen in *JAMA Psychiatry* veröffentlichten Studie zufolge war bei Menschen mit einer Bestimmung im Leben die Wahrscheinlichkeit, in den sieben folgenden Jahren an Alzheimer zu erkranken, nur halb so groß wie normal. Es scheint also sogar unsere Gesundheit zu fördern, wenn wir mit unserer Zeit großzügig verfahren. Morris Okun und seine Mitarbeiter kamen im Rahmen einer großen Metaanalyse zu dem Ergebnis, dass ein Engagement im Ehrenamt das Sterberisiko um vierundzwanzig Prozent verringert.

Mitgefühl und Großzügigkeit sind aber nicht nur hohe Tugenden – sie stehen im Mittelpunkt unserer Menschlichkeit, erfüllen unser Leben mit Freude und Bedeutung. »Ja, es gibt viele, viele, viele hässliche Dinge«, erklärte der Erzbischof. »Aber es gibt auch viel unglaublich Schönes in unserer Welt. In den schwarzen Townships in Südafrika herrschen Elend und Verzweiflung, und Krankheiten wie Aids haben viele Kinder zu Waisen gemacht. In einer Township habe ich eine Mutter kennengelernt, die solche verlassenen Kinder von der Straße holte. Über besondere Mittel verfügte sie dabei nicht. Aber schon vom ersten Augenblick an erhielt sie Hilfe, um ihre aus Mitgefühl aufgenommene Arbeit weiterzuführen.

Im Grunde genommen sind wir Menschen gut. Nicht der Gute ist die Ausnahme, sondern der Böse. Wir sind für das Gute geschaffen. Und wenn sich die Gelegenheit bietet, zeigen sich die meisten von uns großzügig. Diese Frau hatte selbst nichts, aber das hielt sie keineswegs davon ab, für andere da zu sein. Mehr als dreihundert Straßenkinder brachte sie in ihrem Haus unter. Das sprach sich herum, und bald fanden sich Menschen, die sagten: ›Okay, wir helfen. Wir bauen einen kleinen Schlafsaal für die Kinder.‹ Andere sagten: ›Wir können Nahrungsmittel spenden.‹ Und schon hatte sie ein Zuhause für ihre Schützlinge. Sie ist ziemlich berühmt geworden. Aber es ging ihr gar nicht um Ruhm oder so etwas. Sie hatte nur diese Kinder gesehen, und ihr Mutterinstinkt sagte ihr: ›Nein, so geht das nicht.‹ Dabei darf man natürlich nicht so tun, als könnten wir nicht vom Gefühl der Ohnmacht übermannt werden, aber jeder kann tun, was ihm in seiner Situation möglich ist.«

Am achtzigsten Geburtstag des Erzbischofs hatten Rachel und ich mit ihm und seiner Familie das Waisenhaus besucht und dort mit einer riesigen Geburtstagtorte gefeiert. Wir saßen mit Kindern auf dem Schoß auf dem Boden, umringt von Dutzenden weiterer Kinder, und wir hätten sie am liebsten alle sofort adoptiert. Die größeren Kinder hielten jüngere in den Armen. Durch das Mitgefühl und die Großzügigkeit einer Frau, die sie in ihr Heim aufgenommen hatte, war nun ihrer aller Leben miteinander verwoben. Ich musste daran denken, wie Tutu Besuche bei Menschen in Townships geschildert hatte – Menschen, die absolut nichts besaßen und dennoch anderen ihre Türen und ihre Herzen öffneten. Die Großzügigkeit ist tief in uns verankert.

»Und wenn wir ein Kloster besuchen«, fuhr der Erzbischof fort, »wo die Menschen sehr, sehr einfach leben, dann müssen wir uns überraschenderweise eingestehen, dass sie dort einen Frieden gefunden haben, der für uns in unserer Habgier schwer zu erreichen ist. Es sei denn, natürlich, wir haben eine lockere Beziehung zu unserem Wohlstand und unserem Status und können beides auf großzügige Weise verwalten. Wir klammern uns nicht verzweifelt daran. Es geht also nicht um Wohlstand und Status. Diese sind neutral. Es geht um unsere Haltung. Und es geht darum, wie wir unseren Wohlstand und unseren Status einsetzen. Wir haben das schon am allerersten Tag gesagt: Wenn wir nur nach innen blicken und uns selbst betrachten, dann werden wir verkümmern.«

Großzügigkeit ist nicht auf unsere Zeit und unser Geld beschränkt. Jinpa erklärte, in der buddhistischen Lehre sei von drei Arten der Großzügigkeit die Rede: materiellen Gaben, der Gabe von Freiheit von Angst (was Schutz, Rat und Trost einschließt) sowie geistigen Gaben. Zu diesen zählt das Spenden von Weisheit, Moral und ethischen Lehren, um den Menschen zu mehr Selbstständigkeit und Glück zu verhelfen. Und genau dies spendeten der Dalai Lama und Erzbischof Tutu während dieser ganzen Woche.

»Wir haben es direkt vor unseren Augen«, sagte der Erzbischof. »Wir haben es gesehen. Wir bewundern Menschen, die sich um andere kümmern. Menschen, die selbst dann, wenn sie sehr viel zu tun haben, einem das Gefühl geben, dass man in diesem Moment das Wichtigste ist, um das sie sich kümmern müssen.

Dazu müssen wir die Religion gar nicht ins Spiel bringen. Ich finde, das ist eine weltliche Sache. Unternehmen, die sich um ihre Mitarbeiter kümmern, sind erfolgreicher. Sie könnten natürlich sagen: ›Nun, wir bezahlen ihnen schon so viel, damit ist unserer Sorge Genüge getan.‹ Ja nun, in Ordnung. Das ist möglich. Und dann sagen deine Mitarbeiter: ›Ich arbeite meine Schicht von dann bis dann, und danach ist Feierabend.‹ Wenn sie aber erlebt haben, dass man sich auch als Menschen um sie kümmert – ihr versteht schon, wenn man nachfragt, wie es ihren Familien geht, oder wenn es in der Firma wenigstens jemanden gibt, der sich um so etwas kümmert –, dann steigert das die Produktivität. Ich verstehe gar nicht, welchen weiteren Beweis wir noch dafür brauchen, dass es einer Firma oder einem Menschen, der sich kümmert, fast immer gut geht. Sehr gut sogar. Und umgekehrt gilt das ebenso.«

»Sehr wahr, sehr wahr«, merkte der Dalai Lama an. »Das ist ziemlich offensichtlich. Gerade japanische Unternehmen sind wegen ihrer besonderen Beziehung zwischen den Angestellten und dem Arbeitgeber oft sehr erfolgreich. Die Angestellten haben das Gefühl: ›Das ist meine Firma.‹ Also arbeiten sie mit ganzer Kraft. Wenn sich der Arbeitgeber aber nur um seine Gewinne kümmert, dann werden die Angestellten eher an die Mittags- oder Teepause denken und nicht an die Firma. Sofern man wirklich an Zusammenarbeit interessiert ist und darüber hinaus die Gewinne gerecht geteilt werden, kann auch wirkliche Harmonie entstehen. Und genau das brauchen wir heutzutage. Harmonie zwischen sieben Milliarden Menschen.« Der Dalai Lama faltete die Hände, als würde er mit seinen feinen Fingern so die Bevölkerung der Welt in Harmonie vereinen.

»Ich möchte noch einmal darauf zurückkommen, Erzbischof, dass du gesagt hast, du hättest das Gefühl, unsere menschliche Natur sei verzerrt. Was an unserem modernen Leben ist es, das unseren angeborenen Sinn für Mitgefühl und Großzügigkeit verzerrt?«

»Wir sind dazu erzogen worden, den Gesetzen des Dschungels zu gehorchen«, erwiderte Erzbischof Tutu. »Fressen und gefressen werden. Unser Konkurrenzdenken ist gnadenlos – so sehr, dass Magengeschwüre als Statussymbol herhalten. Sie beweisen, wie unglaublich verbissen wir arbeiten. Wir arbeiten aber nicht nur, um unsere Bedürfnisse und die unserer Familien zu erfüllen, wir versuchen, uns gegenseitig zu übertreffen. Dabei spielen wir die Tatsache herunter, dass wir von Natur aus dazu geschaffen sind, einander zu ergänzen. Unsere Menschlichkeit und Würde haben an Wert verloren. Wie Martin Luther King gesagt hat: ›Wir müssen lernen, als Brüder und Schwestern zusammenzuleben, wenn wir nicht als Narren gemeinsam untergehen wollen.‹

Ich hoffe, Bücher wie dieses erwecken den Sinn in uns, dass wir eine Menschheit sind. Dann werden wir auch begreifen, wie absurd es ist, Milliarden oder Billionen für das auszugeben, was wir Verteidigungshaushalt nennen. Schon mit einem winzigen Bruchteil dieser Summen könnte man … Ich meine, jeden Tag sterben Kinder, und sie sterben, weil sie kein sauberes Wasser haben. Wenn wir uns unserer Verbundenheit bewusst wären, würde das nicht geschehen. Und es ist nicht möglich, dass eine Nation nur für sich allein aufblüht. Unmöglich. Das ist nicht unsere Natur. Wir sind dazu geschaffen, uns gegenseitig zu ergänzen, zusammenzugehören, eine Familie zu sein. Das kann man für sentimental halten, aber das ist es nicht. Es ist die Realität.

Wenn wir eine Menge Lebensmittel produzieren und dann nicht sagen: ›Ach, dort sind ja Menschen, die hungern‹, und stattdessen den Überschuss vernichten – und wenn wir glauben, das sei in Ordnung –, dann kann das keinesfalls in Ordnung sein; denn wir haben ein Grundgesetz des Universums gebrochen. Und dann werden fürchterliche Dinge geschehen.

Dazu braucht man keine biblische oder religiöse Ausbildung. Es ist die schlichte Wahrheit: Niemand kann allein überleben. Wer sich vornimmt, völlig egoistisch zu sein, wird in kürzester Zeit untergehen. Wir brauchen andere Menschen, um Mensch zu sein. Deshalb steckt man Leute, die man bestrafen will, in Einzelhaft. Weil man ohne andere nicht aufblühen kann. Andere Menschen geben uns Dinge, die wir uns selbst nicht geben können, und wären wir noch so reich. Das bringt uns zurück zu Ubuntu. Ein Mensch wird erst durch andere zum Menschen. Bestimmt haben manche Leute gesagt: ›Ach, was für eine primitive Denkweise.‹ Dabei ist es das grundlegendste Gesetz unserer Existenz. Und wir pfeifen drauf – wir pfeifen drauf zu unserem eigenen Schaden.«

Der Erzbischof blickte starr vor sich hin. Er sprach leidenschaftlich und kraftvoll wie ein Prophet des Alten Testaments, der die Menschheit vor dem Untergang bewahren will. Ich wusste, dass es Kraft kostete, so die Wahrheit zu verkünden, wie er es tat. Er schien jedoch keineswegs ermattet. Vielleicht schöpfte er zusätzliche Energie aus der Rolle als »globaler Dorfältester«, dessen moralische Stimme noch immer dringend gebraucht wurde. Trotzdem versuchte ich, ihn angesichts seiner eingeschränkten Kräfte zu schonen. »Herr Erzbischof, denken Sie an Ihre Ressourcen. Wir haben zu diesem Thema eine letzte Frage. Fühlen Sie sich noch bereit dazu?«

»Nein, nein, mir geht's bestens.«

»Also noch eine Frage?«

»Stellen Sie, so viele Sie wollen.«

»Eine Frage von Micah aus Südafrika. Sie möchte wissen: ›Wie kann man sich für Menschen, für die Natur und andere Dinge einsetzen, ohne sich selbst völlig in einer Krisenmentalität zu verlieren? Wie können wir uns für eine bessere Welt einsetzen und trotzdem Freude in unserem eigenen Leben finden?‹«

»Mein jüngerer Bruder, hier, du zuerst«, meinte Tutu.

»Ich glaube, du weißt das besser.«

Der Erzbischof lachte. »Bitte nehmt zur Kenntnis, dass er zum ersten Mal gesagt hat, ich wisse etwas besser.«

»Ist das eine Frage über Afrika?«, wollte der Dalai Lama wissen.

»Nein, es geht um die ganze Welt.«

»Okay«, sagte der Dalai Lama und machte sich zur Antwort bereit. »Nun, ich bin mir mit den Menschen immer darin einig, dass sich die Probleme, mit denen wir heute konfrontiert sind, nur schwer lösen lassen. Eine ganze Generation ist mit einer bestimmten Mentalität, einem bestimmten Lebensstil aufgewachsen. Wenn wir uns also über die Zukunft Gedanken machen, wie wir eine in sich gesunde Menschheit schaffen wollen, dann müssen wir überlegen, wie wir eine neue Generation von Bürgern mit einer anderen Einstellung hervorbringen können. Die Erziehung ist hier der Schlüssel. Das Christentum hält, ebenso wie der Buddhismus, wunderbare Lehren bereit, aber diese Lehren und Vorgehensweisen reichen nicht aus.

Heute wird überall säkular erzogen. Also müssen wir bei der Schulbildung unserer Kinder auch Mitgefühl und Grundlagen der Ethik mit einbeziehen, nicht auf der Basis von religiösen Überzeugungen, sondern wissenschaftlichen Erkenntnissen, gesundem Menschenverstand uns unserer Erfahrung. Wenn wir uns nur über die gegenwärtige Situation beklagen, hilft das nicht weiter. Unsere Grundhaltung macht es uns sehr schwer, die gegenwärtigen Krisen der Welt zu bewältigen. Du hast erwähnt, dass dein Vater eigentlich ein sehr guter Mensch war, aber wenn er trank, benahm er sich schlecht. Viele Menschen kommen mir heute wie betrunken vor. Ihr Geist wird beherrscht von zu vielen negativen Gefühlen wie Gier, Furcht und Wut. Deshalb benehmen sie sich wie Betrunkene.

Aus diesem Rausch kommen wir nur heraus, wenn wir unseren Kindern das Mitgefühl und den Gebrauch unseres Verstandes als Werte vermitteln können. Den globalen Herausforderungen müssen wir uns mit einem langfristigen und weitsichtigen Ansatz entgegenstellen. Dazu braucht es einen fundamentalen Wandel im menschlichen Bewusstsein, wie er sich eigentlich nur durch Erziehung erreichen lässt. Aber die Zeit drängt. Deshalb finde ich es außerordentlich wichtig, dass wir sofort beginnen. Dann ist die nächste Generation vielleicht in der Lage, die weltweiten Probleme im Verlauf ihres Lebens zu lösen. Wir, die ältere Generation, haben im zwanzigsten Jahrhundert eine Menge Probleme geschaffen. Die Generationen des einundzwanzigsten Jahrhunderts werden die Lösung dafür finden müssen.«

»Ich finde, Menschen sind von Natur aus mitfühlend«, erklärte der Erzbischof und kam damit zu einem seiner Kernpunkte zurück.

Der Dalai Lama stimmte mit ein. »Ja. Das ist die Grundlage für unsere Hoffnung.«

»Jetzt rede ich«, gab der Erzbischof im Spaß zurück. Der Dalai Lama lachte. »Selbst der eigennützigste Mensch«, fuhr Tutu fort, »muss für seine Familie ein Mindestmaß an Mitgefühl empfinden. Wir reden also nicht von etwas völlig Fremdem. Wir sagen nur, dass wir entdeckt haben, wie sehr wir voneinander abhängig sind.«

»Eigentlich, Herr Erzbischof«, sagte ich, um uns wieder zum Thema zurückzuführen, »geht es bei dieser Frage um Menschen, die diese Interdependenz tief empfinden und vor lauter Mitgefühl fast krank werden. Micah möchte wissen, wie sie Freude an ihrem Leben haben soll, wenn so viele andere leiden müssen.«

»Ja. Sehr gut«, antwortete er, schlug die Augen nieder und überlegte. »Ich als alter Mann sage dazu: Fangen wir dort an, wo wir stehen, und machen wir uns bewusst, dass wir all diese massiven Probleme nicht allein lösen werden. Tun wir, was wir können. Eigentlich ist es offensichtlich. Und dann werden wir überrascht feststellen, dass das Helfen ansteckend sein kann. Es gibt so viele, wirklich viele Menschen – und mein Herz hüpft angesichts ihrer Zahl vor Freude –, die sich um andere kümmern. Wie viele Leute sind in New York City für den Umweltschutz auf die Straße gegangen? Das war doch einfach unglaublich. Niemand zahlt ihnen etwas dafür. Und trotzdem kommen sie in Massen. Es gibt so viele Menschen, die sich einbringen. Und wenn wir beispielsweise sagen: ›Nun, ich möchte etwas für die ältere Generation tun‹, dann wird es uns überraschen, wie viele Leute sich melden und helfen wollen. Warum gibt es denn so viele Nichtregierungsorganisationen? Das sind doch Leute, die sagen: ›Wir wollen eine bessere Welt schaffen. Wir brauchen nicht so negativ eingestellt zu sein.‹

Hey, wir sollten nicht vergessen, dass wir nicht allein sind und dass wir die Aufgabe nicht zu Ende bringen müssen. Das braucht Zeit, aber wir lernen, wir wachsen, wir werden zu den Menschen, die da sein wollen. Niemandem ist geholfen, wenn wir unsere Freude aufgeben, weil andere leiden. Als Menschen, die sich einbringen, müssen wir anziehend und von Freude erfüllt sein, sodass auch andere erkennen, dass Großzügigkeit und eine Tätigkeit im Ehrenamt keine Last, sondern eine Freude sind. Schenken wir der Welt unsere Liebe, unsere Mithilfe und unseren Trost, aber schenken wir ihr ebenso unsere Freude. Denn auch sie ist ein großartiges Geschenk.«

Der Erzbischof und der Dalai Lama sprachen von einer besonderen Art der Großzügigkeit: der Generosität des Geistes. Über diese Qualität verfügen die beiden möglicherweise mehr als die meisten anderen. Sie sind beide großherzig, tolerant, aufgeschlossen, geduldig, nachsichtig und gütig. Vielleicht zeigt sich in dieser Großzügigkeit des Geistes am deutlichsten die geistige Entwicklung eines Menschen, die ihre Zeit braucht, wie Bischof Tutu gesagt hatte.

Der Erzbischof hatte diese Art, eins mit der Welt zu sein, in einem schönen Bild beschrieben: »Ein Vorrat an Freude zu sein, eine Oase des Friedens, ein Teich der Gelassenheit, der seine Wellen an alle um uns herum aussendet.« Wenn wir über einen großzügigen Geist verfügen, dann sind wir umgängliche und fröhliche Zeitgenossen. Wir verbreiten gute Laune, und unsere Gesellschaft erfreut andere. Dies geht, wie Tutu immer wieder betont hatte, natürlich Hand in Hand mit der Fähigkeit, weniger selbstbezogen zu sein. Unsere eigenen vermeintlichen Bedürfnisse stehen uns dann weniger im Weg, denn wir müssen niemandem etwas beweisen, uns nicht besonders darstellen. Wir haben wenige Ansprüche, werden offener und ehrlicher. Natürlich löst dies auch Anspannungen in unserer Umgebung. Wenn wir uns selbst mit unseren Verletzlichkeiten und unserer Menschlichkeit akzeptieren, dann können wir auch andere als Menschen annehmen. Wir stehen zu unseren Schwächen und empfinden Mitgefühl für die Mängel der anderen. Wir können großzügig sein und anderen Freude schenken. Dies gleicht in vielerlei Hinsicht der buddhistischen Übung Tonglen, die der Dalai Lama angewandt hatte, als er vom Aufstand in Tibet und seiner brutalen Niederschlagung erfuhr. Wir können das Leiden anderer aufnehmen und ihnen unsere Freude zurückgeben.

Wenn wir die Großzügigkeit des Geistes ausüben, dann üben wir in gewisser Weise alle anderen Säulen der Freude aus. Die Großzügigkeit hat eine weite Perspektive, in der wir unsere Verbindung zu den anderen erkennen. Die Demut lehrt uns, unseren Platz in der Welt zu finden und zu begreifen, dass wir zu einer anderen Zeit die Bedürftigen sein könnten, ob materiell, emotional oder geistig. Dann ist da der Sinn für Humor und die

Fähigkeit, über uns selbst zu lachen und uns nicht so wichtig zu nehmen. Wir können unser Leben so annehmen, wie es ist, statt zu versuchen, ein anderes Leben zu erzwingen. Wir können anderen vergeben und uns nicht an dem festklammern, was möglich gewesen sein könnte. Wir können für das dankbar sein, was uns gegeben wurde. Und wir können anderen voller Mitgefühl begegnen und denen helfen, die in Not sind. Aus alledem ergibt sich eine Großzügigkeit, die »auf kluge Weise ichbezogen« ist und die erkennt, dass unsere Hilfe für andere auch uns selbst hilft. Der Dalai Lama sagte dazu: »Wenn man sich um andere kümmert und ihnen hilft, dann entdeckt man dabei die eigene Freude und lebt glücklich.«

Nun war es Zeit für eine »kleine« Überraschungsparty im tibetischen Kinderdorf, wo schon 1750 Kinder, 300 Lehrer und Angestellte und weitere 700 erwachsene Gäste aus der tibetischen Gemeinde ungeduldig darauf warteten, den achtzigsten Geburtstag des Dalai Lama zu feiern. Und ganz im Geiste dessen, was wir gerade über die Großzügigkeit erfahren hatten, sollten wir Anwesenden – und alle, die weltweit den Livestream verfolgten – mehr aus diesem außergewöhnlichen Ereignis schöpfen, als wir dem Dalai Lama schenken konnten.

DIE FEIER

Tanzen auf den Straßen Tibets

Als wir uns dem tibetischen Kinderdorf näherten, konnten wir die Aufregung der Kleinen schon spüren, bevor wir ihre Gesichter sahen. Der Dalai Lama hatte nur selten Zeit für einen Besuch, und dass er seinen Ehrengast mitbrachte, sorgte für einen besonderen Höhepunkt in der Geschichte der Schule. Bei unserem Vorbereitungsbesuch im Januar hatten wir gefragt, ob wir eine kleine Geburtstagsfeier für den Dalai Lama ausrichten könnten. Wir hatten uns mit Tsewang Yeshi und Ngodup Wangdu Lingpa getroffen, beide Vorstände des Kinderdorfs und gleichzeitig Pflegeeltern für die Kinder, wie alle anderen Lehrer der Schule. Da sie nicht wollten, dass auch nur ein Kind dieses Ereignis verpasste, wuchs die kleine Feier an zu einem Fest mit mehr als zweitausend Gästen. Großzügigerweise hatten sie angeboten, die Geburtstagstorte zu backen (und wir hätten auch gar nicht gewusst, wie wir Kuchen für zweitausend Menschen in unserem Reisegepäck hätten unterbringen sollen). Aber wir wollten aus Amerika Trickkerzen für den Kuchen mitbringen.

Schon seit Monaten hatten sich die Kinder darauf vorbereitet, wie man trotz schwieriger Umstände Glück und Freude finden kann, ein jeder in seinem eigenen Leben. Sie hatten über die herzzerreißende Reise fort von ihren Familien in Tibet geschrieben, oft schon im Alter von fünf Jahren. Viele waren wochenlang mit Familienangehörigen oder Fremden über schneebedeckte Gebirgspässe aus Tibet unterwegs gewesen, dieselbe gefährliche Reise, die auch der Dalai Lama ein halbes Jahrhundert zuvor zu bestehen gehabt hatte. Da in vielen Teilen dieses Landes eine Schulbildung in tibetischer Sprache und Kultur nicht oder nur eingeschränkt möglich ist, wurden sie von ihren Eltern – meist armen Bauern und Analphabeten – geschickt, um vom Dalai Lama erzogen zu werden. Die Familienangehörigen oder Führer mussten nach Tibet zurückkehren, und viele Kinder sollten ihre Familie erst als Erwachsene wiedersehen, wenn überhaupt.

Als sich unsere Kolonne näherte, hörten wir schon, wie die Kinder mit ihren hohen Stimmen ein Willkommenslied anstimmten, traurig und doch unbeugsam und fröhlich zugleich. Das Lied war eigens für diesen Geburtstag komponiert worden. Der Chor und die Schulbediensteten säumten die Straße. Überall saßen Gruppen von Schülern zusammen. Die Schuluniformen bestanden für Mädchen aus weißen Blusen, grünen Pullovern mit V-Ausschnitt und grünen Röcken. Die Jungen trugen blaue Hosen, traditionelle tibetische Hemden und darüber graue Umhänge wie jener, der für den Erzbischof angefertigt worden war.

Der beigefarbene Geländewagen mit dem Dalai Lama und Bischof Tutu schob sich durch die Menge und weiter zum großen, runden, weißen Zelt, das man zum Schutz der beiden und der Kinder vor der Mittagssonne errichtet hatte. Die Kinder sangen noch immer aus voller Kehle, als der Wagen schließlich die Bücherei erreichte. Man half dem Erzbischof und dem Dalai Lama aus dem Auto und legte Tutu lange, weiße Khatas um den Hals. Dann wurden die beiden zu einer roten Kiste geführt, die auf einer Seite mit einer Mischung aus Gerstenmehl, Zucker und Butter gefüllt war, auf der anderen Seite mit Gerstenkörnern. Gerste wächst auch in großer Höhe und ist die wichtigste Feldfrucht Tibets. Das aus den gerösteten Körnern gemahlene Tsampa ist ein Grundnahrungsmittel des Landes. Aus der Kiste ragten bunte Gerstenähren. Bei der Kiste warteten eine junge Frau und ein junger Mann, beide im traditionellen tibetischen Festgewand, das lange schwarze Haar zu Kronen auf dem Kopf geflochten und mit großen gelben Halsketten vor der Brust. Die junge Frau hielt eine Metallschüssel mit Milch in den Händen – eher von der Kuh oder Ziege und nicht dem traditionellen Yak.

Der Dalai Lama zeigte dem Erzbischof, wie man das Gerstenmehl im Opferritus in die Luft werfen und den Ringfinger in die Milch tauchen musste. In der Nähe brannten gelbe, grüne und rote Weihrauchstäbchen. Eine dichte Menge drängte sich um die beiden: Reporter, Fotografen, Sicherheitsleute, Mönche und Bedienstete wie der Mann, der den großen, gelben Sonnenschirm hielt. Dann führte man uns in die Bücherei, wo die Bibliothekare dem Erzbischof weitere Tücher um den Hals legten, der unter dem weißen Stoff immer mehr verschwand. Man sagte mir, einer der Bibliothekare habe vor unserem Besuch drei Stunden lang den Boden geschrubbt.

Nun gingen Tutu und der Dalai Lama an den Kindern vorbei, die ausgewählt waren, ihre Geschichten zu erzählen. Die Kinder verbeugten sich und hielten dabei Schals in den Händen. Der Dalai Lama blieb vor einem kleinen Jungen mit einer Narbe von der Nase bis zur Wange stehen. Er berührte die Narbe behutsam, fragte, wie es dazu gekommen war, und zeigte dem Kleinen dann eine Narbe auf seinem eigenen Kopf.

Als sich der Erzbischof und der Dalai Lama auf ihren Plätzen niedergelassen hatten, trat eine junge Frau nach vorn. Sie wirkte sehr gelehrt – und mit ihrer Brille mit metallischer Fassung in

Pink schick zugleich. »Wir wünschen Euch einen wunderschönen Nachmittag, Eure Heiligkeit und Erzbischof Desmond Tutu. Mein Name ist Tenzin Dolma, und ich bin in der zwölften Klasse. Heute werde ich von meiner Reise von Tibet nach Indien erzählen.

Ich wurde geboren in dem kleinen Dorf Karze in der Provinz Kham in Tibet. Ich bin die Jüngste in meiner Familie. Meine Mutter, eine Bäuerin, hat mich mit meinen beiden Schwestern aufgezogen. Meine früheste Erinnerung ist die an meinen Onkel, der sich in unserem Haus versteckte, weil die Chinesen nach ihm suchten. Im Jahr 2002, als ich fünf Jahre alt war, sagte meine Mutter, ich soll mit meiner Großmutter nach Indien gehen.

Ich war sehr froh darüber, weil ich gern mit meiner Oma zusammen war. Die Reise nach Indien war sehr lang, und wir hatten viele Schwierigkeiten. Wir mussten uns verstecken vor der chinesischen Pol…, und meine Großmut…« Sie brach in Tränen aus und konnte nicht weitersprechen. Mpho Tutu trat nach vorn und legte den Arm um sie, um sie zu trösten.

Während sie weinte, erklärte der Dalai Lama:»Fast in jeder tibetischen Familie ist ein Angehöriger entweder getötet, festgenommen oder gefoltert worden.«

Nach einigen Minuten hatte sich das Mädchen wieder gefasst und konnte fortfahren.»Deshalb haben sich meine Großmutter und ich unter dem Gepäck oder unter der Bank im Bus versteckt. An der Grenze nach Nepal drängte die chinesische Polizei meine Großmutter ab. Eine Woche lang hingen wir dort fest. Eines Nachts sagte mir meine Großmutter, ich solle mit einem nepalesischen Mann nach Nepal gehen. Ich hatte große Angst, aber ich ging mit dem Fremden mit. Am nächsten Tag traf ich wieder mit ihr zusammen. Als wir Indien erreichten, gingen wir zuerst zum Kalachakra nach Bodh Gaya.«

»Kalachakra«, erklärte der Dalai Lama, »ist eine große buddhistische Zeremonie.«

»Und dann kamen wir nach Dharamsala«, fuhr sie fort. »Meine Großmutter musste weinen, als sie Eure Heiligkeit sah, und Sie segneten uns beide, und dann sagte mir meine Großmutter, wer Sie waren. Ich kam ins tibetische Kinderdorf, und meine Großmutter ging zurück nach Tibet. Ich bin seither nicht mehr in Tibet gewesen und ... und habe meine Familie seit dreizehn Jahren nicht gesehen.« Tenzin weinte wieder, versuchte aber trotzdem zu sprechen. Ich bemerkte, dass auch Jinpa weinte, von ihren Tränen gerührt, aber vielleicht musste er auch an seine eigene Jugend in einem tibetischen Internat fern von seiner Familie denken. Der Dalai Lama hielt seine Hände über dem Herzen aneinandergedrückt.

»Es war traurig, meine Familie zu verlassen, aber ich habe vieles gefunden, was mir Freude bereitet. Ich habe viele Freunde, wunderbare Lehrer, und ich habe Meister Lobsang – der genau wie mein Vater ist.« Tenzin sprach noch immer unter Tränen, von Schmerz überwältigt, und ich sah, dass sich Ngodup Wangdu, der Direktor der Schule, mit dem Zipfel seiner grauen Robe die Augen wischte.

»Und jetzt, in meinem letzten Schuljahr, erinnere ich mich an das alles und möchte mich bei all denen bedanken, die zusammengearbeitet und mich zu dem gemacht haben, was ich heute bin. Ohne die Unterstützung Seiner Heiligkeit des Dalai Lama gäbe es kein tibetisches Kinderdorf. Und deshalb danke ich Euch, Eure Heiligkeit, von ganzem Herzen. Danke.« Tapfer beendete sie ihre Rede und trat zurück, während die nächste Schülerin vortrat, ein jüngeres Mädchen.

»Tashi delek, Eure Heiligkeit. Tashi delek, Desmond Tutu«, begann sie mit dem in Tibet üblichen Gruß. »Zuerst möchte ich sagen, dass ich Yongzin Lhamo heiße, und ich bin in der achten Klasse. Ich bin 2007 nach Indien gekommen. Heute möchte ich von meiner Reise erzählen. Meine Reise nach Indien begann in

Tawo in der tibetischen Provinz Kham. Ich war erst fünf und musste meine Familie zurücklassen. Es war sehr schmerzhaft, sie zu verlassen ...« Yongzin Lhamo brach in Tränen aus und konnte nicht weiter erzählen; dass sie ihre Familie hatte verlassen müssen, war alles, was zählte. Mpho kam wieder nach vorn und legte ihr den Arm um die Schultern.

Nachdem der Dalai Lama das Mädchen ein paar Minuten lang hatte weinen sehen, wandte er sich an sie. Es war offensichtlich, dass sie nicht fortfahren konnte, und er übernahm die Rolle des Ehrenvorsitzenden und Beschützers der Schule. »Nun, du solltest daran denken, dass du hier völlige Freiheit genießt und etwas lernen kannst – du erhältst nicht nur eine moderne Erziehung, sondern wirst auch in unserer uralten, tausendjährigen Kultur unterrichtet. Wenn du deine Lage so betrachtest, wird es dir besser gehen.

Wir Tibeter sind nur ein kleines Volk von vielleicht sechs Millionen, aber wir haben eine lange Geschichte, unsere eigene Sprache und eine ungeheuer reiche schriftliche Überlieferung, und darauf kannst du stolz sein. Und du kannst dich glücklich schätzen. Und ja, dann kannst du diese traurigen und unangenehmen Erlebnisse hinter dir lassen. Du solltest dich beim Lernen jetzt sehr anstrengen, weil diese Generation die Verantwortung dafür trägt, Tibet wiederaufzubauen. Dann wirst du glücklich sein.« Der Dalai Lama half ihr, ihren Schmerz im Rahmen des Schicksals des ganzen tibetischen Volkes zu betrachten, damit sie hinter ihrem Trauma eine Bedeutung für ihr Leben und Trost finden konnte.

»Danke«, sagte das Mädchen und kehrte in die Arme seiner Lehrer zurück.

Ein kleiner Junge mit einer kleinen, grauen Robe und blauen Hosen trat vor. »Ich heiße Tenzin Tsehring und bin in der siebten Klasse. Ich werde Euch jetzt erzählen, wie ich mit meinem Vater aus Tibet entkommen bin. Als es Morgen wurde, stand der Mond immer noch am Himmel. Meine Mutter kam und sagte mir, ich soll eifrig lernen und ein mutiger Junge sein. Als sie sich von mir abwandte, war sie in Tränen aufgelöst. Mein Vater kam zu mir, klopfte mir auf den Rücken und gab das Zeichen, mich zu verabschieden. Ich weinte mir die Augen aus und wollte nicht gehen, aber meine Mutter bestand darauf, mit Tränen in den Augen.

Wir warteten vor dem Haus, und bald kam der Bus. Mein Herz war sehr schwer, als wir abfuhren, und ich stand am Busfenster und starrte hinaus. Ich fing das ganze schöne Land und die Menschen in meinem Herzen ein, damit ich mich an sie erinnern konnte, wann immer ich Heimweh haben würde. Bald lag Schnee auf der Straße, aber meine Freunde und ich gaben nicht auf. Wir ritten auf dem Rücken des Yaks, und die Älteren stapften durch den tiefen Schnee unseres Landes. Wir trugen Sonnenbrillen, um unsere Augen zu schützen. Dann sah ich eine Brücke; sie wartete darauf, dass wir kommen und sie überqueren. Mein Herz pochte.

Wir schliefen den ganzen Tag und gingen nachts an den chinesischen Soldaten vorbei. Meine Schwester hatte große Schmerzen, während wir voranschritten. Der Tag verstrich mit Gehen und Verstecken. Die Schmerzen, die ich auf dem Weg nach Indien ertragen musste, waren nichts im Vergleich zu dem Schmerz, meine Familie zurückzulassen. Seit ich sie verlassen hatte, fand ich an nichts, was ich tat, Freude. Es machte mir keinen Spaß mehr, im Bus zu singen, die Blumen anzusehen, den Regenbogen – die Freiheit in mir war weggenommen. Ich fühlte mich eingegraben in tiefen Kummer, ohne Hoffnung darauf zu überleben. Innerlich starb ich langsam. Die Reise nach Indien war die schrecklichste und härteste Reise, die ich je gemacht hatte.

Mein Vater und ich kamen nach Dharamsala, er nahm mich mit zum Einkaufen und brachte mich zur Schule. Er sagte, er würde am nächsten Tag wiederkommen, aber das war gelogen. Ich wartete verzweifelt auf ihn und weinte Stunde um Stunde. Doch bald fand ich viele Freunde, eine gute Schule, fürsorgliche Lehrer, und ich erhielt den Segen Eurer Heiligkeit. Ich spürte einen kleinen Funken von Freude in mir, und allmählich gefiel mir das Leben hier im Exil. Jetzt habe ich an allem Freude, an meinen lieben Mitschülern, am Unterricht, und ich fühle mich wieder wie ich selbst; doch ich wünsche mir sehr, meine Mutter wiederzusehen und mit ihr in meinem eigenen Land zu sein – das wäre die größte Freude in meinem Leben. Danke.«

Der Junge verbeugte sich und trat wieder in die Reihen der anderen Schüler zurück. Es trat ein langes Schweigen ein, während wir die Kraft und den Schmerz in den Geschichten der Kinder in uns aufnahmen. An den Erzbischof gewandt, meinte der Dalai Lama schließlich: »Du musst sie wirklich beglückwünschen. Ihr Englisch ist besser als meines, oder?«

»Da muss ich vorsichtig sein«, antwortete der Erzbischof, »aber ja. Sie sprechen sehr, sehr, sehr gut. Wunderschön. Wunderschön. Sie alle, auch die jungen Damen in ihrem Schmerz.« Der Erzbischof sagte Danke auf Englisch und auf Tibetisch. Dann führte der Dalai Lama ihn zu einigen von den Schülern gestalteten Postern mit Geschichten und Bildern über die Freude. Das erste hatte die Überschrift »Freude in der Familie«, und es gab welche über »Freude an der Musik« und »Freude an der Natur«.

»›Ich möchte meine Eltern umarmen‹«, las der Dalai Lama auf einem Poster. »›In einer Umarmung liegt tiefe Freude und Liebe.‹ Sehr gut. Wunderbar. ›Ich werde mich um meine Eltern kümmern, wenn sie alt sind. Ich werde sie niemals im Stich lassen.‹ Sehr schön.« Auf den Bildern über das, was den Kindern Freude bereitete, waren ihre Familien zu sehen, aber auch ihre Freunde und Lehrer in der Schule, die zu ihren zweiten Familien geworden waren. Und ganz offensichtlich waren ihnen die Menschen, die sie liebten, die wichtigste Quelle für Freude.

Unten auf einem Poster stand: »Wahres Glück kommt aus der Freude über gelungene Taten und der Lust, Dinge zu erschaffen.« Das Zitat stammte von Antoine de Saint-Exupéry, dem Autor des *Kleinen Prinzen*, einer Geschichte über einen anderen Jungen fern seiner Heimat.

Beim Verlassen der Bücherei stimmte der Mädchenchor wieder das Geburtstagslied an, diesmal von einer tibetischen Laute begleitet.

Der Erzbischof und der Dalai Lama wurden zu Stühlen in der Mitte des riesigen Zelts geführt. Über unseren Köpfen waren der Endlosknoten und andere tibetische Symbole zu sehen. Überall hingen rote, grüne und gelbe Fransen und an den Seiten rote, grüne, gelbe, weiße und blaue Gebetsfahnen.

Die Kinder, die geduldig gewartet hatten, durften sich nun aufstellen und die tibetische Version des Kinderlieds »If you're happy and you know it« singen und dabei in die Hände klatschen, mit den Füßen stampfen und sich im Kreis drehen.

Zu Füßen des Dalai Lama und des Erzbischofs saßen bald zahllose Kinder und Jugendliche im Alter von fünf bis achtzehn Jahren aus dem Kindergarten bis zur zwölften Klasse mit untergeschlagenen Füßen. Dahinter stand eine Gruppe Erwachsener, die irgendwie ins Zelt gefunden hatten – einer schwang sogar die Flagge Südafrikas.

Nun nahm der Dalai Lama das Headset und sprach zu den Schülern, wandte sich dann aber an seinen Freund und meinte: »Weil du mein Englisch so oft als sehr schlecht bezeichnest, werde ich jetzt tibetisch sprechen.« Er tätschelte Tutu schmunzelnd den Arm, und dieser rieb ihn heftig, als wäre er verwundet. Die Kinder kicherten, und die beiden Alten fassten sich wieder einträchtig an den Händen.

»Also, Erzbischof Desmond Tutu ist einer meiner besten Freunde auf der Welt«, begann er. »Der Erzbischof hat sich auch immer und unbeirrt für die tibetische Sache eingesetzt. Ihr seid eine Generation, deren Eltern gelitten haben, und auch er hat gelitten, um hierherzukommen. Die indische Regierung hat uns Tibetern seit dem Beginn des Exils geholfen. Auch andere Organisationen aus allen Teilen der Welt haben uns geholfen; und durch ihre Güte und ihr Mitgefühl habt ihr die Möglichkeit, hier zur Schule zu gehen. Und deshalb solltet ihr euch auch wirklich anstrengen. Wir erleben eine sehr schwierige Zeit in unserer Geschichte, aber wir verfügen über eine reiche Kultur und Sprache. Ob ihr nun Mönche oder Laien seid, ihr solltet immer Sorge tragen, diese Kultur durch Erziehung zu erhalten und zu fördern. Unsere Kultur gehört nicht ins Museum. Überall auf der Welt müssen Menschen mit großen Problemen fertigwerden, und unsere Kultur kann der Welt helfen.

Der Ehrengast heute ist Erzbischof Tutu, nicht ich.«

Erzbischof Tutu legte sein eigenes Headset mit einem kleinen Draht entlang der Wange an. »Jetzt sehe ich aus wie Bono, oder?«, sagte er, während sein Mikrofon eingestellt wurde.

»Eure Heiligkeit und all ihr sehr, sehr wunderbaren Kinder. Manche von euch sind eigentlich keine Kinder mehr. Es ist eine solch große Ehre und ein Privileg, hier zu sein. Wir alle sind sehr, sehr, sehr, sehr stolz und froh darüber, dass wir hier in Dharamsala sein dürfen.« Der Erzbischof wandte sich an den Dalai Lama und sagte: »Du wirst in der ganzen Welt geliebt.« Und dann wandte er sich wieder den vor Aufmerksamkeit gespannten Gesichtern der Kinder zu.

»Und wir wollen euch sagen, euch jungen Menschen ganz besonders, es mag nicht möglich scheinen, dass ihr eines Tages in ein freies Tibet zurückkehrt. Wir in Südafrika haben viele, viele Jahre unter einem System der Ungerechtigkeit und

Unterdrückung gelebt. Und viele, viele unserer Führer und Menschen, junge Menschen, sind ins Exil gegangen. Und es schien, als würden die Ketten der Unterdrückung niemals gesprengt werden, dass unsere Anführer im Gefängnis auf Robben Island niemals würden heimkehren können. Aber juhu – haha!« Alle mussten über den Triumphschrei des Erzbischofs lachen. »Aber es ist geschehen. Es ist geschehen. Im Jahr 1990 wurden unser geliebter Nelson Mandela und andere aus dem Gefängnis entlassen. Und die Leute kamen aus dem Exil zurück.« Der Erzbischof breitete die Arme aus, als würde er sie willkommen heißen. Und dann sprach er mit der Stimme der Gerechtigkeit und verwandelte sich in den Propheten, der er in Südafrika gewesen war, der die Zukunft vorausgesehen und sie mit seinen Worten forciert hatte. »Eines Tages werdet auch ihr, ihr alle, euer geliebtes Tibet wiedersehen. Ihr werdet frei sein von der Unterdrückung, die euch hierher vertrieben hat. Die chinesische Regierung wird entdecken, dass Freiheit in Wahrheit billiger ist als Unterdrückung.« Die Kinder brachen in Applaus aus.

»Es ist mir eine außerordentliche Ehre, der Freund des Dalai Lama zu sein. An anderen Orten gebe ich damit an. Ich tue so, als wäre ich bescheiden, und erzähle nicht allzu vielen Menschen, dass er tatsächlich ein sehr, sehr enger Freund ist. Ich muss aber sagen, wisst ihr, dass er ein Schelm ist. Er macht Schwierigkeiten. Wenn ich meine Mütze aufhabe, nimmt er sie mir vom Kopf und setzt sie sich selbst auf.

Und wisst ihr was? Ihr habt die ganze Welt auf eurer Seite. Die Welt liebt den Dalai Lama. Auch ich möchte mich bei der indischen Regierung bedanken, den Menschen Indiens, die euch mit offenen Armen empfangen haben, weil sie für uns einen großen Schatz bewahrt haben. Sie haben für uns einen großen Schatz bewahrt, der anderenfalls verloren gegangen wäre. Und deswegen möchte ich euch sagen, euch allen … oh, seht nur, wie wunderbar ihr seid. Oh, yo, yo, yo, yo. Ooh, ooh! Eines Tages werdet ihr tanzen und singen auf den Straßen Tibets, eures Heimatlandes. Gott segne euch.«

Die Kinder jubelten nur noch lauter. Sie versuchten, höflich und respektvoll zu sein, aber man konnte sehen, dass in ihnen Hoffnung keimte. Ich blickte in ihre Gesichter – von den älteren Jungen und Mädchen, beinah schon junge Männer und Frauen, die nächste Generation tibetischer Führer, bis hinunter zu den kleinen Kindern, deren Erinnerung an die Trennung von der Familie noch frisch sein musste und deren Wunden noch der Heilung bedurften. Es war, als würde mein Herz im Hals schlagen. Mir liefen Tränen über die Wangen in Gedanken an das Leid, dessen Zeuge ich gerade in der Bücherei geworden war, und an die ebenso verzweifelten Eltern der Kinder. Es war nicht schwierig, sich vorzustellen, was das Tanzen in den Straßen Tibets – wieder vereint mit ihren Familien – ihnen bedeutete. Alles.

Nach einigen weiteren Fragen von den älteren Schülern wurde ein riesiger Kuchen mit mehreren Schichten und unseren brennenden Trickkerzen auf die Bühne gebracht. Die Lehrer fingen sofort an, kleine Stücke davon an die Schüler zu verteilen. Das war eine gute Idee, denn wir hätten den ganzen Tag gebraucht, um für jedes Kind ein Stück abzuschneiden.

Eine Gruppe älterer Kinder kam auf die Bühne – diesmal spielten einige Jungen Gitarre und Schlagzeug, während der Mädchenchor »We are the world« sang. Bald stimmte die ganze Schule mit ein: »We are the world, we are the children, we are the ones who make a brighter day. So let's start giving.«

Sie winkten alle gemeinsam mit den Armen über den Köpfen, und der Erzbischof sprang auf und tanzte seinen unwiderstehlichen Boogie mit ausschwingenden Ellenbogen. Er forderte den Dalai Lama auf, ebenfalls aufzustehen und mitzutanzen. Einem tibetischen buddhistischen Mönch verbieten seine Gelübde das

Tanzen, aber heute erhob er sich und tanzte zum ersten Mal in seinem Leben. Er wiegte den Körper und schwang die Hände vor und zurück. Zunächst wirkte er so schüchtern wie ein Mittelschüler auf der Tanzfläche, aber dann lächelte er, und als Tutu ihn weiter ermunterte, lachte er. Sie fassten sich an den Händen und bewegten sich zur Musik. So feierten sie fröhlich die tiefe Freude an ihrer Freundschaft, die tiefe Freude an ihrer unverbrüchlichen Verbindung und die tiefe Freude an einer sich vereinigenden Welt.

Die beiden hinter ihnen ins Zelt eingestickten tibetischen Endlosknoten waren das sichtbare Zeichen für die Vergänglichkeit und wechselseitige Abhängigkeit allen Lebens und der Verbindung von Weisheit und Mitgefühl. Zwischen den Knoten war ein Bild von zwei goldenen Fischen mit großen Augen zu sehen, das empfindsame Wesen symbolisierte, die mit dem klaren Blick der Weisheit und der Zuversicht den Ozean durchqueren, ohne im Meer des Leids unterzugehen.

Als das Lied zu Ende war, stimmte der Erzbischof gleich das nächste an und senkte seine Tenorstimme dabei zu einem tiefen und klangvollen Bass: »Happy birthday to you … happy birthday to you … happy birthday, Your Holiness … happy birthday to you …«

Darauf folgte »Happy Birthday« auf Tibetisch, während der Dalai Lama versuchte, die Kerzen auszuwedeln, die inzwischen so weit heruntergebrannt waren, dass der Kuchen Feuer zu fangen drohte.

»Warte, warte«, rief der Erzbischof, um ihn davon abzuhalten, die kleinen Flammen auf dem Kuchen zu löschen und sie stattdessen so auszublasen, wie sich das gehörte. »Können uns vielleicht ein oder zwei Kinder beim Ausblasen helfen? Ja, das ist gut.« Man hob zwei kleine Mädchen auf die Bühne, das eine in Schuluniform und ein noch jüngeres mit Zöpfen in einem grünen Kleid. »Eins, zwei, drei.« Sie bliesen die Kerzen aus, aber die Trickkerzen entzündeten sich von Neuem. Erzbischof Tutu kicherte, sie bliesen die Kerzen wieder aus, doch die Flammen loderten ein weiteres Mal auf. Beim dritten Mal jedoch – der Erzbischof musste wieder lachen – bliesen der Dalai Lama und die Mädchen so lange, bis die Kerzen wirklich gelöscht waren.

Dann wurde mit den Kindern gemeinsam gebetet. Sie hielten dabei ihre Kuchenstücke mit beiden Händen in die Höhe und dankten für ihre Lehrer, ihren Unterricht und ihre Gemeinschaft – und vielleicht auch für die Aussicht darauf, eines Tages ihre Familien wiederzusehen.

ABREISE

Ein letztes Lebewohl

A m folgenden Morgen gab es noch ein kurzes letztes Gespräch. Wir mussten schon früh am Flughafen sein, da der Erzbischof zur Beisetzung eines weiteren engen Freundes fliegen wollte. Viele bedeutende Gäste brachen auf.

Wir ließen uns im warmen Licht nieder, das uns die ganze Woche umhüllt hatte, und stellten unsere Mikrofone ein. Ich musste daran denken, dass Desmond Tutu schon Mitte achtzig war und der Dalai Lama nun ebenfalls ins neunte Jahrzehnt seines Lebens eintrat. In Gedanken waren wir noch bei der Geburtstagsfeier des vorigen Tages in der Schule, wo die beiden ihre hart erarbeitete Weisheit mit den Schülern geteilt und ihrer Hoffnung für diese Generation Ausdruck verliehen hatten. Jeder von uns erhält von seinen Vorbildern und Lehrern eine derartige Botschaft, und dann geben wir sie weiter an die, die nach uns kommen. Das war das Ziel unserer gemeinsamen Unternehmung hier.

Ich saß dem Erzbischof gegenüber und blickte in sein gütiges Gesicht, das mir in einem Jahrzehnt der Zusammenarbeit und Freundschaft so vertraut geworden war. Er war mir ein geschätzter Mentor und ein zweiter Vater geworden. Ich dachte an seinen

Kampf gegen den Prostatakrebs und daran, wie zögerlich die Krankheit auf die noch im Versuchsstadium befindlichen Medikamente reagiert hatte. Ewig schwang die Sorge mit, wie lange wir ihn wohl noch unter uns haben würden, nicht nur die Menschen, die ihn kannten und liebten, sondern die ganze Welt, die ihn und seine Stimme der Moral noch so dringend brauchte.

Die Ärzte hatten seine Reisetätigkeit stark eingeschränkt, und er hatte geäußert, dass er Südafrika nicht noch einmal verlassen werde. Dies machte seinen Entschluss, nach Dharamsala zu kommen, noch erstaunlicher, denn eine Wiederholung würde es wie gesagt nicht geben. Und da die südafrikanische Regierung dem Dalai Lama weiterhin ein Einreisevisum verweigerte, wussten wir – und insbesondere die beiden Männer –, dass dies wohl ihr letztes Zusammentreffen sein würde.

Erzbischof Tutu hatte uns daran erinnert, dass sich der Tod nicht vermeiden lässt. So ist das Leben eingerichtet. Ein Anfang. Eine Mitte. Und ein Ende. Dieser Kreislauf macht das Leben wertvoll und schön. Dies mindert allerdings nicht den Kummer jener, die Angehörige und Freunde verlieren.

»Warum schauen Sie so ernst?«, fragte mich der Erzbischof.

»Ich denke daran«, antwortete ich, »dass sich unsere Zeit dem Ende zuneigt.«

»Alles hat ein Ende.«

Nach dem üblichen Gebet des Erzbischofs stiegen wir zum letzten Mal ins Gespräch ein.

»Herr Erzbischof, Eure Heiligkeit, es ist mir eine große Freude und Ehre gewesen, mit Ihnen die Gespräche für unser Buch zu führen. Uns bleiben heute nur noch einige Fragen. Eine, die wir erhielten, lautete: ›Warum halten Sie es für so wichtig, *Das Buch der Freude* jetzt zu schreiben, und was, glauben Sie, wird es den Lesern auf der ganzen Welt bringen?‹«

»Man hofft natürlich«, antwortete der Erzbischof und sprach von sich dabei in der dritten Person, wie er es häufig tat, »dass man Gottes Kindern als Vermittler helfen kann, ihr Erbe anzutreten, sodass sie Erfüllung finden und zu dem werden, was ihnen bestimmt ist. Und man hofft, sie begreifen, dass das vor allem geschehen wird, wenn sie sich großzügig und mitfühlend zeigen, sich um andere kümmern.

Denn wenn wir, ohne darüber nachzudenken, jemandem helfen, dem es weniger gut geht, wenn wir nett zu anderen sind und Dinge tun, die sie aufleben lassen, dann bereitet uns das auch selbst Freude.«

Am Tag zuvor hatte der Erzbischof im Kinderdorf auf die Frage eines Kindes geantwortet: »Wenn wir Freude nur für uns selbst suchen, dann erkennen wir bald, dass das sehr kurzsichtig ist und nicht lange anhält. Freude ist eigentlich eine Belohnung dafür, dass wir anderen Freude schenken. Wenn wir Mitgefühl zeigen, wenn wir uns um andere kümmern, wenn wir ihnen Liebe entgegenbringen und ihnen helfen, dann erfüllt uns das auf wunderbare Weise mit einer tiefen Freude, die wir anders nicht erlangen können. Mit Geld lässt sie sich nicht erkaufen. Selbst der reichste Mensch der Welt wird nicht glücklich und zufrieden sein, wenn er nur an sich selbst denkt – darauf könnt ihr meinen letzten Dollar verwetten. Wenn wir uns aber einbringen, Mitgefühl zeigen und uns mehr um das Wohlergehen anderer als um unser eigenes kümmern, dann spüren wir – wunderbar, wunderbar – plötzlich ein warmes Glühen in unserem Herzen, weil wir unserem Nächsten die Tränen abgewischt haben.

Aber warum jetzt?«, fuhr er mit dem zweiten Teil der Frage fort. »Ich glaube, da ist jetzt so vieles, das schmerzt. Wir wagen kaum, die Zeitung zu lesen oder fernzusehen, denn wenn wir das tun, dann erfahren wir, dass ein Kind von jemandem geköpft wird. Wir sehen eine Unzahl von Flüchtlingen, wir sehen Mütter, die vor roher Gewalt fliehen und ihre Kinder hinter sich herziehen. Selbst wenn wir komfortabel und in Sicherheit leben, zerrt das an unserem Herzen. Es ist … es ist wirklich sehr verstörend. Insbesondere wenn wir daran denken, dass während des Kampfs gegen die Apartheid viele unserer Leute im Exil waren und von afrikanischen Ländern aufgenommen wurden, die viel ärmer waren als Südafrika selbst.

Man muss schon sehr unbekümmert sein, wenn einen das nicht traurig macht. Es sieht so aus, als würden wir im Wettbewerb stehen, wer am grausamsten sein kann. Ich glaube dagegen, Gott möchte, dass wir zu allen Zeiten froh sind, aber im Augenblick, glaube ich, dass Gott ziemlich viel weint.« Der Erzbischof machte eine Handbewegung in Richtung des Dalai Lama. »Jetzt bist du an der Reihe.«

»Dies ist unser letztes Gespräch, also will ich es vielleicht so sagen: Ich bin ein einzelner Mensch, der 1935 in der Provinz Amdo im Nordosten Tibets in einem sehr, sehr kleinen Dorf zur Welt kam. Wenig später begannen die Auseinandersetzungen zwischen China und Japan. Und dann brach der Zweite Weltkrieg aus. Dann der Koreakrieg. Und dann der Vietnamkrieg. Diese Kriege brachten ungeheure Gewalt mit sich. Damals dachte man – zumindest diejenigen, die für die Kriege verantwortlich waren –, dass Gewalt das geeignetste Mittel wäre, Meinungsverschiedenheiten zu lösen.

Wenn im Zweiten Weltkrieg beispielsweise eine Nation der anderen den Krieg erklärte, dann griff das Volk stolz und ohne Bedenken zu den Waffen. Aber seit dem Vietnamkrieg hat sich unser Denken verändert. Mehr und mehr Menschen stellen sich nun öffentlich gegen den Krieg; wir konnten das beim Krieg im Kosovo sehen und auch im Irak. Viele Menschen waren gegen diese Kriege und protestierten dagegen, von Australien bis nach Amerika. Das ist wirklich ein hoffnungsvolles Zeichen.

Ich glaube aber, solange es uns Menschen gibt, wird es immer auch ein gewisses Maß an Gewalt geben, wie bei den anderen Tieren auch. Ernsthafte Gewalt aber, Massenmorde und Kriege, können wir mit genügendem Weitblick und der passenden Methode aus der Welt schaffen. Ich bin wirklich davon überzeugt, dass wir eine Welt ohne derartiges Leid hervorbringen können.«

Im tibetischen Kinderdorf hatte der Dalai Lama auf die Frage, ob die Freude Quelle für den Weltfrieden sein könnte, geantwortet:»Das glaube ich schon. Ich denke aber, die Menschen sollten die Freude zunächst einmal besser verstehen. Manche mögen ja vorübergehend eine gewisse Genugtuung darin finden, ihren Feind zu töten oder jemandem zuzusetzen. Vielleicht schafft das ja eine zeitweilige zweifelhafte Befriedigung. Wahre Freude ergibt sich aber erst, wenn wir anderen helfen. Die Befriedigung daraus ist ungleich größer. Der Gedanke an die Freude ist ein außerordentlich wichtiger Gesichtspunkt, wenn wir eine glückliche und friedliche Gesellschaft gestalten wollen. Um Frieden innerhalb der Familie zu schaffen, sollte jeder zuerst bei sich selbst für inneren Frieden und Freude sorgen. Diese kann er dann mit seinen Familienangehörigen teilen. Dann geht das weiter, eine Familie, zehn Familien, hundert Familien. So kann sich eine ganze Gemeinschaft verändern und glücklich werden, nun wird die ganze Gesellschaft glücklich, dann die Menschheit. Sieben Milliarden Menschen, die sich alle nur nach einem glücklichen Leben sehnen und dasselbe Recht darauf haben.«

Anschließend kehrte der Dalai Lama zur Frage zurück, warum wir *Das Buch der Freude* schreiben wollten und warum gerade jetzt:»Wir lernen. Im Jahr 1996 hatte ich eine Audienz bei der inzwischen verstorbenen Königinmutter. Sie war damals sechsundneunzig Jahre alt. Seit meiner Kindheit hatte ich Bilder von ihrem runden Gesicht gesehen, also war sie mir ziemlich vertraut, und ich freute mich darauf, sie kennenzulernen. Ich fragte sie: ›Sie haben doch fast das ganze zwanzigste Jahrhundert erlebt; finden Sie, die Welt wird besser, schlechter, oder bleibt sie gleich?‹ Ohne zu zögern, antwortete sie: ›Besser.‹ In ihrer Jugend, erzählte sie, gab es das Konzept der Menschenrechte und der Selbstbestimmung noch gar nicht. Jetzt sind diese Dinge allgemein gültig. An diesen beiden Beispielen zeigte sie auf, dass sich die Welt verbesserte.

Ich glaube, die Mehrheit der Menschen ist überzeugt davon, dass Blutvergießen nichts Gutes sein kann; die Menschen sehnen sich nach Frieden.

Etwa zur gleichen Zeit hatte ich eine Unterhaltung mit dem berühmten Quantenphysiker Carl Friedrich von Weizsäcker, dem Bruder des ehemaligen deutschen Bundespräsidenten. Auch von Weizsäcker war der Ansicht, dass die Welt immer besser werde. So hätten in der Vergangenheit fast alle Deutschen die Franzosen für Feinde gehalten und die Franzosen die deutschen umgekehrt genauso. Nun hatten sich diese beiden Erzfeinde zusammengetan und eine gemeinsame deutsch-französische Brigade aufgestellt. Beide waren maßgeblich am Entstehen der Europäischen Union beteiligt. Diese ist zwar nicht perfekt, aber sie ist ein Fortschritt.

Schließlich war auch die Berliner Mauer gefallen, und zwar nicht infolge von Gewalt, sondern durch den Druck der Bevölkerung. Also gibt es Veränderungen. Auch China verändert sich. Kuba verändert sich. Nordkorea hat sich vielleicht nicht verändert – noch nicht. Das sind also positive Zeichen. Durch den verstärkten Kontakt untereinander und bessere Ausbildung werden die Menschen reifer. Das braucht natürlich seine Zeit, und wir müssen in langen Zeiträumen denken. Betrachten wir beispielsweise eine Spanne von hundert Jahren, dann können wir uns eine Welt vorstellen, die sich stark verändert hat. Eine bessere, humanere, gerechtere und fröhlichere Welt. Aber wir müssen diesen Wandel jetzt einleiten; wir können nicht auf irgendeinen idealen Zeitpunkt warten. Der ideale Zeitpunkt ist jetzt.«

Der Dalai Lama vertrat diese langfristigere Sichtweise, und ich musste an Sir Martin Reeses Bemerkung denken, dass wir unsere voraussichtliche Evolution auf diesem Planeten erst zur Hälfte durchlaufen hätten. Angesichts der bisherigen langen menschlichen Geschichte ist es wirklich erstaunlich, was in einem Jahrhundert oder einem Jahrtausend aus uns werden könnte.

»Ich bin mit vielen Menschen zusammengetroffen, Denkern, Wissenschaftlern, Erziehern, Gesundheitsexperten, Sozialarbeitern und Aktivisten«, sagte der Dalai Lama. »Und dabei ist mir klar geworden, dass sich die Welt nur verändern lässt, indem wir Mitgefühl lehren. Unserer Gesellschaft fehlt großenteils ein angemessenes Gespür für Mitgefühl, für Güte und für die Bedürfnisse des anderen. Aber schon jetzt teilen viele, viele Menschen, die sich ernsthaft Gedanken um die Menschheit machen, unsere Überzeugung.« Er deutete mit beiden Zeigefingern auf die Schläfen und betonte so die Logik der Schlussfolgerung. »Wir müssen menschliche Grundwerte vertreten, die inneren Werte, die im Herzen unseres menschlichen Selbstverständnisses liegen.

Religion reicht dazu nicht aus. Religion war im Verlauf der Menschheitsgeschichte sehr wichtig, und vielleicht wird sie der Menschheit noch einmal für tausend Jahre Nutzen bringen.« Der Dalai Lama war sich der Kontroverse wohl bewusst, wenn er den Nutzen der Religion langfristig infrage stellte, und er hatte Tutus Hand ergriffen zum Zeichen, dass er nicht vorhatte, sie beide in nächster Zeit arbeitslos zu machen.

»Deshalb müssen wir nun ernsthaft überlegen. Nur zu beten oder sich auf den Glauben zu verlassen genügt nicht. Der Glaube wird uns weiterhin inspirieren, aber was die sieben Milliarden Menschen angeht, wird er nicht ausreichen. Keine Religion hat universelle Gültigkeit, mag sie noch so ausgezeichnet sein. Deshalb brauchen wir einen anderen Weg, um diese Werte zu vermitteln.

Wie schon gesagt halte ich Erziehung hier für den einzig möglichen Weg. Wir müssen den Menschen und insbesondere der Jugend die Quelle für Glück und Zufriedenheit zeigen. Wir müssen ihnen beibringen, dass die Quelle für Glück letztlich in ihnen selbst liegt. Nicht in irgendeiner Maschine. Nicht in der Technologie. Nicht im Geld. Nicht in der Macht.

Dabei reden wir nicht über Himmel, Hölle, Buddhaschaft oder Erlösung; das ist alles zu weit entfernt.« Er lachte. »Unser Buch ist also Teil dieses wichtigen Programms zur Verbreitung der Botschaft, dass Liebe, Güte und Zuneigung die Quelle von Freude und Glück sind.

Wie du bereits erläutert hast, sind wir Menschen von Natur aus gut und positiv, und das kann uns als Grundlage für Mut und Selbstvertrauen dienen. Deshalb verwenden wir so viel Zeit darauf, dies alles zu diskutieren. Wir brauchen ein konkretes Vorhaben und ein Ergebnis. Ohne das wäre es besser, wir würden schlafen.« Der Dalai Lama gab vor, sich über den Ellenbogen in Richtung des Erzbischofs zu lehnen, als würde er einschlafen; aber dann lachte er.

Ich wandte mich an Tutu und sagte: »Herr Erzbischof, ich würde Sie gern einladen, sich direkt an Ihre Leser zu richten und sie zu segnen.«

Tutu wandte sich der Kamera zu und sprach: »Liebes Kind Gottes, du wirst geliebt mit unerschütterlicher Liebe, einer Liebe, die dich schon lange vor deiner Erschaffung geliebt hat, einer Liebe, die noch bestehen wird, wenn alles verschwunden ist. Du bist wertvoll, und dein Wert ist unermesslich. Und Gott möchte, dass du wie Gott bist. Erfüllt von Leben und Güte und Lachen – *und Freude.*

Gott, der auf ewig und aus aller Ewigkeit sein ganzes Sein vergießt, will, dass du aufblühst. Gott will, dass du von Freude und Begeisterung erfüllt bist und dich nach dem Schönen in seiner Schöpfung sehnst: dem Mitgefühl so vieler Menschen, der Fürsorge, der Anteilnahme. Und Gott sagt: ›Bitte, mein Kind, hilf mir. Hilf mir, Liebe und Lachen und Freude und Mitgefühl zu verbreiten. Und, weißt du, mein Kind? Wenn du dies tust – he, presto –, dann entdeckst du die Freude. Freude, die du nicht gesucht hast, denn sie kommt als Geschenk, fast wie eine Belohnung für selbstloses Eintreten für andere.‹«

»Danke. Eure Heiligkeit, welche Worte möchten Sie den Lesern mitgeben, damit sie mehr Freude erleben und mehr Freude schaffen in unserer Welt?«

»Ich hoffe, dieses Buch wird Ihnen neue Hoffnung geben, und Sie werden spüren, welch große Verantwortung in unserer Sorge für das Wohlbefinden anderer liegt. Wir erkennen, dass wir dem mitfühlenden Teil unseres Wesens mehr Geltung verschaffen müssen, unsere Verantwortung für andere und für die Welt, in der wir leben, spüren müssen, wenn wir glückliche Menschen werden wollen. Wenn wir uns nun dieser Aufgabe mit einem realistischen Plan und genauen Vorstellungen widmen, dann werden wir später in diesem Jahrhundert vielleicht schon in einer glücklicheren Welt leben. Einer friedlicheren Welt. Einer gütigeren und mitfühlenderen Welt. Daher hoffe ich, dass dieses Buch dazu beiträgt, die Menschheit glücklicher zu machen.

Niemand erwartet, dass dieses Buch allein die Welt verändern wird. Nein, das ist unmöglich, aber wenn wir in verschiedenen Regionen gemeinsam ein Ziel verfolgen, das die Menschheit im Blick hat, können wir Einheit und Harmonie erreichen, eine geeinte Menschheit aus Brüdern und Schwestern. All die kleinen Probleme hier und da werden wir letztlich lösen, denke ich, aber wir müssen uns auch um die großen Probleme kümmern. Wenn erst die grundlegenden Fragen geklärt sind, werden sich die kleinen Probleme leicht lösen lassen. Deshalb haben wir, Brüder und Schwestern im Geiste, eine besondere Verantwortung, denn wir müssen verbreiten, dass wir die Quelle für ein bedeutungsvolles Leben in uns selbst tragen. Wenn wir bis zu unserem letzten Atemzug auf diese Weise leben, werden wir sehr glückliche Menschen sein. Denn das ist der Sinn des menschlichen Lebens – erfüllt und mit Freude zu leben.«

Die Gespräche lagen hinter uns, aber bevor wir die Sitzung beendeten, dankte der Erzbischof allen Beteiligten und vor allem seinem Freund. »Ganz besonders herzlich möchte ich mich beim Dalai Lama bedanken für seine Großzügigkeit und Gastfreundschaft hier. Vielen, vielen Dank, dass du dein Haus für uns geöffnet hast, dass wir kommen durften, für uns gesorgt wurde und wir dieses sehr wichtige Vorhaben haben durchführen können. Sagst du bitte deinen Bediensteten und Angestellten, dass wir sehr tief in ihrer Schuld stehen?« Dann wandte er sich mir zu: »Jetzt sind Sie an der Reihe.«

»Nun, ich finde, Sie haben es so wundervoll gesagt und allen dafür gedankt, dass sie mit ihrer großartigen Arbeit diese Gespräche ermöglicht haben, aber als Repräsentant all jener, denen diese Arbeit zugutekommt, möchte ich Ihnen beiden von ganzem Herzen für Ihre lebenserhaltenden und lebensverändernden Worte danken. Möge dieses Buch allen Kindern Gottes und allen empfindsamen Geschöpfen helfen.«

Wir waren schon im Aufbruch begriffen, als der Dalai Lama sagte: »Ich war sehr traurig darüber, dass ich deinen Geburtstag verpasst hatte. Als ich erfuhr, dass du vielleicht herkommen würdest, war ich wirklich überrascht. Ich wusste, dass dir deine

Gesundheit zu schaffen macht und du auch sehr alt bist – und dass der Weg hierher nicht einfach ist.«

»Ja«, antwortete der Erzbischof. »Das ist wohl wahr.«

»Aber«, fuhr der Dalai Lama fort, »als ich hörte, dass alles beschlossen war und der Tag und die Stunde näher kamen, war ich sehr glücklich und aufgeregt. Ich schätze deine Freundschaft wirklich sehr, und auch dass du dich verantwortlich fühlst, alles in deiner Macht Stehende für eine bessere Menschheit zu tun.«

In den vorigen Tagen hatten sich der Erzbischof und der Dalai Lama mit ihrem typischen Humor darüber ausgelassen, was ihre Freundschaft so besonders macht.

»Er nimmt mich ständig auf den Arm«, sagte der Erzbischof und lachte. »Fast seit unserer ersten Begegnung – weißt du noch? Beim allerersten Mal warst du vielleicht noch ein bisschen zurückhaltend, aber schon beim zweiten Mal hast du mir die Mütze vom Kopf genommen. Man wacht ja nicht morgens auf und sagt sich: ›Ich werde ein Freund des Dalai Lama.‹ So etwas geschieht einfach. Irgendwann werden einmal Wissenschaftler kommen und das analysieren. Aber ich glaube, auch er ist nicht aufgewacht – morgens um drei – und hat sich gesagt: ›Ich glaube, ich werde Freundschaft mit diesem Schwarzen mit der großen Nase aus Afrika schließen.‹ Ich glaube, das kam einfach aus dem Herzen. Wenn wir still waren, entdeckten unsere Herzen, dass sie einander vertraut waren.

Ich bewundere ihn wirklich sehr. Jetzt wird er wahrscheinlich eingebildet werden. Aber ich sage den Leuten immer: ›Wie kann jemand, der mehr als fünfzig Jahre im Exil verbracht hat, eine solche Gelassenheit und Freude ausstrahlen und mit solchem Eifer Güte und Mitgefühl in der Welt verbreiten?‹

Ich an seiner Stelle wäre wirklich sauer, und ein Teil von mir wäre immer traurig, und man würde mir das auch ansehen. Ihm sieht man es nicht an. Ich meine, er ist für uns alle ein leuchtendes Vorbild dafür, dass man wirklich auch die schlimmsten Umstände überwinden kann, dass man die andere Seite erreichen kann, ohne zu zerbrechen. Er ist wirklich ein Geschenk für die Welt. Und vielleicht waren es die Chinesen, die uns ungewollt dieses wunderbare Geschenk bereitet haben.«

»Ich danke dir«, sagte der Dalai Lama leise, vielleicht etwas verlegen angesichts des Lobs.

»Das war aber nicht umsonst!«, sagte Tutu, er streckte die Hand aus und rieb die Fingerspitzen aneinander.

»Ich werde bezahlen. Ich werde bezahlen mit einigen freundlichen Worten.«

»Bei unserer ersten Begegnung bemerke ich diese Person. Ich betrachte die Leute immer zuerst auf der menschlichen Ebene und denke dabei nicht an ihre Bedeutsamkeit oder ihren Rang. Also, auf menschlicher Ebene ist diese Person sehr nett und bescheiden, und ich denke: sehr, sehr, sehr fröhlich.«

Er fasste den Erzbischof am Arm. »Und dann, wenn man auf menschlicher Ebene eine Verbindung sieht, befreundet man sich, und diese Freundschaft bleibt. Auf einer anderen Ebene ist dieser Mensch aber eine sehr lustige Person«, sagte er und versetzte dem Erzbischof einen Klaps auf den Arm. »Und ich liebe das. Immer treibt er Scherze mit mir – und ich mit ihm. Und so wird das mit uns etwas ganz Besonderes.

Und dann sprichst du gleich von Anfang über die Wahrheit und die Gerechtigkeit der tibetischen Frage. Als Tibeter schätze ich das wirklich sehr.

Immer wenn er beim Treffen der Friedensnobelpreisträger anwesend ist, geht es sehr fröhlich zu. Die Atmosphäre ist dann anders. In den vergangenen Jahren konnte er wegen seines Alters und seines Gesundheitszustands leider nicht kommen. Natürlich gibt es da viele andere Friedensnobelpreisträger, und viele Friedensnobelpreisträger sind wunderbare *Damen* …«

»Du bist ein Mönch, vergiss das nicht …!«, schalt ihn der Erzbischof.

»Aber wenn du nicht dabei bist, dann fehlt etwas. Wirklich. Wirklich. Den anderen Friedensnobelpreisträgern geht es genauso, glaube ich. Unsere Beziehung ist also etwas Einzigartiges und etwas ganz Besonderes.«

»Ich danke dir«, sagte der Erzbischof und fügte in gespieltem Flüsterton an: »Ich hab ihn gut dafür bezahlt!«

Der Dalai Lama musste herzhaft lachen und zeigte dann auf den Erzbischof. »Sein Gesicht, sein Gesicht«, sagte er und wies auf Tutus Glatze. »Jetzt sieht er wie ein Mönch aus, nicht wahr?«

Dann formte der Dalai Lama mit den Fingern ein Auge. »Wenn ich deine Augen sehe …«, er kniff sich im Spaß in die Nase, »… und natürlich deine Nase …«

Der Erzbischof, der schon viel über seine Nase zu hören bekommen hatte, musste kichern.

Dann zeigte der Dalai Lama auf das Gesicht des Erzbischofs, und sein Ton wurde warm und herzlich. »Dieses Bild, dieses besondere Bild.« Er war eine Weile in Gedanken versunken. »Ich glaube, im Augenblick meines *Todes* …«, das Wort »Tod« hing wie eine Prophezeiung im Raum, »… werde ich an dich denken.«

Allen im Raum, selbst den Kameraleuten, stockte hörbar der Atem. Der Erzbischof schlug die Augen nieder und summte mit tiefer Stimme; die Worte des Dalai Lama hatten ihn tief berührt. Gab es ein deutlicheres Zeichen der Zuneigung, als wenn man das Gesicht eines anderen im Tode vor Augen hatte?

»Ich danke dir. Ich danke dir« war alles, was der Erzbischof antworten konnte, alles, was gesagt werden konnte.

»Und nach deiner religiösen Tradition«, knüpfte der Dalai Lama wieder an, »werden wir uns vielleicht im Himmel treffen, in Gegenwart Gottes. Als guter Christ wirst du natürlich vorausgehen.«

Der Erzbischof musste laut kichern, und der ganze Raum schien wieder zu Atem zu kommen. »Vielleicht kannst du ja dafür sorgen, dass wir zusammenkommen.« Wir lachten, und jeder stellte sich vor, wie Bischof Tutu am Himmelstor versuchte, Petrus zu einer Ausnahme zu überreden.

»Aus buddhistischer Sicht«, fuhr der Dalai Lama fort, »entwickeln wir einmal im Leben eine ganz besondere, enge Verbindung, und diese wird das Leben nach dem Leben beeinflussen. Das ist die buddhistische Sichtweise. Also vielleicht auch dort. Aber nun freue ich mich auf unser nächstes Zusammentreffen – an einem Ort, den nur Gott kennt.«

Nach einigen letzten Fotos mussten wir eilig zum Flughafen. Der Erzbischof stützte sich auf seinen Stock. Er ging vielleicht ein bisschen langsamer als zuvor, sein Alter fiel ein wenig mehr auf als zu Beginn der Woche, und ich sah, dass der Dalai Lama besorgt die Stirn runzelte. Er hatte gesagt, nur Gott wisse, wo sie wieder zusammentreffen würden, und vielleicht überlegte er, ob Gott ihnen wohl in diesem Leben noch einmal eine solche Gelegenheit schenken würde.

Die beiden Vordenker hatten uns während der Woche gelehrt, dass es keine Freude ohne Schmerz gab, ja, dass es gerade der Schmerz und das Leid sind, die uns die Freude wirklich erleben und schätzen lassen. Und je mehr wir uns unserem Leid und dem der anderen zuwenden, desto mehr wenden wir uns der Freude zu. Wir nehmen sie beide an, drehen den Lautstärkeregler des Lebens nach oben oder wenden dem Leben den Rücken zu und werden für seine Musik taub. Sie hatten uns auch gelehrt und veranschaulicht, dass wahre Freude eine Lebensweise ist, kein flüchtiges Gefühl. Sie hatten in ihrem langen Leben die Freude als durchgehenden Wesenszug kultiviert. Sie hatten uns auch davor gewarnt, der Freude als Ziel an sich nachzujagen, wenn wir nicht »den Bus verpassen« wollten. Denn Freude entsteht aus täglichen Gedanken, Gefühlen und Taten. Und sie hatten immer wieder darauf hingewiesen, welche Taten uns diesen »Bus« noch kriegen lassen: anderen Freude zu bereiten.

Am Wagen machten die beiden alten schelmischen Freunde wieder Scherze, und sie lachten. Der Dalai Lama rieb dem Erzbischof durchs geöffnete Autofenster zärtlich die Hand. Ich konnte noch immer die Sorgenfalten auf seiner Stirn sehen, aber vielleicht war es auch nur die Trauer über den Abschied. Als der Motor angelassen wurde, blickte der Dalai Lama den Erzbischof im Wagen an und blieb bis zur letzten Minute des Besuchs bei ihm. Dann legte er die Handflächen vor seinem Gesicht aneinander und neigte den Kopf in tiefer Achtung und Zuneigung.

Die Autokolonne setzte sich in Bewegung. Der Dalai Lama blieb leicht nach vorn gebeugt stehen. Seine Augen funkelten, und er winkte fröhlich, wie es Kinder beim Abschied tun. Erzbischof Tutu blickte durchs Fenster des Geländewagens zurück, lächelte und lachte seinem außergewöhnlichen und unschätzbar wertvollen Freund noch einmal zu.

Am nächsten Tag startete auch das Filmteam bei bestem Wetter vom Flughafen von Dharamsala. Fünfundvierzig Sekunden nach dem Abheben der Maschine wurde Nepal von einem Erdbeben der Stärke 7,8 auf der Richter-Skala getroffen.

Es richtete enorme Schäden an, und die Erschütterungen waren bis Dharamsala zu spüren. Wir dachten an all unsere Bekannten in der Region und trauerten um die Tausenden, die dabei ihr Leben verloren hatten. Wir sahen, wie aus der ganzen Welt Menschen kamen, um den Betroffenen zu helfen, das Zerbrochene wiederaufzubauen und die Verletzten zu versorgen. Natürlich mussten wir an die Worte des Dalai Lama am ersten Tag der Gespräche denken, dass wir durch Naturkatastrophen verursachtes Leid nicht verhindern können, wohl aber einen guten Teil des übrigen Leids. Not, Krankheit und Tod sind unvermeidliche Wirklichkeit. Wir haben die Wahl, ob wir diesen Tatsachen bewusst zusätzliches, in unserem Geist und unserem Herzen erzeugtes Leid hinzufügen wollen. Wenn wir uns aber anders entscheiden und unser eigenes Leid vermindern, dann können wir uns auch anderen zuwenden und ihrem Leid mit den von Lachen erfüllten, tränenüberströmten Augen unseres Herzens begegnen. Und je mehr wir uns von unserer Selbstbezogenheit abwenden und stattdessen unserem Nächsten die Tränen abwischen, desto mehr können wir tragen, heilen und unser eigenes Leid überwinden. Dies ist beiden zufolge das wahre Geheimnis der Freude.

ÜBUNGEN DER FREUDE

ÜBERSICHT

Die Entwicklung
geistiger Immunität

Während unserer Gesprächswoche machten der Dalai Lama und der Erzbischof ihre Scherze darüber, wer von ihnen zu früh aufstand und wer zu viel betete und meditierte. Dennoch war klar, dass spirituelle Übungen die unverzichtbare Grundlage ihres Seins sind und sie schon ihr ganzes Leben lang tragen und stützen.

Die täglichen Zeiten des Gebets und der Meditation wirkten als spirituelle Harmonisierung der beiden Meister. Ich dachte darüber nach, dass der Erzbischof gesagt hatte, solche Übungen seien noch wichtiger für Menschen, die keine spirituellen Lehrer seien, sondern in der Reizüberflutung unserer Zivilisation leben und sterben müssten. In unseren Gesprächen hatten wir die Möglichkeit gehabt, einige der spirituellen Übungen zu diskutieren, mit denen die beiden ihre Freude pflegen und aufrechterhalten.

Wir stellen hier einige einfache Übungen vor, die dazu beitragen können, Widerstände gegen die Freude zu überwinden und die acht Säulen der Freude zu unterstützen. Den Rahmen für diesen Abschnitt bilden zwei Übungen, mit denen buddhistische Mönche in Tibet gewöhnlich jeden Tag beginnen und beenden. Die anderen Übungen können entweder regelmäßig gemacht oder bei Bedarf angewandt werden. Wie körperliche sind auch spirituelle Übungen kein Selbstzweck. Sie dienen dazu, unsere geistige Gesundheit und unsere geistige Immunität zu fördern. Je mehr wir üben, umso größer ist der Nutzen. Es gibt aber keinen spirituellen Konkurrenzkampf. Tun Sie alles, was nötig ist, um die Übungen mit maximaler Wirkung an Ihr Leben anzupassen. (Denken Sie daran, dass der Dalai Lama seine morgendliche Übung so umgestaltet hat, dass seine älter gewordenen Knie geschont werden …)

Wie der Dalai Lama sagte, findet er die wissenschaftlichen Erkenntnisse sehr motivierend, wenn er sich entscheiden muss, ob er aufsteht oder die Schlummertaste seines Weckers drückt. Wir haben bereits Daniel Siegels Erklärung der Gehirnfunktion während der Meditation erwähnt. Offenbar nutzen wir dabei buchstäblich unsere Aufmerksamkeit und unser Bewusstsein, um im Gehirn neuronale Reaktionsmuster aufzubauen, die die destruktiven Reaktionen verhindern, welche dem Dalai Lama zufolge wie Gift auf unsere geistige und körperliche Gesundheit wirken würden. Viele dieser Übungen integrieren und harmonisieren offenbar das Gehirn, sodass wir auf die unvermeidlichen Herausforderungen in unserem Leben mit weniger Fragmentierung und mehr Integration, weniger Angst und Wut sowie mehr Ruhe und Freude reagieren können.

In unserem Zeitalter der sofortigen Befriedigung kann jede Information in Sekunden gegoogelt werden, aber um wirkliches Wissen und Weisheit zu erwerben, brauchen wir Zeit. Die hier vorgestellten Übungen werden durch kontinuierliches Bemühen vertieft und lohnenswert. In der Regel bekommen wir, was der Erzbischof als »spirituelle Süßigkeiten« bezeichnet, wenn wir mit dem Meditieren und Beten beginnen: das Kribbeln und die Beruhigung, die eintreten, wenn wir damit anfangen, unserem inneren Leben Aufmerksamkeit zu schenken. Wie Süßigkeiten sind diese Erfahrungen angenehm, aber der wirkliche Nutzen besteht darin, dass wir eine Zeit lang einen Behälter schaffen, in den wir unser Herz und unsere Seele ausschütten können, wenn wir die Freuden und Sorgen des Lebens erfahren. Das kontemplative Leben ist von Natur aus sehr persönlich, und nicht alle Übungen funktionieren für jeden Menschen gleichermaßen. Finden Sie heraus, was Ihnen am besten liegt. Was wir hier vorstellen, ist eine einfache Auswahl an Übungen, darunter auch viele, die der Dalai Lama und der Erzbischof anwenden. Wir hoffen, dass Sie durch sie zu einer eigenen Praxis inspiriert werden.

MORGENDLICHE FESTSETZUNG VON ABSICHTEN

Jede bewusste Handlung ist von einer Absicht getragen, was schlichtweg bedeutet, dass man sich ein Ziel gesetzt hat. Viele tibetische Mönche setzen sich jeden Morgen Ziele, um ihren Geist und ihr Herz für den Tag bereit zu machen. Außerdem überprüfen sie regelmäßig ihre Absichten, wenn sie sich auf eine Meditationssitzung vorbereiten oder wenn sie eine wichtige Aufgabe angehen.

Eine andere Art, seine Absichten zu fokussieren, besteht darin, einen kurzen inspirierenden Text zu lesen, der unsere höchsten Ideale unterstützt. Der Erzbischof feiert jeden Morgen die Eucharistie. Dabei liest er Bibelstellen (und denkt über sie nach). Auch vollzieht er das Stundengebet (morgens, mittags und abends), für das es einen vorgeschriebenen Lektürezyklus gibt. Zudem liest er gern Texte großer Mystiker als Wegweiser für Herz und Verstand.

1. *Sitzen Sie bequem, entweder auf einem Stuhl oder mit überkreuzten Beinen auf dem Boden.* Sie können diese Übung auch machen, wenn Sie morgens nach dem Klingeln des Weckers noch im Bett liegen und bevor die Hektik des Tages begonnen hat. Ihre Hände können Sie auf den Beinen oder auf dem Bauch ruhen lassen.

2. *Schließen Sie die Augen und atmen Sie mehrmals tief durch die Nase.* Spüren Sie, wie sich Ihr Bauch durch die Zwerchfellatmung hebt und senkt.

3. *Stellen Sie sich jetzt die Frage:* »*Was ist mein Herzenswunsch?* *Was wünsche ich mir für mich selbst, für meine Lieben und für die Welt?*« Unsere tiefsten Wünsche liegen in der Regel jenseits unserer vorübergehenden Wünsche und Begierden. Sie haben gewöhnlich damit zu tun, dass wir nach grundlegenden Werten leben, die uns größtes Glück bescheren und uns an unseren Platz im Gewebe des Lebens rufen. Der Dalai Lama hat eine einfache Methode, um unsere Absichten zu testen: »Sind sie nur für mich oder für andere? Zum Wohl von wenigen oder von vielen? Für jetzt oder die Zukunft?« Dieser »Lackmustest« kann uns dabei helfen herauszufinden, was wir uns wirklich wünschen.

4. *Formulieren Sie nun Ihre Absicht für den Tag,* zum Beispiel »Möge ich heute jeden mit der Liebe grüßen, die ich im Herzen habe«, »Möge ich heute weniger beurteilend sein« oder »Möge ich heute geduldig und liebevoll mit meinen Kindern umgehen«. Die Absichten können spezifisch oder allgemein sein. Wenn Sie Ihre Absicht nicht kennen, können Sie die folgenden vier Zeilen nachsprechen. Sie stammen aus dem traditionellen tibetischen Gebet »Die vier Unermesslichen«, das viele Menschen auf ihrem Weg zu mehr Mitgefühl und größerem Glück geführt hat:

»Möge allen Wesen Glück beschieden sein.
Mögen alle Wesen vom Leiden frei sein.
Mögen alle Wesen nie von Freude getrennt sein.
Mögen alle Wesen in Gleichmut verweilen.«

ÜBERWINDUNG VON WIDERSTÄNDEN GEGEN DIE FREUDE

Konzentration und Stressabbau: eine Atemübung

Dem Atem wird in vielen religiösen Traditionen als Fokus spiritueller Übungen große Bedeutung beigemessen, weil er die Verbindung zwischen unserem Selbst und der Welt herstellt. Er ist sowohl intern als auch extern, sowohl willkürlich als auch unwillkürlich. Deshalb bietet er uns den Zugang, mit dem wir unsere Selbstkultivierung ausüben können. Fokussierung ist wie gesagt sehr wichtig: Der Neurowissenschaftler Richard Davidson hat festgestellt, dass einer der neuronalen »Schaltkreise« des Wohlbefindens unserer Fähigkeit gewidmet ist, den Geist zu fokussieren. Die schlichte Einhaltung von *Zeiten der Stille,* wie sie der Erzbischof in den Stunden vor der Morgendämmerung, am Nachmittag und am Abend praktiziert, ist ein weiterer Weg, den Geist zu fokussieren, Stress abzubauen und sich auf das zu konzentrieren, was am wichtigsten ist.

1. *Finden Sie einen ruhigen Ort, an dem Sie regelmäßig Ihre Übungen machen können.* Dann wird der materielle Raum, Ihrem Körper signalisieren, dass es Zeit für Ihre Übung ist.
2. *Sitzen Sie bequem.* Wenn Sie auf einem Kissen oder einem Stuhl sitzen, beugen Sie sich leicht nach vorn, weg von der Lehne, bis Ihr Rücken gerade ist. Falls Sie chronische Rückenschmerzen haben, nehmen Sie eine schonende Sitzhaltung ein.
3. *Schließen Sie die Augen, oder halten Sie sie in einer Ruheposition leicht geöffnet.*
4. *Legen Sie die Hände auf die Knie oder in den Schoß.*
5. *Konzentrieren Sie die Aufmerksamkeit auf den Atem.*

6. *Atmen Sie tief durch die Nase ein, sodass sich Ihr Bauch aus-
   dehnt.* Ihre Lunge sollte sich von unten nach oben mit Luft
   füllen, wie sich ein Krug von unten bis oben mit Wasser füllt.
7. *Atmen Sie langsam aus.*
8. *Denken Sie bei jedem Einatmen:* »Ein«, *bei jedem Ausatmen:*
   »Aus.« Alternativ können Sie auch die Atemzüge nach jedem Ausatmen zählen.
9. *Zählen Sie fünf bis zehn Atemzüge, und fangen Sie dann
   wieder von vorn an.* Wenn Sie die Konzentration verlieren
   und Ihr Geist, wie es seine Art ist, zu wandern beginnt, leiten
   Sie Ihre Aufmerksamkeit sanft wieder zum Atem zurück. Machen Sie die Übung zunächst fünf bis zehn Minuten lang und
   verlängern Sie die Zeit, wenn Sie mehr Praxis haben.
10. *Falls Sie sich besonders im Stress fühlen,* stellen Sie sich vor,
    dass Sie mit jedem Atemzug beruhigende kühle Luft aufneh-
    men, die sich in Ihrem Körper ausbreitet. Beim Ausatmen
    stellen Sie sich vor, dass der Stress weicht: aus dem Nacken,
    den Schultern, dem Rücken, dem Bauch oder wo er sonst zu
    sitzen scheint.

Morgendlicher Meditations- oder Gesundheitsspaziergang

Der Erzbischof macht jeden Morgen einen Meditations- oder
Gesundheitsspaziergang, eine Praxis, die er während des gesamten Kampfs gegen die Apartheid beibehielt, selbst als er Todesdrohungen erhielt. Ich hatte Gelegenheit, ihn bei einem dieser
Spaziergänge zu begleiten, als wir in Florida zusammenarbeite-
ten. Wir gingen schweigend etwa eine halbe Stunde, bis der Weg
ganz plötzlich vor einer Mauer endete. Ich werde nie vergessen,
wie er dem Weg ganz bis zum Ende folgte, bis er mit der Nase
fast an die Mauer stieß. In diesem Augenblick sah ich den Mann,

der bereit war, für die Beendigung der Apartheid einmal um die Welt zu laufen, ohne Abkürzung, ohne Rückzug, bis ganz zum Ende.

Spazierengehen, Wandern, Laufen oder jede andere Übung kann zu einer meditativen Erfahrung werden. Entscheidend ist, dass man jede äußere Ablenkung wie Gespräche, Musik oder Fernsehen vermeidet. Das Ziel besteht einfach darin, auf die Weisheit des Geistes zu lauschen, der oft aus der Weisheit des Körpers spricht.

Angst, Wut und Traurigkeit: eine analytische Meditation

Wie der Dalai Lama feststellte, sind Angst und Wut natürliche Stressreaktionen, die uns wichtige Informationen übermitteln. Traurigkeit wiederum kann uns sagen, dass wir über etwas in unserem Leben unglücklich sind. Alle drei Emotionen sind zweifellos entstanden, damit sie uns motivieren, unsere Situation zu ändern. Wie der Erzbischof sagte: Mensch zu sein bedeutet zu fühlen, und diese Emotionen entstehen von Zeit zu Zeit, unabhängig vom Grad unserer spirituellen Meisterschaft. Auf eine Situation ständig mit Angst, Wut oder Traurigkeit zu reagieren stabilisiert jedoch tendenziell negative Energie. Destruktiv sind die irrationalen und obsessiven Komponenten der genannten Emotionen. Meditation ist eine gute Methode zur Entwicklung der Fähigkeit, unserem Kampf-oder-Flucht-Reflex zu entrinnen und die Pause zwischen Reiz und Reaktion so zu verlängern, dass wir überlegt handeln, statt nur auf ein Gefühl zu reagieren.

»Das Wort ›Meditation‹ hat eine große Bedeutungsvielfalt«, erklärte der Dalai Lama. »Eine Form der Meditation bedeutet zum Beispiel, den Gedankenfluss abzustellen. Wenn ich morgens die Vorhänge aufmache und Tauben auf dem Fenster-sims sitzen sehe, glaube ich, dass sie etwas tun, was dieser Art der Meditation ähnlich ist. Sie schlafen nicht, aber sie sind in einem Zustand der Gedankenlosigkeit. Es gibt auch Meditationen, die konzentrierte Aufmerksamkeit erfordern. Bei Gläubigen ist zum Beispiel eine ausschließliche Konzentration auf Gott eine sehr machtvolle Art, zu meditieren und den Geist zu beruhigen.

Bei meinen eigenen Übungen befasse ich mich vor allem mit analytischer Meditation. Bei dieser Form der Meditation kann man seine Gedanken als Gedanken sehen und lernt, nicht an sie gekettet zu sein, sich nicht mit ihnen zu identifizieren. Man erkennt, dass die eigenen Gedanken nicht unbedingt der Wahrheit entsprechen. Bei der analytischen Meditation stellt man ständig die Frage: ›Was ist die Realität? Was ist dieses Selbst oder Ich, das wir so sehr lieben und das so viel von unserer Anteilnahme in Anspruch nimmt? Bei der analytischen Meditation stellen wir Betrachtungen über die Unbeständigkeit und über die vergäng-liche Natur unserer Existenz an.

Einige Formen der Meditation sollen einfach nur einen Zu-stand des Nichtdenkens herbeiführen. Sie funktionieren wie ein Schmerzmittel: Angst und Wut verschwinden für eine Wei-le, aber sie kommen wieder, wenn die Meditation zu Ende ist. Durch die analytische Meditation können wir zur Wurzel von Angst und Wut vorstoßen. Wir können zum Beispiel entdecken, dass neunzig Prozent unserer Wut mentale Projektion sind. Wir können entdecken, dass wütende Worte in der Vergangenheit geäußert wurden und außer in unserem Gedächtnis nicht mehr existieren. Wer über diese Dinge nachdenkt, vermindert die In-tensität seiner Wut und entwickelt eine mentale Immunität, so-dass er seltener in Zorn gerät.

Viele Menschen glauben, Meditation bedeute einfach nur, mit geschlossenen Augen dazusitzen«, fuhr der Dalai Lama fort, schloss die Augen und nahm eine steife Haltung an. »Diese Art von Meditation kann sogar meine Katze. Sie sitzt ruhig da und schnurrt. Wenn eine Ratte vorbeikommt, hat die nichts zu fürchten. Wir Tibeter rezitieren oft so viele Mantras wie das ›Om Mani Padme Hum‹, in dem der Buddha des Mitgefühls beschworen wird, dass wir vergessen, den Ursachen des Leidens wirklich auf den Grund zu gehen. Vielleicht rezitiert meine Katze in Wirklichkeit ›Om Mani Padme Hum‹, wenn sie schnurrt.« Der Dalai Lama lachte laut bei dem Gedanken an seine fromme tibetisch-buddhistische Katze. Nichts, nicht einmal eine der heiligsten Wendungen der buddhistischen Tradition ist über seine analytischen Untersuchungen und seinen Humor erhaben. Er interessiert sich für die Wahrheit, gleichgültig, wo sie zu finden ist, und die analytische Meditation ist eines der besten Werkzeuge, um sie zu finden:

1. *Sitzen Sie bequem.*
2. *Sie können die Augen schließen oder offen lassen.* Wenn Sie sie offen lassen, halten Sie den Blick weich und den Fokus nach innen gerichtet. Wenn der Dalai Lama meditiert, lässt er die Augen offen, aber sein Blick ist leicht nach unten gerichtet, und er fasst nichts Bestimmtes ins Auge.
3. *Suchen Sie sich jetzt ein Thema aus Ihrem Leben, das Ihnen Sorgen bereitet, oder beobachten Sie einfach, wie die Gedanken und Gefühle aufsteigen, und machen Sie sich klar, dass sie vorübergehend sind, ohne sie zu beurteilen oder sich mit ihnen zu identifizieren.* Einige sind bestimmt hell und angenehm, andere eher finster und stürmisch, aber sie alle gehen mit der Zeit vorbei. Lassen Sie sie wie Wolken am Himmel durch Ihren Geist treiben.
4. *Fragen Sie sich jetzt:* »*Ist der Gedanke wahr? Wie kann ich das sicher wissen? Ist er in der gegebenen Situation nützlich? Gibt*

es einen besseren Weg, über die Situation nachzudenken oder mit ihr umzugehen?« Schauen wir uns an, wie wir die drei grundlegenden, häufig problematischen negativen menschlichen Emotionen analysieren können:

- *Angst: Es kann helfen, sich der Angst zu stellen.* Sie können überlegen, was als Schlimmstes passieren könnte, wenn das gefürchtete Ereignis einträte. Würden Ihre Lieben diesen schlimmsten Fall überleben? Wäre er vielleicht sogar nützlich für Sie oder Ihre Lieben? Was könnten Sie oder Ihre Angehörigen aus dem Ereignis lernen? Wie könnten Sie dadurch menschlich wachsen und an Tiefe gewinnen? Zum Beispiel machen Sie sich vielleicht gerade Sorgen um Ihr Kind, das Schulschwierigkeiten hat, und Sie haben Angst, dass ihm etwas Schlimmes passiert. Fragen Sie sich: »Kann das wirklich geschehen? Woher weiß ich das so sicher? Ist meine Angst in der gegebenen Situation hilfreich? Gibt es eine bessere Möglichkeit, darüber nachzudenken oder mit ihr umzugehen? Was könnte mein Kind aus der Erfahrung lernen? Wie könnte es als Persönlichkeit wachsen und sich entwickeln?« Wenn wir uns herumdrehen und uns dem stellen, was uns verfolgt, verliert es die Macht, uns Angst zu machen. Wir müssen es nicht mehr bekämpfen, sondern können mit ihm arbeiten.

- *Wut: Sie können sich fragen, welchen Zweck die Wut haben könnte.* Vielleicht hilft es Ihnen, wenn Sie an die Geschichte vom Fahrer des Dalai Lama denken, der so wütend darüber war, dass er sich den Kopf am Kotflügel des Autos angeschlagen hatte. Wut hat oft etwas mit einer Enttäuschung zu tun. Fragen Sie sich: »Was war meine Erwartung? Kann ich darauf verzichten und akzeptieren, dass andere Menschen so sind, wie sie sind, und nicht, wie ich sie haben will? Kann ich auch meinen Anteil an dem

Konflikt zugeben? Kann ich sehen, wie ich selbst zu der Situation beigetragen habe, derentwegen ich wütend bin? Wenn ich wegen etwas wütend bin, was jemand gesagt hat, kann ich dann sehen, dass es sich nur um Worte handelt, die nicht mehr existieren, weil sie wie alles andere auch vergänglich waren? Hat meine Wut für irgendeine Person einen Nutzen, mich selbst eingeschlossen?« Sie können auch darüber nachdenken, dass Wut, wenn sie nicht im Zaum gehalten wird, zu zerstörerischen Handlungen führen kann, die wir später bereuen, angefangen bei verletzenden Worten bis hin zu körperlicher Gewaltanwendung. Stellen Sie darüber Betrachtungen an, wie Wut die Beziehungen zerstören, andere Menschen gegen Sie aufbringen und Ihnen den inneren Frieden rauben kann.

• *Traurigkeit: Wir können Trost suchen oder für das dankbar sein, was wir haben.* Traurigkeit ist eine Emotion, in der sich ausdrückt, dass wir einander brauchen und unsere Sorgen nur noch halb so groß sind, wenn wir sie mit anderen teilen. Wir können außerdem erkennen, dass die Traurigkeit, obwohl sie länger dauert als andere Gefühle, ebenfalls vergänglich ist. Alles Leben einschließlich der Traurigkeit und der Sorgen ist vergänglich und findet irgendwann ein Ende. Es gibt immer Höhen und Tiefen, in jedem Leben, in jedem Jahr, an jedem Tag. Unsere Stimmung ist zu einem sehr großen Teil davon abhängig, worauf wir uns konzentrieren. Wir können uns darauf fokussieren, was für uns und für die Menschen in unserem Leben gut läuft. Wie der Erzbischof sagte, können wir für das dankbar sein, was wir haben. Indem wir unsere Aufmerksamkeit den Dingen schenken, für die wir dankbar sind, können wir beeinflussen, wie viel Zeit wir in Traurigkeit verbringen und wie schnell wir wieder zur Freude zurückkehren. Dass der Dalai Lama sich darauf konzentrieren kann, was an einem Leben im Exil bereichernd ist, anstatt auf all das Verlorene, hat es ihm erlaubt, über Traurigkeit, Kummer und sogar Verzweiflung hinauszugehen.

Wut und Enttäuschung: ein Gebet

In der Zeit der Apartheid betete der Erzbischof täglich für die Regierungsbeamten, die das repressive System aufrechterhielten. Er betete, dass sie ihre Haltung und das von ihnen geschaffene rassistische System änderten, aber er betete auch ernsthaft für ihr Wohlbefinden. Es half ihm, sie zu lieben, statt sie zu hassen. Das machte es letztlich möglich, beim Übergang des Landes zur Demokratie mit ihnen zusammenzuarbeiten.

1. *Schließen Sie die Augen und richten Sie Ihre Aufmerksamkeit nach innen.*
2. *Denken Sie an die Menschen, über die Sie sich aufregen, und sprechen Sie ein Gebet für sie.* Beten Sie für ihre Freude und ihr Glück. Wünschen Sie ihnen ernsthaft Gutes. Betrachten Sie sie als Kinder Gottes, die Gottes Liebe verdienen, oder auch »nur« als andere menschliche Wesen, die genau wie Sie nach Glück streben und nicht leiden wollen.
3. *Tun Sie das zwei Wochen lang jeden Tag.* Beobachten Sie, wie sich die Beziehung zu ihnen verändert.

Einsamkeit: eine Übung
für gemeinsame Menschlichkeit

Der Dalai Lama spricht immer wieder von unserer gemeinsamen Menschlichkeit als »erster Ebene«. Was uns trennt (unsere ethnische Herkunft, unsere Rasse, unsere Nationalität, sogar unser

Geschlecht), ist sehr viel weniger wichtig als das, was uns verbindet: unsere gemeinsame Menschlichkeit, unsere menschlichen Emotionen und unser fundamentales Bedürfnis, glücklich zu sein und Leiden zu vermeiden. Da wir alle einen menschlichen Körper, ein menschliches Gehirn und ein menschliches Herz haben, haben wir alle die gleichen menschlichen Sehnsüchte und, wie der Erzbischof häufig sagt, die gleichen menschlichen Gebrechen und die gleiche menschliche Verwundbarkeit. Diese Übung erinnert uns daran, dass wir entgegen allem äußeren Schein und trotz unserer Angst vor Zurückweisung alle zutiefst miteinander verbunden sind, selbst wenn wir es nicht sehen.

Der Erzbischof wurde ganz in der Nähe der sogenannten »Wiege der Menschheit« geboren, dem Ort, wo unsere Gattung vermutlich entstanden ist. In nur circa tausend Generationen haben wir uns auf der ganzen Welt verbreitet. Oder wie es der Bischof formulierte: »Wir sind in Wirklichkeit alle Vettern, wenn auch um ein paar Tausend Grade entfernt.«

1. *Denken Sie an ein Wesen, das Sie lieben: ein Kind, einen Elternteil, eine enge Freundin oder sogar ein geliebtes Haustier.* Beschwören Sie vor Ihrem inneren Auge sein Bild herauf und erlauben Sie sich, die Liebe zu spüren, die Sie für es empfinden. Registrieren Sie das Gefühl der Wärme und Offenheit, das durch die Empfindung der Liebe entsteht.
2. *Stellen Sie sich vor, dass andere Wesen nach Glück streben und nicht leiden wollen.* Denken Sie darüber nach, wie sie leben, um diese Ziele zu erreichen.
3. *Denken Sie an eine Person, die Sie nicht so gut kennen.* Etwa eine Arbeitskollegin, jemanden aus Ihrer Schulklasse oder eine Verkäuferin aus einem Laden, in dem Sie öfter einkaufen. Erlauben Sie sich zu erkennen, wie sich Ihre Gefühle für diese Person von denen unterscheiden, die Sie für die

geliebte Person hegen, die Sie sich als Erstes vorgestellt haben. Wir empfinden oft keine Empathie und keine Verbindung mit Menschen, die wir als Fremde betrachten. Vielleicht ist Ihnen die Person gleichgültig, oder Sie fühlen sich von ihr getrennt, möglicherweise sehen Sie sie sogar kritisch. Stellen Sie sich nun vor, dass Sie selbst diese Person sind. Stellen Sie sich ihr Leben, ihre Hoffnungen, ihre Träume, ihre Ängste, ihre Enttäuschungen und ihre Leiden vor. Erkennen Sie, dass sie genau wie Sie nach Glück strebt und selbst das kleinste bisschen Leiden vermeiden will. Gehen Sie dieser Erkenntnis nach und verstehen Sie, dass man Sie einander nicht vorstellen muss, weil Sie die größte Gemeinsamkeit schon haben, Ihre Menschlichkeit. Die andere Person kann genauso einsam sein wie Sie, und wenn Sie mit ihr Kontakt aufnehmen, ist das vielleicht ein Geschenk für sie.

4. *Tragen Sie dieses neue Bewusstsein in die Welt.* Leben Sie aus der neu gefundenen Verbindung heraus, und öffnen Sie Ihr Herz für die Menschen in Ihrer Umgebung. Sie können damit beginnen, dass Sie die andere Person anlächeln oder sie zur Kenntnis nehmen, indem Sie sie freundlich ansehen und ihr zunicken. Verschiedene Kulturen haben verschiedene Arten, andere Menschen zur Kenntnis zu nehmen, also finden Sie heraus, was zu Ihrer Situation passt, und fangen Sie an, die Mitglieder Ihrer Menschheitsfamilie zu grüßen. Lassen Sie sich nicht entmutigen, wenn einige von ihnen unter ihrer Einsamkeit und Isolation leiden und Sie nicht zur Kenntnis nehmen. Sie können dank Ihrem eigenen Gefühl der Einsamkeit mit ihnen Mitgefühl haben. Begrüßen Sie die Welt mit größerem Vertrauen, mehr Freundlichkeit und mehr Mitgefühl, und die Welt wird Sie mit größerem Vertrauen, mehr Freundlichkeit und mehr Mitgefühl begrüßen. Wenn Sie die Welt anlächeln, lächelt sie gewöhnlich zurück.

Neid: eine Mudita-Übung

Wenn wir neidisch sind, haben wir ein nagendes Gefühl der Unzufriedenheit, das die Freude auslöscht, weil wir nur noch sehen
können, was wir nicht haben, und nicht mehr, was wir haben.
Neid ist ein Gift, das mit Schuldgefühlen und Selbstkritik einhergeht. Es tötet unser Glück und beraubt die Welt ihrer Reich-
tümer und Wunder.

Wie bei der Einsamkeit verfügt der Buddhismus auch bei diesem Thema über eine Praxis, welche die Fesseln der Isolation
und Eifersucht sprengt, die uns getrennt halten: Sie wird Mudita
genannt, und man erfreut sich dabei am Glück anderer Menschen. Wie sich Eltern über das Glück ihrer Kinder freuen, können auch wir uns über das Glück anderer Menschen freuen,
wenn wir unsere Identität erweitern, damit sie mit eingeschlossen sind und unser Herz öffnen, damit wir ihre Freude als unsere eigene empfinden:

1. *Stellen Sie sich die Person vor, die etwas hat, worum Sie sie
   beneiden.*
2. *Erkennen Sie Ihre gemeinsame Menschlichkeit.* Sie können
   dabei auf die vorherige Übung zurückgreifen oder sich einfach
   auf die Hoffnungen, Träume, Ängste und Enttäuschungen
   und das Leiden der Person konzentrieren, die Sie beneiden.
   Erkennen Sie, dass diese Person genau wie Sie nach Glück
   strebt und selbst das kleinste bisschen Leid vermeiden will.
3. *Stellen Sie sich vor, wie glücklich sie sein muss* über das, was
   sie hat. Denken Sie darüber nach, was es für die Person und
   ihre Familie bedeuten muss, dass sie etwas haben, worum
   Sie sie beneiden. Das Auto, das Haus oder die Stellung kann
   eine Quelle großer Befriedigung sein. Versuchen Sie, Ihr Herz
   zu erweitern und das Glück der beneideten Personen mit

aufzunehmen. Freuen Sie sich darüber. Freuen Sie sich, dass diese Personen Ihre Hilfe nicht brauchen, weil sie sich selbst geholfen haben.

Leiden, Missgeschicke und Krankheiten: eine Lojong-Übung

Eine Grundvoraussetzung des Lojong genannten tibetischen Geistestrainings besteht darin, dass man alles, worunter man leidet, und alle Missgeschicke, die einem widerfahren, in seine spirituelle Praxis mit aufnimmt und sie dazu verwendet, zu wachsen und sich zu entwickeln. Sagen wir, Sie haben einen schwierigen Chef. Dann können Sie das als Herausforderung betrachten, verantwortungsbewusster, härter und widerstandsfähiger zu werden. Wenn Sie einen Autounfall haben und Ihr Auto einen Totalschaden erlitten hat, können Sie dafür dankbar sein, wenn Sie keinen körperlichen Schaden davontragen, statt sich auf den Verlust des Autos zu konzentrieren. Wenn Sie finanzielle Probleme haben oder gar bankrottgehen, können Sie die Erfahrung zum Anlass nehmen, Mitleid mit anderen zu haben, die ein ähnliches Schicksal erleiden, und dadurch Ihre Fähigkeit zum Mitgefühl verbessern. Wie der Erzbischof sagte, gibt es nämlich einige Aspekte der Empathie, die nur durch Leiden zu erfahren sind.

1. *Überlegen Sie, wo Sie Leiden und Missgeschicke erfahren.*
2. *Denken Sie an andere, die in der gleichen Lage sind.* Können Sie sich vorstellen, dass andere in einer ähnlichen Situation sind und es ihnen noch schlechter geht? Können Sie Mitgefühl mit ihnen haben?
3. *Wie könnten Sie diese Situation nutzen?* Was könnte man dieser Erfahrung abgewinnen? Welche Lehren können gezogen

werden? Wie könnten Ihnen diese Umstände helfen, als Persönlichkeit zu wachsen und reifer zu werden?

4. *Versuchen Sie, für die Chance dankbar zu sein, die Ihnen das Leiden und die Missgeschicke bieten.*

5. *Sagen Sie im Stillen folgenden Satz:* »Möge mein Leiden andere vor Leiden bewahren.« Wie können Sie Ihr Leiden dafür nutzen, das Leiden anderer zu erleichtern? Können Sie mit Ihren Taten verhindern helfen, dass andere ähnlich leiden müssen, und allgemein dazu beitragen, das Leiden anderer zu lindern?

Leiden, Missgeschicke und Krankheiten anderer: eine Tonglen-Übung

Die berühmte Tonglen-Übung unterstützt uns dabei, präsent zu bleiben und zu helfen, wenn andere Menschen leiden, mit einem Missgeschick fertigwerden müssen oder krank sind. Tonglen ist eine weit verbreitete und sehr wirksame buddhistische Übung und der Kulminationspunkt des von Jinpa entwickelten Trainingsprogramms für die Entwicklung von Mitgefühl. In dieser Übung nehmen wir das Leiden anderer auf uns und geben ihnen unsere Liebe, unseren Mut, unsere Stärke und unsere Freude. Jinpa erzählt in seinem Buch *Mitgefühl* (O. W. Barth, 2016) eine packende Geschichte über Tonglen. Ein Krankenhausgeistlicher berichtet, wie er in die Notaufnahme einer Klinik gerufen wurde, weil ein Badeunfall passiert war: »Mein Inneres krampfte sich zusammen, weil mir die Tragweite der Situation bewusst war – die für alle Beteiligten am schwersten ist, wenn es um ein Kind geht. Auf dem Weg in die Notaufnahme betete ich um Kraft. Die Krankenschwester sagte mir, dass es sich eigentlich um zwei Kinder, um Zwillinge, handele und dass die Ärzte eine Reanimation versuchten, es aber nicht gut aussehe. Mein ganzer Körper verspannte sich, als ich die Notaufnahme betrat und die junge Mutter sah, wie sie, das Gesicht in den Händen vergraben, dasaß und sich die Seele aus dem Leib schluchzte ... Ich hatte das Gefühl, unter dem Druck dieses Leids und meiner Aufgabe zusammenzubrechen. Was hatte ich hier schon anzubieten? Dann erinnerte ich mich an die Übung des Gebens und Nehmens [Tonglen] ... Also atmete ich das Leid ein, als ob es eine dunkle Wolke wäre, und atmete Strahlen goldenen Lichtes aus, die ich aus meinem Herzen in den Raum entließ und jedem Menschen sandte, dem ich begegnete. Eine ganz neue Ebene der Integration entstand. Ich konnte mich der Leidenserfahrung öffnen und fand dabei einen wertvollen, für mich unverzichtbaren Halt. Mit jedem Atemzug verflüssigte sich das Leid und floss über mich hinweg, sodass ich langsam aus meinem Zustand der Lähmung herauskam. Ich fühlte, wie befreiend es war, sich nicht vom Leid erdrücken zu lassen, und welche Freiheit darin liegt, sich aktiv auf es einzulassen.«

Wir können Tonglen auch nutzen, um unser eigenes Leiden zu reduzieren, indem wir uns von unserer Selbstbezogenheit befreien und unsere Aufmerksamkeit auf andere konzentrieren. Jinpa erzählt in diesem Zusammenhang die Geschichte des tibetischen Musikers Nawang Khechog, der einen schrecklichen Autounfall erlitt und nur durch mehrere Operationen gerettet werden konnte. Er überstand die wochenlangen Schmerzen und die Ungewissheit, ob er überleben würde, mit Tonglen-Übungen. Er dachte im Bett viele Stunden an andere, die körperlichen und emotionalen Schmerzen ausgesetzt waren. Dabei atmete er ihr Leid ein und Mitgefühl und die Sorge um ihre Genesung aus. Am Ende erholte er sich völlig von seinen Verletzungen und konnte wieder als Musiker arbeiten.

Tonglen erlaubt uns, Oasen des Friedens und der Heilung zu werden. Der Dalai Lama transformierte mit dieser Übung nicht nur das Leid der Tibeter, die im Jahr 2008 bei den Demonstrationen in Tibet verletzt wurden, sondern auch die Wut und den Hass auf die chinesischen Soldaten, die gegen die Demonstranten vorgingen. Unabhängig davon, ob seine Übungen den Akteuren in Tibet halfen, verwandelten sie, wie der Dalai Lama berichtete, seine eigene Beziehung zu dem dortigen Leiden und ermöglichten es ihm, effektiver darauf zu reagieren:

1. *Bringen Sie Ihren Geist mit mehreren tiefen Atemzügen durch die Nase zur Ruhe.*
2. *Denken Sie an eine Person, die leidet.* Sie können dafür einen geliebten Menschen, einen Freund oder eine ganze Gruppe von Menschen wie etwa Flüchtlinge auswählen.
3. *Denken Sie darüber nach, dass diese Menschen genau wie Sie das Leiden überwinden und Freude haben wollen.* Versuchen Sie, ein Gefühl der Anteilnahme am Wohlergehen der Person oder Gruppe zu empfinden, die im Zentrum Ihrer Übung steht. Spüren Sie tief in Ihrem Herzen den Wunsch, dass ihr Leiden aufhört.
4. *Nehmen Sie ihr Leiden in sich auf.* Stellen Sie sich beim Einatmen vor, dass der Schmerz aus ihrem Körper gezogen wird und sich auflöst, wenn er mit der Wärme und dem hellen Licht Ihres mitfühlenden Herzens in Berührung kommt. Nehmen Sie den Schmerz als eine dunkle Wolke wahr, die sich im strahlenden Licht Ihres Herzens auflöst. Wenn der Gedanke, das Leid anderer in sich aufzunehmen, Sie bekümmert oder verunsichert, können Sie sich auch vorstellen, dass sich das Leid vor Ihnen in einer hellen Sphäre aus Licht auflöst, die ausgehend von Ihrem mitfühlenden Herzen erstrahlt.
5. *Geben Sie Ihre Freude.* Stellen Sie sich beim Ausatmen vor, dass Sie der leidenden Person oder den leidenden Personen Lichtstrahlen mit Ihrer Liebe und Ihrem Mitgefühl, Ihrem Mut und Ihrer Zuversicht, Ihrer Stärke und Ihrer Freude schicken.

6. *Wiederholen Sie die Übung: Nehmen Sie erneut Leiden auf und transformieren Sie es, indem Sie Freude geben.* Wenn Sie die Übung für einen Freund oder eine geliebte Person durchgeführt haben, können Sie sie auch auf andere leidende Menschen rund um den Erdball ausdehnen. Wenn Sie sich mit den Leiden einer Person befassen, der von anderen Schaden zugefügt wird, können Sie die Grausamkeit und den Hass, die den Schaden verursachten, in sich aufnehmen und den Tätern Ihre Liebe und Güte geben. Wenn Sie sich dazu in der Lage fühlen, können Sie in Ihrer Übung das Leiden aller Wesen aufnehmen und ihnen Ihr Mitgefühl und Ihre Freude geben. Bleiben Sie ruhig, während Ihr Herz Liebe und Freude ausstrahlt.

Schweige-Retreat

Der Erzbischof zieht sich ein- bis zweimal im Jahr zu einem sieben- bis zehntägigen Schweige-Retreat zurück. Dabei arbeitet er mit einem spirituellen Leiter zusammen, der es so gestaltet, wie es den Bedürfnissen des Bischofs entspricht. Für den Bischof ist dies eine ungestörte Zeit intensiver Gebete und Reflexionen, der Selbsterforschung und der tiefen Ruhe. Retreats sind auch im Leben des Dalai Lama ein wichtiges Element. Zusätzlich zu mehreren kurzen Retreats in seiner Residenz verbringt er während des Sommermonsuns meistens einen Monat in Ladakh. In unserem vor Hektik verschwimmenden Leben sind solche Zeiten des Rückzugs und der Stille wichtiger denn je.

Todesmeditation

Alle spirituellen Traditionen erinnern uns daran, dass der Tod ein unvermeidlicher Teil unseres Lebens ist, und die Auseinandersetzung mit unserer Sterblichkeit kann dazu beitragen, dass wir ein Gefühl der Dringlichkeit, ein Gefühl für den richtigen Blickwinkel und ein Gefühl der Dankbarkeit entwickeln. Vom heiligen Benedikt stammt das berühmte Gebot, »den unberechenbaren Tod täglich vor Augen haben«. Wie alle Ängste wächst auch die Angst vor dem Tod im Verborgenen. Der Tod ist die ultimative Erinnerung an die Unbeständigkeit und Vergänglichkeit des Lebens. Er kann uns daran erinnern, dass wir keine Zeit zu verschwenden haben und es auf jeden Augenblick ankommt.

Die hier vorgestellte Todesmeditation geht sehr viel weniger tief als die, die der Dalai Lama beschrieb, doch sie hat dasselbe Ziel – die Mahnung des Todes zu nutzen, um wahrhaft lebendig zu sein:

1. *Denken Sie nach über die Worte* »Alles, was eine Geburt hat, hat auch einen Tod, und ich bin da keine Ausnahme«.
2. *Reflektieren Sie folgende Sätze:* »Es gibt viele Bedingungen, die zum Tod führen können. Der Tod lässt sich nie aufhalten. Nichts kann das Unvermeidliche verhindern.«
3. *Stellen Sie sich nun vor, dass Sie auf dem Totenbett liegen, und stellen Sie sich folgende Fragen:* »Habe ich andere geliebt? Habe ich anderen Freude und Mitgefühl gebracht? War mein Leben für andere wichtig?«
4. *Stellen Sie sich Ihre Beerdigung vor.* Stellen Sie sich vor, wie Ihre Lieben die Vorbereitungen für Ihre Beerdigung treffen und von Ihnen sprechen.
5. *Überlegen Sie, was die Leute über Sie sagen würden.* Sind Sie glücklich über das, was sie sagen? Was müssten Sie jetzt ändern, damit nach Ihrem Tod etwas anderes gesagt wird?
6. *Beenden Sie die Meditation mit folgendem Beschluss:* »Ich werde mein Leben immer mit einem Zweck leben. Die Zeit steht nie still, und es ist meine Aufgabe, meine Zeit auf die bestmögliche Art zu nutzen. Ich werde mit meinen tieferen

Sehnsüchten in Übereinstimmung leben, damit ich diese Welt, wenn mein letzter Tag kommt, leicht und ohne Reue verlassen kann.«

DIE PFLEGE DER ACHT SÄULEN DER FREUDE

Blickwinkel: eine Übung zur Selbstdistanzierung

Viele der bisher schon angebotenen Übungen sind nützlich, um die richtige Perspektive zu pflegen. Meditative Übungen verschieben unseren Blickwinkel von unseren reaktiv-emotionalen auf die stärker reflektierenden, weiter entwickelten höheren Hirnregionen. Einen, wie der Dalai Lama es formuliert, »erweiterten Blickwinkel« zu bekommen ist möglich, indem man von der eigenen Situation Abstand nimmt, um das größere Bild zu sehen.

Wissenschaftler bezeichnen diese Methode als »Selbstdistanzierung«. Sie erlaubt uns, klarer über unsere Probleme nachzudenken und unsere Stressreaktion sowie unsere negativen Emotionen zu reduzieren. Der erweiterte Blickwinkel gestattet uns außerdem, über unsere begrenzten und unmittelbaren Eigeninteressen hinauszublicken und auch die Ambitionen anderer Menschen zu berücksichtigen. Wie der Erzbischof sagte, ermöglicht er uns zu sehen, was für alle Kinder Gottes gut ist, weil wir die »Gottesperspektive« einnehmen. Diese Fähigkeit, nicht nur seine eigenen Interessen im Blick zu haben, ist für jede gute Führungspersönlichkeit unverzichtbar, gleichgültig, ob sie eine Nation, eine Organisation oder eine Familie leitet.

1. *Denken Sie an ein Problem oder eine schwierige Situation, die Sie bewältigen müssen.*
2. *Beschreiben Sie Ihr Problem, als ob es das Problem einer anderen Person wäre.* Verwenden Sie dabei Ihren Namen und nicht die Pronomen »ich«, »mich« oder »mein«.
3. *Stellen Sie sich das Problem aus einer Perspektive vor, die eine Woche, ein Jahr oder sogar ein Jahrzehnt in der Zukunft liegt.* Wird das Problem oder das Ereignis dann immer noch eine Wirkung auf Sie haben? Werden Sie sich überhaupt daran erinnern? Was werden Sie aus der Erfahrung gelernt haben?
4. *Betrachten Sie Ihr Leben mit den Augen Gottes, also aus einer universalen Perspektive.* Sehen Sie Ihre Ängste und Enttäuschungen aus dieser Sicht. Betrachten Sie nun alle anderen Beteiligten als gleichwertige Menschen, die Liebe und Respekt verdienen. Fragen Sie dann, was dem Ganzen dient.

Bescheidenheit: eine Lojong-Übung

Bescheidenheit erinnert uns daran, dass wir mit den anderen verbunden sind. Sie hilft uns, Isolation, Verurteilung und Gleichgültigkeit zu vermeiden. Sie erinnert uns daran, dass wir, wie der Erzbischof zu sagen pflegt, alle gleichermaßen geliebte Kinder Gottes sind und dass wir als einer von sieben Milliarden Menschen auf der Erde leben. Sie erinnert uns daran, dass wir mit allen im gleichen Boot sitzen.

1. *Denken Sie über die Menschen nach, die für Ihr Leben verantwortlich sind beziehungsweise Ihren Lebensstandard ermöglichen.* Denken Sie an Ihre Eltern, die Ihnen das Leben geschenkt haben, an Ihre Lehrer, die Ihnen etwas beigebracht haben, an die Menschen, die Ihr Essen anbauen und Ihre Kleidung

herstellen, an die zahllosen anderen, die dafür sorgen, dass Sie jeden Tag so leben können. Denken Sie jetzt an die Menschen, die all das entdeckt und erfunden haben, was wir als selbstverständlich betrachten, die Unterkünfte, die uns Schutz gewähren, und die Feldfrüchte und die Arzneien, die uns am Leben erhalten. Denken Sie an all Ihre Vorfahren, die leben und überleben mussten, damit Sie geboren werden konnten, die große Entbehrungen auf sich genommen haben, damit Sie das Leben führen können, das Sie führen. Denken Sie jetzt an die Familienangehörigen und Freunde, die Ihrem Dasein einen Sinn und einen Zweck verleihen.

2. *Lassen Sie zu, dass sich Ihr Herz öffnet und Sie für all diese Menschen Liebe und Zuneigung empfinden.* Erfahren Sie die enorme Freude und Dankbarkeit, die entsteht, wenn Sie mit allem in Kontakt treten, was Ihnen gegeben wird, wenn Sie erkennen, wie abhängig wir alle voneinander sind, wie schwach wir getrennt und wie stark wir gemeinsam sind.

Lachen über uns selbst, um Humor zu entwickeln

Humor kommt uns in der Regel wie eine Eigenschaft vor, die spontan und natürlich ist und nicht gepflegt werden kann. Doch die Fähigkeit, über uns selbst zu lachen sowie die reichlich vorhandene Ironie und die merkwürdigen Gegebenheiten in unserem Leben wahrzunehmen, ist tatsächlich – genau wie die erweiterte Perspektive – etwas, was wir mit der Zeit durch Übung lernen können.

1. *Denken Sie an eins Ihrer Handicaps, eine Ihrer menschlichen Schwächen oder eine Ihrer Marotten.* Machen Sie sich eine Ihrer Eigenschaften bewusst, die aus einem bestimmten

Blickwinkel gesehen recht amüsant sein kann. Der Dalai Lama kann zum Beispiel über seine mäßiges Englisch lachen, der Erzbischof über seine große Nase. Was belustigt Sie an Ihrer eigenen Person? Wenn Sie sich selbst nicht so ernst nehmen, bewirken Sie, dass andere sich Ihnen näher fühlen, und inspirieren sie dazu, auch ihre eigenen Handicaps, Schwächen und Marotten zu akzeptieren.

2. *Lachen Sie über sich selbst.* Das nächste Mal, wenn Sie in einer Situation sind, in der Sie sich komisch verhalten oder etwas auf eine merkwürdige Art sagen oder einfach nicht perfekt sind, kichern Sie über sich selbst und machen Sie einen Witz darüber. Humor ist einer der besten Wege, um Konflikte zu beenden, insbesondere, wenn Sie in der Lage sind zuzugeben, dass Sie überreagiert oder sich albern verhalten haben.

3. *Lachen Sie über das Leben.* Das nächste Mal, wenn Sie zu spät kommen oder etwas nicht wunschgemäß läuft, versuchen Sie, amüsiert statt ärgerlich oder empört auf die Situation zu reagieren. Sie werden merken, dass das auf andere beruhigend wirkt und die Lage oft entspannt. Auch wenn Ihnen in Ihrem Alltag etwas Wichtiges partout nicht gelingen will – versuchen Sie, es mit Humor zu nehmen.

Akzeptanz: eine Meditation

Es gibt keine Freude ohne Akzeptanz der Realität. Wie der Erzbischof und der Dalai Lama beide erklärten, ist die Realität der einzige Ansatz, wo die Arbeit für persönliche oder globale Veränderungen beginnen kann. Die Meditation ist eine Übung, die es uns erlaubt, unser Leben Augenblick für Augenblick zu akzeptieren, ohne es zu beurteilen oder zu erwarten, dass es anders ist, als es ist.

1. *Sitzen Sie bequem, entweder auf einem Stuhl oder mit über-kreuzten Beinen auf dem Boden.* Sie können die Hände auf die Beine oder in den Schoß legen.
2. *Schließen Sie die Augen und atmen Sie mehrmals tief durch die Nase.* Spüren Sie, wie sich Ihr Bauch durch die Zwerchfell-atmung hebt und senkt.
3. *Achten Sie auf das, was Sie um sich herum hören.* Nehmen Sie zur Kenntnis, dass die Welt von Geräuschen belebt ist. Wenn Gedanken über die Geräusche auftauchen – Urteile, Bewertungen, Ärger –, lassen Sie die Überlegungen und Wertungen davontreiben.
4. *Geben Sie die Konzentration auf Ihren Atem auf und beob-achten Sie, während Sie im Augenblick verweilen, etwa auf-tauchende Gedanken oder Gefühle.* Vielleicht spüren Sie et-was Unbequemes in Ihrem Körper, oder ein Gefühl taucht auf, oder Sie denken darüber nach, was Sie erreichen müs-sen oder an diesem Tag tun wollen.
5. *Wenn die Gedanken auftauchen, lassen Sie sie davontrei-ben, ohne sie zu beurteilen oder sich in ihnen zu verstricken.* Beginnen Sie, die Gedanken als Gedanken zu sehen, ohne sich mit ihnen zu identifizieren. Beobachten Sie einfach jeden Moment ohne Urteil.
6. *Denken Sie an eine Situation, die zu akzeptieren Ihnen schwerfällt.* Vielleicht Ihre Schwierigkeit, einen Job oder ei-nen Lebenspartner zu finden, vielleicht die Krankheit eines Freundes oder eine kollektive Realität wie Verfolgung oder Krieg.
7. *Denken Sie daran, dass dies das Wesen der Wirklichkeit ist.* Diese schmerzlichen Realitäten geschehen uns und denen, die wir lieben, und den Menschen in unserer Welt.
8. *Stellen Sie sich der Tatsache, dass Sie nicht alle Faktoren ken-nen können, die zu diesen Ereignissen geführt haben.*

9. *Akzeptieren Sie, dass das, was passiert ist, schon passiert ist.*
Sie können nichts tun, um die Vergangenheit zu ändern.

10. *Sagen Sie sich:* »Um in einer Situation den optimalen Beitrag zu leisten, muss ich die Realität ihrer Existenz akzeptieren.«

11. *Stattdessen können Sie auch einen der beiden folgenden Texte rezitieren oder reflektieren.* Der erste stammt aus der buddhistischen, der zweite aus der christlichen Tradition:

> *»Wenn sich etwas an der Situation ändern lässt,*
> *warum dann niedergeschlagen sein?*
> *Und wenn sich nichts daran ändern lässt,*
> *was nutzt es, wenn man niedergeschlagen ist?«*
> (Shantideva, *Der Weg des Bodhisattva*)

> *»Gott, gib mir die Gelassenheit, Dinge hinzunehmen, die ich*
> *nicht ändern kann,*
> *den Mut, Dinge zu ändern, die ich ändern kann,*
> *und die Weisheit, das eine vom anderen zu unterscheiden.«*
> (Reinhold Niebuhr, *Gelassenheitsgebet*)

Der vierfache Pfad der Vergebung

Der Erzbischof wurde zum weltweit führenden Fürsprecher der Vergebung, als ihn Nelson Mandela fragte, ob er Vorsitzender der Wahrheits- und Versöhnungskommission in Südafrika werden wollte. Seit diesem bahnbrechenden Versuch, einen gewaltsamen Konflikt durch Wahrheit, Vergebung und Versöhnung zu bewältigen, wurde der Erzbischof immer wieder gefragt, wie wir vergeben. Obwohl sich Tutu und der Dalai Lama mit den meisten spirituellen Führern darüber einig sind, dass die Vergebung von absoluter Wichtigkeit ist, spricht kaum jemand über den eigentlichen Prozess der Vergebung. Im *Buch des Vergebens* stellte der

Erzbischof mit seiner Tochter Mpho Tutu einen universellen vierfachen Pfad der Vergebung vor. Dieser schrittweise Prozess wurde der Welt in der Global Forgiveness Challenge (forgiveness challenge.com) zur Verfügung gestellt und inzwischen von Menschen in mehr als hundertsiebzig Ländern beschritten.

Vergebung kann ein ziemlich verwickelter Prozess sein, und das Buch sowie die Website sind vielleicht hilfreich für Menschen, die sich darum bemühen, wichtige Ursachen von Schmerz und Traumata zu vergeben. Sie behandeln auch das Problem, wie wir um Vergebung bitten und lernen können, uns selbst zu vergeben.

Im Folgenden werden die Grundschritte des vierfachen Pfads in Kombination mit einigen der neuesten neurowissenschaftlichen Forschungsergebnisse vorgestellt:

1. *Erzählen Sie Ihre Geschichte.* Jede Vergebung muss damit beginnen, dass man sich der Wahrheit stellt. Sie können das Erlebnis aufschreiben oder einem guten Freund erzählen, was passiert ist. Indem Sie die Geschichte erzählen, integrieren Sie die Erinnerungen in Ihr Bewusstsein und entschärfen ein Stück weit Ihre emotionalen Reaktionen. Damit die Erinnerungen heilen können und Sie sich nicht erneut traumatisieren, können Sie sich vorstellen, dass Sie das Ereignis als Film sehen. Auf diese Weise wird die Wahrscheinlichkeit geringer, dass Sie in Ihrem Gehirn eine neuronale Stressreaktion auslösen.

Der Sozialpsychologe Ethan Kross und seine Kollegen schlagen folgenden Ablauf vor:

Schließen Sie die Augen. Rufen Sie sich die Zeit und den Ort der emotionalen Erfahrung ins Gedächtnis und betrachten Sie die Szene mit Ihrem geistigen Auge. Machen Sie jetzt ein paar Schritte zurück. Entfernen Sie sich von der Situation, und suchen Sie einen Punkt, von dem aus Sie die Entwicklung aus der Distanz beobachten können. Sehen Sie sich selbst in dem Ereignis als entferntes Ich. Beobachten Sie, wie sich die Erfahrung entfaltet, als würde sie dem entfernten Ich erneut passieren. Beobachten Sie Ihr entferntes Selbst.

2. *Den Schmerz benennen.* Tatsachen sind Tatsachen, doch die Erfahrungen, um die es hier geht, haben starke Emotionen und Schmerz verursacht, und diese müssen benannt werden: Während Sie beobachten, wie sich die Situation um Ihr entferntes Selbst herum entfaltet, versuchen Sie, ihre beziehungsweise seine Gefühle zu verstehen. Warum hatte er oder sie diese Gefühle? Was waren die Ursachen und Gründe für die Gefühle? Wenn der Schmerz noch frisch ist, stellen Sie sich die Frage: »Wird die Situation in zehn Jahren noch auf mich wirken?« Wenn der Schmerz schon alt ist, fragen Sie sich, ob Sie ihn weiterhin mit sich herumtragen oder ob Sie sich von dem Schmerz und dem Leiden befreien wollen.

3. *Vergebung gewähren.* Die Fähigkeit zu vergeben beruht auf der Erkenntnis unserer gemeinsamen Menschlichkeit und auf dem Eingeständnis, dass wir einander, weil wir menschlich sind, unvermeidlich verletzen und voneinander verletzt werden. Können Sie akzeptieren, dass die Person, die Sie verletzt hat, ein Mensch wie wir alle ist und Sie wahrscheinlich verletzt hat, weil sie selbst leidet? Wenn Sie die verbindende Menschlichkeit akzeptieren können, geben Sie Ihr vermeintliches Recht auf Rache auf, dann können Sie Heilung statt Vergeltung anstreben. Wichtig ist außerdem die Erkenntnis, dass es, insbesondere zwischen engen Vertrauten, eine Vielfalt von Verletzungen geben kann und wir in Akzeptanz unseres menschlichen Dramas oft gleichzeitig vergeben und um Vergebung bitten müssen.

4. *Die Beziehung erneuern oder loslassen.* Wenn Sie jemandem vergeben haben, müssen Sie die wichtige Entscheidung

treffen, ob Sie die Beziehung zu ihm erneuern oder loslassen wollen. Wenn das Trauma erheblich ist, gibt es kein Zurück zu der Beziehung, die Sie vorher hatten, doch es gibt die Chance für eine neue Beziehung. Wenn wir Beziehungen erneuern, können wir davon profitieren, dass wir unsere Familie oder Gemeinschaft geheilt haben. Wenn wir eine Beziehung loslassen, können wir uns weiterbewegen, insbesondere dann, wenn wir der Person, die uns verletzt hat, ehrlich das Beste wünschen und erkennen, dass sie genau wie wir in ihrem Leben Leiden vermeiden und glücklich sein will.

Das Tagebuch der Dankbarkeit

Dankbarkeit ist, wie wir gesehen haben, ein äußerst wichtiger Bestandteil der Freude, weil wir durch sie das Leben genießen können und erkennen, dass der größte Teil unseres Lebensglücks von anderen kommt. Die Dankbarkeitsübung ist sehr einfach. Um sie zu erweitern, können Sie auf die Bescheidenheitsübung zurückgehen, in der es ebenfalls um Dankbarkeit und Wertschätzung für all die Menschen geht, die Ihnen ermöglichen, Sie zu sein.

Die folgend beschriebene Dankbarkeitsübung kann täglich ausgeführt werden, um große und kleine Segnungen zu würdigen. Sie können sie auch am Ende des Tages praktizieren, wenn Sie darüber nachdenken, ob Sie Ihre morgens gefassten Vorsätze erfüllt haben. Gemeinsam mit dem Lebenspartner oder einem Freund lässt sie sich ebenfalls durchführen.

1. *Schließen Sie die Augen und rufen Sie sich drei Dinge aus Ihrem Tag ins Gedächtnis, für die Sie dankbar sind.* Es kann alles sein: die Freundlichkeit und Großzügigkeit eines Freundes, ein köstliches Mahl, die Wärme der Sonne oder die Schönheit eines

abendlichen Himmels. Versuchen Sie, so konkret wie möglich zu sein, wenn Sie sich daran erinnern, wofür Sie dankbar sind.

2. *Schreiben Sie die drei Gründe für Dankbarkeit in eine Art Tagebuch.* Sie könnten das auch nur in Ihrer Vorstellung tun, aber es wurde nachgewiesen, dass das Führen einer Liste mit Dingen, für die man dankbar ist, im Lauf der Zeit viele materielle und emotionale Vorteile hat. Schreiben Sie jedes Mal drei neue Gründe für Dankbarkeit auf. Abwechslung ist der Schlüssel zu einem erfolgreichen Tagebuch der Dankbarkeit.

Meditation über Mitgefühl

Wahrscheinlich gibt es kein Wort, das der Dalai Lama und der Erzbischof häufiger benutzen als »Mitgefühl«, wenn es um die Eigenschaften geht, die wir alle kultivieren sollten. Unseren Kindern beizubringen, mehr Mitgefühl zu haben, ist das Wichtigste, was wir dem Dalai Lama zufolge tun können, um die Welt zu verändern. Wir müssen jedoch nicht warten, bis die nächste Generation herangewachsen ist, um die Vorteile des Mitgefühls zu erfahren. Tatsächlich kann dessen Pflege, selbst wenn sie nur zehn Minuten pro Tag geschieht, vierundzwanzig Stunden Freude bringen, und zwar so, dass diese schon vor dem Morgenkaffee einsetzt. Eine Erweiterung des Kreises, für den wir Anteilnahme empfinden, ist sowohl für unser eigenes Wohlbefinden als auch für das der Welt von entscheidender Bedeutung.

Die folgende Übung ist aus Jinpas Trainingsprogramm für die Entwicklung von Mitgefühl übernommen. Eine ausführlichere Version ist in seinem Buch *Mitgefühl* zu finden:

1. *Nehmen Sie eine bequeme Sitzposition ein.*
2. *Machen Sie mehrere tiefe Atemzüge durch die Nase und nehmen Sie anschließend ein bis zwei Minuten Ihren Atem wahr.*

3. *Denken Sie an ein Wesen, das Sie sehr lieben, einen Angehörigen, eine Freundin oder auch ein Haustier.* Versuchen Sie, entweder sein Gesicht vor Ihrem geistigen Auge zu sehen oder seine Gegenwart zu spüren, und beobachten Sie, wie sich Ihr Herz anfühlt, wenn Sie an das Wesen denken.

4. *Spüren Sie alles, was in Ihrem Inneren auftaucht.* Wenn Sie Wärme, Zärtlichkeit oder Zuneigung spüren, verweilen Sie bei diesen Gefühlen. Wenn nicht, bleiben Sie einfach bei dem Gedanken an das geliebte Wesen.

5. *Sagen Sie im Stillen folgende Zeilen:*
   - »Mögest du frei sein von Leiden.
   - Mögest du gesund sein.
   - Mögest du glücklich sein.
   - Mögest du Frieden und Freude finden.«

6. *Atmen Sie ein, und stellen Sie sich beim Ausatmen ein warmes Licht vor.* Es kommt aus dem Zentrum Ihres Herzens und trägt Ihre Liebe zu dem Wesen und bringt ihm Frieden und Freude.

7. *Freuen Sie sich eine Minute oder länger an dem Gedanken an das Glück Ihres geliebten Wesens.*

8. *Erinnern Sie sich daran, wie das Wesen eine schwierige Zeit durchmachte.*

9. *Registrieren Sie, wie es sich für Sie anfühlt, seinen Schmerz zu spüren.* Tut Ihr Herz weh? Haben Sie ein unangenehmes Gefühl im Magen? Oder haben Sie das Bedürfnis zu helfen? Registrieren Sie einfach die Gefühle, und bleiben Sie bei ihnen.

10. *Sagen Sie im Stillen folgende Zeilen:*
    - »Mögest du frei sein von Leiden.
    - Mögest du gesund sein.
    - Mögest du glücklich sein.
    - Mögest du Frieden und Freude finden.«

11. *Stellen Sie sich vor, dass ein warmes Licht von Ihrem Herzen ausgeht, welches das Wesen berührt und sein Leiden mildert.* Verabschieden Sie es mit dem herzlichen Wunsch, dass es frei von Leiden sein möge.

12. *Denken Sie an eine Zeit, als Sie mit großen Schwierigkeiten und Leiden zu kämpfen hatten.* Eine Zeit, die vielleicht in Ihrer Kindheit lag, aber die Sie möglicherweise auch gerade jetzt durchmachen.

13. *Legen Sie eine Hand auf Ihr Herz und registrieren Sie Gefühle der Wärme, der Zärtlichkeit und der Fürsorge für sich selbst.*

14. *Denken Sie darüber nach, dass Sie genau wie alle anderen glücklich und frei von Leiden sein wollen.*

15. *Sagen Sie sich im Stillen folgende Zeilen:*
- »Mögest du frei sein von Leiden.
- Mögest du gesund sein.
- Mögest du glücklich sein.
- Mögest du Frieden und Freude finden.«

16. *Stellen Sie sich jemanden vor, den Sie weder besonders mögen noch verabscheuen.* Vielleicht jemanden, den Sie öfter bei der Arbeit, beim Einkaufen oder im Fitnesszentrum sehen, für den Sie aber weder starke negative noch starke positive Gefühle hegen.

17. *Denken Sie darüber nach, dass dieser Mensch genau wie alle anderen glücklich und frei von Leiden sein will.*

18. *Stellen Sie sich vor, dass er leidet, etwa wegen eines Streits mit einem geliebten Menschen oder weil ihn etwas anderes verzweifelt oder traurig macht.* Erlauben Sie Ihrem Herzen, dass es für ihn Wärme, Zärtlichkeit und Fürsorge sowie das Bedürfnis spürt, ihm zu helfen.

19. *Sagen Sie jetzt im Stillen folgende Zeilen:*
- »Mögest du frei sein von Leiden.
- Mögest du gesund sein.

- Mögest du glücklich sein.
- Mögest du Frieden und Freude finden.«

20. *Denken Sie darüber nach, dass alle Menschen auf der Erde glücklich und frei von Leiden sein wollen.*

21. *Füllen Sie Ihr Herz mit dem Wunsch, dass sie alle frei von Leiden sein mögen.* Schließen Sie womöglich auch einen Menschen mit ein, zu dem Sie eine schwierige Beziehung haben, und wiederholen Sie folgende Zeilen in der Stille:
   - »Mögen alle Wesen frei von Leiden sein.
   - Mögen alle Wesen gesund sein.
   - Mögen alle Wesen glücklich sein.
   - Mögest du Frieden und Freude finden.«

22. *Lassen Sie zu, dass Ihr Mitgefühl und Ihre Anteilnahme Ihr Herz füllen.* Und spüren Sie nun diese Wärme, Zärtlichkeit und Fürsorge. Strahlen Sie dieses Mitgefühl in die Welt hinaus.

Mitgefühl: ein Gebet

Der Erzbischof hat in der Regel eine lange Liste von bedürftigen Menschen, die er in seine Gebete einschließt. Er tut dies sowohl bei offiziellen Gottesdiensten als auch im privaten Gebet. Die Fähigkeit, unseren Geist und unser Herz für leidende Menschen zu öffnen, gleichgültig, ob wir sie persönlich oder nur aus den Nachrichten kennen, hilft uns, unser Herz von der unvermeidlichen Selbstbezogenheit des Alltags auf Mitgefühl umzuorientieren. Sie können Gott bitten, den Leidenden zu helfen, oder einfach darum bitten, dass sie bekommen, was sie brauchen. Sie können Gott bitten, sie zu segnen, oder ihnen selbst wünschen, dass sie heil und glücklich werden.

Mitgefühl: Fasten

Der Erzbischof fastet einmal in der Woche. Fasten ist nicht nur gut für Disziplin und Selbstkontrolle, sondern fördert auch das Mitgefühl. Wenn wir fasten, erfahren wir etwas von dem Hunger, den andere nicht freiwillig, sondern gezwungenermaßen erdulden müssen. Wenn wir uns nicht mehr aufs Essen konzentrieren, das für viele Menschen allzu sehr im Vordergrund steht, haben wir mehr Zeit für Reflexion und Gebet. Als der Erzbischof älter wurde, rieten ihm seine Ärzte, beim Fasten zu trinken, also führte er das »Heiße-Schokolade-Fasten« ein … Auch Sie können eine Fastenmethode wählen, die sinnvoll ist für Ihren Körper, Ihren Geist und Ihr Herz.

Übungen in Großzügigkeit

Wie wir gesehen haben, ist Mitgefühl notwendig, aber nicht ausreichend. Es ist der Impuls, anderen zu helfen, doch für die Taten, die aus dem Impuls folgen sollten, bedarf es der Großzügigkeit. Übungen für Großzügigkeit sind so wichtig, dass sie formalisiert und in einigen Weltreligionen sogar Pflicht sind. Hier stellen wir drei Formen des Gebens vor, die im Buddhismus vorgeschrieben sind; sie schließen materielles Geben, das Geben von Angstfreiheit und spirituelles Geben mit ein. Viele Christen geben ein Zehntel ihres Einkommens, und andere erweitern dies und stellen ein Zehntel ihrer Zeit, ihrer Begabung und ihrer Schätze zur Verfügung. Es ist diese regelmäßige Anteilnahme an anderen, bei der wir die meiste Freude empfinden.

1. *Materielles Geben:* Nichts kann den Kampf gegen die Ungleichheit und die Ungerechtigkeit ersetzen, die so hartnäckige Kennzeichen unserer Welt sind. Gleichgültig, ob Sie den Zehnten

geben oder Großzügigkeit *(dana)* üben, es handelt sich um den Beginn einer täglichen oder wöchentlichen Praxis des Nachdenkens darüber, wie Sie anderen etwas geben können.

2. *Angstfreiheit geben.* Dabei kann es sich um Schutz, Rat oder Trost handeln. Auch auf diese Weise können wir anderen Menschen Zeit und Aufmerksamkeit widmen. Wer braucht heute unsere Anwesenheit? Benötigen unsere Kinder, unsere Lebensgefährtin, unsere Eltern, unsere Freunde, unsere Kollegen oder vielleicht sogar ein Fremder auf der Straße unser Mitgefühl und unsere Anteilnahme? Mit welchen Personen können Sie Kontakt aufnehmen, um sie zu unterstützen?

3. *Spirituelles Geben.* Sie müssen kein Heiliger und kein spiritueller Lehrer sein, um auf diese Weise zu geben. Spirituelles Geben kann bedeuten, dass man denen, die sie vielleicht brauchen, Weisheit und Lehren vermittelt. Aber es kann auch bedeuten, dass wir anderen durch die Großzügigkeit unseres Geistes zu mehr Freude verhelfen. Versuchen Sie, in Ihrem Leben eine Oase der Fürsorge und Anteilnahme zu sein. Schon indem Sie anderen ein Lächeln schenken, wenn Sie die Straße hinuntergehen, können Sie die Qualität der Interaktion Ihrer Gemeinde gewaltig verbessern. Und es ist dieser Austausch, der für die Lebensqualität auf unserem zunehmend mit einsamen Menschen überfüllten Planeten, in unserer mit Überfluss gesegneten und dennoch verarmten Welt die größte Rolle spielt.

Meditation der Freude: die acht Säulen

In dieser Meditation können Sie die acht Säulen der Freude nochmals betrachten und zur Anwendung bringen, wenn ein Problem auftaucht, wenn Sie mit Schmerzen fertigwerden müssen oder wenn Sie mit Leiden konfrontiert sind. Dabei ist es gleichgültig, ob es sich um große existenzielle Herausforderungen oder um alltägliche Unzufriedenheit (Dukkha) handelt. Die Meditation soll Ihre Fahrt auf der holprigen Straße des Lebens sanfter machen. Sie baut auf den früheren Meditationen auf, kann aber unabhängig von ihnen eingesetzt werden. Die acht Säulen sind die Übungen, die zu größerem innerem Frieden und größerer Freude führen:

1. *Sitzen Sie bequem.* Sie können auf einem Stuhl oder mit überkreuzten Beinen auf dem Boden sitzen. Legen Sie die Hände bequem auf die Beine oder in den Schoß.

2. *Machen Sie mehrere tiefe Atemzüge durch die Nase.* Beginnen Sie, Ihren Körper zu entspannen. Denken Sie über die einzelnen Säulen nach und spüren Sie, wie sich Ihr Körper mehr und mehr entspannt und Ihnen leichter ums Herz wird.

3. *Rufen Sie sich Ihr Problem ins Gedächtnis.* Denken Sie über die Situation oder die Person nach, die Ihnen Schmerz oder Leiden verursacht.

4. *Blickwinkel:* Betrachten Sie sich und Ihr Problem aus einer erweiterten Perspektive. Versuchen Sie, von sich selbst und Ihrer misslichen Lage zurückzutreten. Schauen Sie sich und Ihren Kampf an, als ob Sie einen Film über Ihr Leben sähen. Denken Sie nun von der Zukunft aus an das Problem, ein Jahr oder ein Jahrzehnt später als heute. Erkennen Sie, dass Ihr Problem vergehen wird. Sehen Sie, wie Ihr Problem schrumpft, wenn Sie es im größeren Kontext Ihres Lebens betrachten.

5. *Bescheidenheit:* Sehen Sie sich als einen von sieben Milliarden Menschen und Ihr Problem als Teil der Schmerzen und Leiden, die so viele Menschen erdulden müssen. Sie können Ihre Angelegenheit als Teil des sich entfaltenden, interdependenten Dramas des Lebens auf unserem Planeten sehen oder sich sogar mit einer »Gottesperspektive« aus dem Weltraum

betrachten. Erkennen Sie, wie stark wir miteinander verbunden sind. Sie sind ein Teil des blühenden Universums an Ihrem besonderen Ort und in Ihrer besonderen Zeit. Dank Ihrer Verbindung mit anderen sind Sie viel stärker und besser in der Lage, Ihr Problem zu lösen. Erlauben Sie sich, die Liebe und Wertschätzung all der Menschen zu fühlen, die dazu beigetragen haben, wer Sie sind, und die Sie in Ihrem Leben unterstützen.

6. *Humor:* Lächeln Sie und probieren Sie, ob Sie Ihr Problem und Ihre Unzulänglichkeiten und Schwächen amüsant finden können. Versuchen Sie, die komischen Aspekte der Situation und Ihres Kampfes zu sehen. Selbst wenn eine Lage sehr schwierig oder ernst ist, hat sie oft eine skurrile Seite. Das menschliche Drama ist nicht selten eine Komödie und Gelächter das versöhnende Element. Die Fähigkeit zu lachen erlaubt uns, das Leben zu akzeptieren, gebrochen und unvollkommen, wie es ist, selbst wenn wir uns nach besseren Umständen und einer besseren Welt sehnen.

7. *Akzeptanz:* Akzeptieren Sie, dass Sie kämpfen müssen und menschliche Unzulänglichkeiten haben. Rufen Sie sich ins Gedächtnis, dass wir und unsere Lieben und alle Menschen auf der Welt mit schmerzhaften Realitäten konfrontiert sind. Gestehen Sie sich ein, dass Sie nicht alle Faktoren kennen können, die zu der jetzigen Situation geführt haben. Akzeptieren Sie, dass das Geschehene passé ist und Sie nichts tun können, um die Vergangenheit zu ändern. Machen Sie sich Folgendes klar:

»Um in dieser Situation einen optimalen Beitrag zu leisten, muss ich die Realität ihrer Existenz akzeptieren.«

8. *Vergebung:* Legen Sie eine Hand auf Ihr Herz und vergeben Sie sich für alles, was Sie zur Entstehung des Problems oder der Situation beigetragen haben. Erkennen Sie, dass Sie auch

nur ein Mensch sind und sich Ihre Erwartungen unmöglich alle erfüllen können. Sie werden verletzen und von anderen verletzt werden. Erkennen Sie die gemeinsame Menschlichkeit aller anderen Beteiligten und vergeben Sie ihnen für ihre Anteile und für ihre menschlichen Unzulänglichkeiten.

9. *Dankbarkeit:* Denken Sie an drei Menschen oder Dinge, für die Sie in Ihrem Leben oder jetzt gerade bei diesem Problem dankbar sind. Können Sie Wege finden, wie Ihr Problem zu Ihrem Leben und Ihrem Wachstum einen positiven Beitrag leisten könnte? Gibt es Menschen, die Ihnen helfen, der Herausforderung gerecht zu werden?

10. *Mitgefühl:* Legen Sie eine Hand auf Ihr Herz, oder legen Sie vor Ihrem Herzen Ihre Handflächen aneinander. Haben Sie Mitgefühl für sich selbst und dafür, wie Sie zu kämpfen haben. Denken Sie daran, dass es Zeit braucht, zu wachsen und zu lernen. Sie sind nicht dafür geschaffen, perfekt zu sein. Leiden ist unvermeidlich; es gehört zum Gewebe des Lebens. In jeder Biografie gibt es Enttäuschungen. Das Ziel ist, sie als etwas Positives zu nutzen. Spüren Sie das Licht der liebevollen Güte, das von Ihrem Herzen aus in Ihren ganzen Körper strahlt. Und senden Sie jetzt Mitgefühl an Ihre Lieben, an alle, mit denen Sie kämpfen, und an alle, die Liebe und Mitgefühl brauchen.

11. *Großzügigkeit:* Spüren Sie die gewaltige Großzügigkeit in Ihrem Herzen. Stellen Sie sich vor, dass Sie diese Großzügigkeit des Geistes an Ihre ganze Umgebung abstrahlen. Wie können Sie Ihre Gaben weitergeben? Wie können Sie Ihr Problem in eine Chance verwandeln, die Sie anderen ermöglichen? Wenn wir anderen Freude geben, erfahren wir selbst wahre Freude.

HABEN SIE FREUDE AN IHREM TAG

Wie wir den Tag abschließen und schlafen gehen, ist ein wichtiges Element unserer spirituellen Praxis. Sowohl buddhistische als auch christliche Mönche, aber auch Menschen in vielen anderen Traditionen haben Übungen, um den Tag, wenn er vergangen ist, noch einmal zu reflektieren. Der heilige Ignatius von Loyola zum Beispiel nannte diese Praxis der »Gewissensprüfung« das tägliche Examen. Die Übung hat verschiedene Aspekte, aber alle haben damit zu tun, dass wir über die Ereignisse des Tages nachdenken, um zu sehen, ob wir unsere Absichten verwirklicht haben, um Dankbarkeit für die positiven Ereignisse zu empfinden und um uns dem nächsten Tag auf der Reise des Lebens zuzuwenden.

In der folgend beschriebenen Übung sind die wichtigsten Merkmale der buddhistischen und christlichen Tradition berücksichtigt. Wenn Sie einen religiösen Glauben haben, können Sie sie in ein Gebet umwandeln, in dem Sie mit dem Göttlichen kommunizieren. Wenn Sie nicht gläubig sind, können Sie sich auf den höchsten und besten Teil Ihres Selbst konzentrieren.

1. *Denken Sie über den Tag nach.* Nehmen Sie sich, bevor Sie ins Bett gehen oder wenn Sie schon im Bett liegen, ein paar Minuten Zeit, um über den Tag zu reflektieren. Betrachten Sie bedeutsame Erfahrungen, Gespräche, Gefühle und Gedanken; dabei ist es wichtig, dass Sie sich nicht zu sehr auf das konzentrieren, was Sie getan haben. Es geht einfach darum, die wichtigsten Eigenschaften des Tages zur Kenntnis zu nehmen und sich zu überlegen, ob der Tag den Absichten oder Zielen entsprach, die Sie sich am Morgen gesetzt hatten.

2. *Achten Sie auf Ihre Emotionen und akzeptieren Sie Ihre Erfahrung.* Denken Sie über die Emotionen nach, die Sie den Tag

über gespürt haben. Wenn dunkle Gedanken oder Gefühle auftauchen, lassen Sie sie einfach zu. Versuchen Sie nicht, das Negative wegzuschieben und nur das Positive zu sehen. Nehmen Sie einfach nur zur Kenntnis, was passiert ist. Wenn Sie unglücklich sind über ein Ereignis oder über etwas, was Sie getan haben, legen Sie eine Hand auf Ihr Herz und sagen Sie: »Ich akzeptiere mich, wie ich bin, unvollkommen und menschlich wie alle anderen auch.« Registrieren Sie, wo Sie einer Absicht nicht gerecht wurden; das ist wichtig, wenn Sie wachsen und lernen wollen. Wenn Ihnen an dem Tag etwas Schmerzliches geschehen ist, können Sie es sanft zur Kenntnis nehmen, indem Sie sich sagen: »Das hat wehgetan. Ich bin damit nicht allein. Wir alle leiden von Zeit zu Zeit.«

3. *Fühlen Sie Dankbarkeit.* Die wichtigste Einstellung, die Sie zu Ihrem Tag haben sollten, ist Dankbarkeit für Ihre Erfahrungen und alles, was Ihnen Lernen und Wachstum ermöglicht hat, selbst wenn es hart gewesen ist. Wenn Sie ein Dankbarkeitstagebuch führen, können Sie diese Dinge hineinschreiben.

4. *Freuen Sie sich über Ihren Tag.* Suchen Sie sich etwas aus, was Sie getan haben und mit dem Sie zufrieden sind, zum Beispiel dass Sie jemandem geholfen oder bei einem Konflikt Ruhe bewahrt haben. Wenn Ihnen nichts einfällt, können Sie sich darüber freuen, dass Sie diese Übung machen. Widmen Sie jetzt Ihr Verdienst des Tages Ihren Mitmenschen, damit es ein Segen für alle wird.

5. *Denken Sie an morgen.* Sie können die Übung beenden, indem Sie Ihre Aufmerksamkeit dem nächsten Tag zuwenden und überlegen, wie Sie den Herausforderungen gerecht werden wollen, die Sie vielleicht erwarten. Vertrauen Sie darauf, dass Sie mit allem umgehen können, was der Tag bringen mag, und lassen Sie Ihre Befürchtungen für diese Nacht ruhen, bevor Sie einschlafen.

BEZIEHUNG UND GEMEINSCHAFT:
DIE GRÖSSTE FREUDE

Fast alle bisher beschriebenen Übungen erfordern ein gewisses Maß an Abgeschiedenheit. Wir hätten jedoch die wichtigste Botschaft in den Lehren des Dalai Lama und des Erzbischofs nicht begriffen, wenn wir nicht betonten, dass die Quelle wahrer Freude in der Beziehung zu andern Menschen liegt, wie es sowohl in unserer gemeinsamen Woche als auch im Leben der beiden spirituellen Führer deutlich wurde. Beide Männer sind in tiefe und starke spirituelle Gemeinschaften eingebunden, die sie nähren und von denen sie genährt werden. Machen Sie Ihre eigene Gemeinschaft der Liebe und spirituellen Praxis ausfindig und vermitteln Sie ihr die Lehren der Freude, wie auch immer es für Sie und die Gemeinschaft sinnvoll ist. Es kann sich dabei um eine religiöse Gruppe handeln, der Sie bereits angehören, oder um eine, an deren Aufbau Sie beteiligt sind, selbst wenn sie nur aus einem Freund oder einem Verwandten oder einer Gruppe bestehen sollte, mit denen Sie dieses und andere Bücher lesen und besprechen können. Wenn Sie auch andere zu den Übungen der Freude in diesem Buch einladen, werden Sie viel mehr Freude empfinden, als wenn Sie sie nur allein praktizieren. Die Beziehung zu anderen Menschen ist die wahre Bewährungsprobe für Spiritualität. Letztlich ist Freude nichts, was man lernen könnte, sondern etwas, was man leben muss. Und unsere größte Freude leben wir in tiefen, liebevollen und großzügigen Beziehungen zu anderen.

DANK

Als Erstes möchten wir gerne James Doty danken, dem früheren Vorsitzenden der Dalai Lama Foundation, der an Leah Tutus achtzigstem Geburtstag als Erster vorschlug, ein gemeinsames Buch herauszubringen. Es war sofort klar, was das Thema sein würde: Freude. Das Buch selbst und die gemeinsame Zeit in Dharamsala waren in der Tat eine große Freude, und wir möchten allen danken, die sie möglich gemacht haben.

Wir danken unseren außerordentlichen Lektoren und Verlegern, die Freude in die Welt bringen und unermüdlich daran arbeiten, Bücher herauszubringen, die unsere Erde zu dem Ort machen, der sie, wie wir alle wissen, sein könnte: Mauro Palermo, Vanda Ohniskova, Tiuu Krauti, Pernille Follman Ballebye, Hernrikki Timgren, Patrice Hoffman, Florent Massot, Ulrich Genzler, Jakob Mallmann, Adam Halmos, Artem Stepanov, Paolo Zaninoni, Talia Markus, Julia Kwon, Heleen Buth, Halfdan Freihow, Knut Ola Ulvestad, Damian Warszawski, Anastasia Gameza, Marija Petrovic, Martin Vydra, Laura Alvarez, Carlos Martinez, Claes Ericsson, Yunyi Wu, Yingyi Yeh, Alex Hsu, Jocasta Hamilton, Susan Sandon, Megan Newman, Brianna Flaherty, Andrea Ho, Justin Thrift und Caroline Sutton. Unser besonderer Dank gilt Caroline, die an vielen Fassungen des

Manuskripts arbeitete, um dafür zu sorgen, dass dieses Buch nicht nur unsere Worte, sondern auch die Botschaft unserer Herzen vermittelt.

Wir danken außerdem unseren engagierten und begabten Literaturagenten, die hart daran arbeiteten, dass unser Buch die richtigen Verleger fand: Chandler Crawford, Jo Grossman, Mary Clemmey, Peter Fritz, Erica Berla, Zoe Hsu, Gray Tan, Trine Licht, Kristin Olson, Maribel Luque, Maru de Montserrat, Jennifer Hoge, Ludmilla Sushkov, Vladimir Chernyshov, Sue Yang, Jackie Yang, Efrat Lev, Deborah Harris, Eliane Benisti, Filip Wojciechowski, Marcin Biegaij und unserer schmerzlich vermissten, aber immer noch hochgeschätzten Lynn Franklin. Ganz besonders danken wir unseren begnadeten Übersetzern.

Wir danken außerdem Tenzin Taklha, Chhime Rigzing, Kaydor Aukatsang und Ken Norwick im Büro Seiner Heiligkeit des Dalai Lama und im Dalai Lama Trust für ihre Hilfe bei dem Projekt und dafür, dass sie alles so hervorragend für unsere Zeit in Dharamsala vorbereitet haben. Ihr außerordentliches Verantwortungsbewusstsein und die Leistung, die sie für uns erbrachten, waren unerlässlich für den Erfolg des Projekts.

Wir danken auch Tsewang Yeshi, Ngodup Wangdu Lingpa und ihren Kollegen im tibetischen Kinderdorf, dass sie bei der Feier des achtzigsten Geburtstags als Gastgeber fungierten – und für alles, was sie für die vielen Kinder tun, die Liebe und Bildung brauchen.

Danken möchten wir auch dem Film- und dem Unterstützungsteam, die unsere Gesprächswoche in Dharamsala möglich gemacht und aufgezeichnet haben, damit wir sie mit anderen teilen können: Tenzin Choejor, Chemey Tenzin, Tenzin Phuntsok, Lobsang Tsering, Ven Lobsang Kunga, Don Eisenberg, Jason Eksuzian, Juan Cammarano, Zachary Savitz, Miranda Penn Turin, Andrew Mumm, Michael Matkin, Lara Love Hardin, Siby

Veliath, Satbir Singh, Jesse Abrams, Lama Tenzin, Michele Bohana, Pat Christen, Shannon Sedgwick Davis, John und Ann Montgomery, Scott und Joanie Kriens, Joe Lombardo, Matt Grey, Don Kendall, Rudolph Lohmeyer, Niko von Huetz und Lloyd Sutton. Besonders herzlich danken wir Peggy Callahan, die bei dem Ereignis als Produzentin fungierte und daran arbeitet, aus dem Material einen Dokumentarfilm zu machen. Sie sorgte nicht nur dafür, dass alles lief wie am Schnürchen und das internationale Team reibungslos zusammenarbeitete, sondern schaffte es auch mit der Magie der Studiobeleuchtung, dass zwei alte Männer erstaunlich gut aussahen. Wir danken auch Rachel Abrams, der amerikanischen Ärztin des Erzbischofs, die dafür sorgte, dass auf der Reise alle gesund und munter blieben.

Danken wollen wir auch den übrigen Mitgliedern des internationalen »Team Joy«: Mike Mohr, Lalita Suzuki, Sarah Steven, Lindsay Gordon, Anne Kosmoski, Farin Schlussel, Casey Maloney, Alexandra Bruschi, Najma Finlay, Charlotte Bush, Andrew Mumm, Mark Yoshitake, Ivan Askwith, Anna Sawyer, Savannah Peterson, Kevin Kelly, Mark Daley, Ryan Brounley, Ty Love, Jess Krager und Erin Roberts, dass sie ihr großes Talent dafür einsetzten, unsere Botschaft der Freude zu verbreiten.

Großen Dank schulden wir auch unseren geliebten Familienangehörigen und Freunden, die mit in Dharamsala waren: Mpho Tutu van Furth, Marceline Tutu van Furth und Tenzin Choegyal. Der Erzbischof möchte auch Leah Tutu danken, die die Reise nicht antreten konnte, aber wie immer in seinem Herzen mit dabei war. Besonders danken wir Pam und Pierre Omidyar, ohne die unsere gemeinsame Zeit und unser Buch niemals möglich gewesen wären. Sie waren kostbare Freunde und unermüdliche Unterstützer sowohl für unsere Büros als auch für unsere Kampagnen für eine friedlichere und von mehr Mitgefühl geprägte Welt.

Doug möchte seiner Familie und seinen Freunden danken und insbesondere seinen Eltern Richard und Patricia, die ihn auf seiner lebenslangen Reise zur Freude bei jedem einzelnen Schritt unterstützt haben. Besonders herzlich möchte er auch seiner Frau und seinen Kindern danken: Rachel, Jesse, Kayla und Eliana. Sie sind seine größte Freude.

Unseren ganz besonderen Dank möchten wir auch Thupten Jinpa aussprechen. Seine Hilfe vor, während und nach der Gesprächswoche war für die Verwirklichung dieses Buches einfach unentbehrlich. Er arbeitete in allen Stadien des Prozesses eng mit Doug zusammen, und das Buch wäre ohne sein profundes Wissen, seinen großzügigen Geist und sein Engagement für eine mitfühlendere Welt, in der alle ein furchtloses Herz haben können, nicht möglich gewesen.

Wir möchten unserem Koautor und langjährigen Mitarbeiter und Freund des Erzbischofs Doug Abrams danken. Wir baten ihn darum, unser gesprochenes Wort für die schriftliche Version zu säubern, insbesondere da einer von uns kein englischer Native Speaker ist (wer wohl?). Er hat hervorragende Arbeit dabei geleistet, unsere Worte und Herzensanliegen wahrheitsgetreu zu übertragen. Außerdem hat er zahlreiche wertvolle wissenschaftliche Erkenntnisse beigetragen und eine riesige Menge unserer gemeinsamen Zeit erfasst, die von so viel Lachen, Spaß und echter freundschaftlicher Freude geprägt war. Er war ein wundervolles Geschenk und hat seine wunderbare Begabung mit uns und allen Lesern dieses Buches geteilt. Ohne ihn als unseren Literaturagenten, Interviewer und Koautor hätte es dieses Buch bestimmt nicht gegeben. Vielen herzlichen Dank. Sie sind wirklich ein ganz besonderer Mensch.

Schließlich möchten wir gern Ihnen danken, unseren Lesern, die so viel tun, um eine Welt voll Freude und Liebe zu schaffen, in der die Zukunft, die wir gemeinsam schaffen, unsere kühnsten Träume erfüllen wird.

ÜBER DIE AUTOREN

SEINE HEILIGKEIT DER VIERZEHNTE DALAI LAMA, TENZIN GYATSO, bezeichnet sich selbst als einfachen buddhistischen Mönch. Er ist der spirituelle Führer des tibetischen Volkes und des tibetischen Buddhismus. Im Jahr 1989 erhielt er den Friedensnobelpreis und 2007 die Goldmedaille des US-amerikanischen Kongresses. Der 1935 in einer armen Bauernfamilie im Nordosten Tibets geborene Knabe wurde im Alter von zwei Jahren als Reinkarnation seines Vorgängers, des dreizehnten Dalai Lama, anerkannt. Er ist ein leidenschaftlicher Vertreter eines säkularen und universalen Ansatzes zur Pflege grundlegender menschlicher Werte. Seit mehr als drei Jahrzehnten steht er im Gespräch mit Wissenschaftlern aus einer großen Bandbreite von Disziplinen und arbeitet mit ihnen insbesondere durch das von ihm mitbegründete Mind and Life Institute zusammen. Auf seinen zahlreichen Reisen wirbt er für Güte und Mitgefühl, für die Verständigung zwischen den Religionen, für den respektvollen Umgang mit der Umwelt und insbesondere für den Weltfrieden. Er lebt im indischen Dharamsala im Exil. Für weitere Informationen besuchen Sie bitte die Website www.dalailama.com.

DESMOND MPILO TUTU, südafrikanischer emeritierter Erzbischof, ist eine prominente Führungspersönlichkeit im Kampf für Gerechtigkeit und Versöhnung zwischen den Rassen in seinem Land. Er wurde 1984 mit dem Friedensnobelpreis und 2009 mit der Freiheitsmedaille des Präsidenten der USA ausgezeichnet. Im Jahr 1994 ernannte ihn Nelson Mandela zum Vorsitzenden der südafrikanischen Wahrheits- und Versöhnungskommission. Dort leistete er Pionierarbeit in einer neuen Art, bürgerkriegsähnliche Konflikte und staatliche Unterdrückung zu bewältigen und für das betroffene Land einen neuen Weg in die Zukunft zu öffnen. Er war der erste Vorsitzende von The Elders, einer Gruppe herausragender weltpolitischer Führungspersönlichkeiten, die keine politischen Ämter mehr haben und sich für Frieden und Menschenrechte engagieren. Desmond Tutu gilt weltweit als wichtige moralische Instanz und als Symbol der Hoffnung. Sein ganzes Leben lang hat er sich leidenschaftlich für die Bedürfnisse der Weltbevölkerung engagiert und sich für Liebe und Mitgefühl zwischen allen Menschen eingesetzt. Er lebt in Kapstadt in Südafrika. Für weitere Informationen besuchen Sie bitte seine Website www.tutu.org.za.

DOUGLAS ABRAMS ist Autor, Herausgeber und Literaturagent. Er ist Gründer und Präsident von Idea Architects, einer kreativen Buch- und Medienagentur, die Visionären hilft, eine weisere, gesündere und gerechtere Welt zu schaffen. Doug arbeitet seit mehr als einem Jahrzehnt als Koautor und Herausgeber mit Desmond Tutu zusammen. Bevor er sich als Literaturagent selbstständig gemacht hat, war er ein leitender Redakteur bei HarperCollins und arbeitete außerdem neun Jahre als Lektor für Religion bei University of California Press. Er glaubt fest an die Kraft, die Bücher und Medien als Katalysatoren für das nächste Stadium in der Entwicklung der Weltkultur besitzen. Er lebt im kalifornischen Santa Cruz. Für weitere Informationen besuchen Sie bitte seine Webseite www.ideaarchitects.com.